Konkurrenz unter Frauen: Gisela Kramer beschäftigt sich mit einem heiklen, stark tabuisierten Thema. Daß Frauen sich untereinander konkurrent verhalten, paßt weder zu dem Bild, das die Gesellschaft von ihnen hat, noch zu ihrem Selbstbild. Frauen sind, so heißt es, solidarisch, friedfertig, beziehungsfähig. Wie könnten sie da miteinander in Konkurrenz treten? Doch die Wirklichkeit sieht anders aus. Die Autorin analysiert das Phänomen Konkurrenz unter Frauen in seinen einzelnen Facetten und untersucht, warum Frauen mit Konkurrenz nicht umgehen können wie Männer. Von den weiblichen Erfahrungen mit Erfolgen und Niederlagen, mit Kompetenz und Versagen erzählen hier Frauen verschiedenen Alters in unterschiedlichen beruflichen Situationen. Und deutlich wird: Damit die Konkurrenz untereinander produktiv und nicht destruktiv wird, ist nicht Ausgrenzung ge-

torin und Journalistin für

Gisela Kramer

Wer ist die Beste im ganzen Land?

Konkurrenz
unter Frauen

Fischer

Die Frau in der Gesellschaft
Herausgegeben von Ingeborg Mues

Originalausgabe
Veröffentlicht im Fischer Taschenbuch Verlag GmbH,
Frankfurt am Main, Juni 1993

© 1993 Fischer Taschenbuch Verlag GmbH, Frankfurt am Main
Umschlaggestaltung: Ingrid Hensinger, Hamburg
Bosse, Leck

iem Papier

Inhalt

Weil doch ist, was nicht sein darf 7

I
Der Preis 17
Wer ist die Schönste im ganzen Land? 21

II
Das weibliche Rollenfach 39
Das Imperium schlägt zurück 54
Ich war Winnetou, nie 'ne Squaw 64

III
Showdown vor dem Dom 79
Und erstens kommt es anders 84
Märchenprinz gesucht 96

IV
Selbstbestimmt, nicht fremdbestimmt 105
Frauen-Projekte 114

V
Um Kragen und Kopf 131
Vorgesetzte Frauen 135
Nicht ganz entspannt im Supermarkt 143
Chiffre 3166 152
Nie offen, sondern menschlich 164

VI
Zwischenprüfung 179

VII
Die neue Konkurrenz 189
Es weht ein anderer Wind 197

Das Intime der Konkurrenz 202
Es war hinter ihrem Rücken 212

Literatur 221
Anmerkungen 222

Weil doch ist, was nicht sein darf

Konkurrenz unter Frauen, gibt es sie nun, oder gibt es sie nicht? Frauen reagieren auf die Frage nach Konkurrenz höchst unterschiedlich. Neben einigen wenigen, die schon fast resignierend konstatieren, daß ihnen im Beruf leider nur selten kooperative, solidarische Frauen begegnet sind, weisen die meisten Frauen schon die Frage weit von sich. Mit solch männlichen Verhaltensmustern möchten sie auf keinen Fall in Verbindung gebracht werden. Sie waschen ihre Hände in Unschuld und glauben, was ihnen zu glauben beigebracht wurde: Nachgiebig, anpassungsfähig, mitfühlend, geduldig, kooperativ sind wir. Und das ist allerdings eine solch hinreißende Palette guter Eigenschaften, die uns als Geschlecht zugesprochen wird, daß sie nicht leichtfertig aufs Spiel gesetzt werden sollte. Mit dieser Palette ist überdies klar: Frauen sind insgesamt die besseren Menschen (abgesehen von den paar unrühmlichen Ausnahmen, die auch noch herumlaufen) und gehören in der Hierarchie der Geschlechter doch eigentlich auf den ersten Platz – wenn schon von Konkurrenz die Rede ist.

Mit dem Thema Konkurrenz setzten sich Frauen jedoch sogleich konkurrent auseinander, als es Anfang der neunziger Jahre aufkam: Hinter dieser Diskussion kann sich doch nur ein frauenfeindlicher Angriff verbergen, vermuteten manche. Immer wenn Frauen an die Kandare genommen werden sollen, hängt man ihnen eine männliche Eigenschaft an, wie die, konkurrent zu sein, nur um sie desto müheloser verleumden zu können. Und falls eine Frau das Thema aufgreift, dann ist das eine feindselige Verräterin, die nur den Männern in die Hände arbeitet, eine Nestbeschmutzerin. Mir scheint: Vor der fertigen Antwort sollten wir uns erst einmal das Problem genau anschauen, sehen, ob, wo und wie sich Rivalität, Konkurrenz bemerkbar macht.

Es ist doch so: Daß Frauen sich untereinander konkurrent verhalten sollen, paßt nicht zu dem öffentlich gezeichneten (und privat geglaubten) Bild von Frauen als den sozial kompetenteren, miteinander solidarischen, friedfertigen Wesen, die sie auf Grund ihrer Sozialisation auch weitgehend sind. Solange Frauen sich mögen, kommen sie gut miteinander klar. Und unsere Sympathie für diesen Entwurf von Weiblichkeit ist verständlich. Birgt er doch das Bestechende aller Ideale in sich. Überdies ist uns von klein auf eingetrichtert worden, uns im Sinne dieses Ideals strebend zu bemühen, so daß wir praktischerweise gern übersehen, wenn wir »aus dem Rahmen fallen«. Dann, erwachsen geworden, wissen wir, was sich gehört; halten uns daran – offiziell. Wer macht sich schon gerne unbeliebt? »Ich bin anpassungsfähig«, antworteten mir die meisten Frauen im ersten Atemzug, wenn ich sie auf das Problem Konkurrenz ansprach. Schon sich öffentlich zu diesem Thema äußern zu sollen, schien aber vielen suspekt.

Aber was tun wir, wenn wir uns *nicht* mögen. Wie verhalten wir uns in der Realität, wenn uns die eine oder andere Frau partout nicht in den Kram paßt? Was halten Sie beispielsweise von der Kassiererin, die ausgerechnet Ihre Schlange nur im Schneckentempo vorwärts rücken läßt? Akzeptieren Sie die neue Vorgesetzte, die den Job bekommen hat, für den Sie sich beworben haben? Was läßt sich gegen die perfekt gestylte Kosmetikverkäuferin ausrichten, die Sie anschaut, als wäre bei Ihnen nun wirklich Hopfen und Malz verloren? Was denken Sie über die bunthaarige, leicht angeschmuddelte Punkerin, die auf dem Skateboard an Ihnen vorbeizischt und Sie dabei fast umreißt; was von der Freundin, die sich gerade an Ihren Mann ranschmeißt; was von der Mutter, die mit viel Routine der Tochter den Rang abläuft?

Wenn uns eine andere Frau nicht ins eigene Konzept paßt, unseren wie auch immer gearteten Erwartungen, unserer eigenen Wellenlänge, dem eigenen Niveau nicht entspricht, stehen uns ganze Register von Methoden zur Verfügung, sie das wissen zu lassen (wenn auch manche Frauen nach gründlichem Training unglaublich viel schlucken können). Wir reagieren direkt indirekt; schlagen zu mit gebundenen Händen; treffen mit Blicken, nach dem Motto – wenn Blicke töten könnten; wir lassen spitze Bemerkungen fallen, denken: diese Zicke. Alles dezent, denn eigentlich sollten wir, wohlerzogen wie wir sind, gar nichts tun. Unmißverständlich sind wir dabei dennoch. Die andere versteht das Signal schon, unsere kleine oder große Rache aus dem Untergrund.

Zwei sich unbekannte Frauen haben ein Geschäft miteinander abzuwickeln, zwei Schönheiten liegen nebeneinander am Strand, ein Blick auf die Ansagerin auf dem Bildschirm – und schon setzt bei jeder Frau automatisch eine Art Rasterfahndung ein: Wie sieht die aus, wie hat sie sich zurechtgemacht, wie spricht sie, welche Ausstrahlung hat sie, mag ich sie, mag ich sie nicht, mag die mich, mag die mich nicht usw.? Es ist ein sekundenschneller Fragenkatalog, der je nach dem Blitzeindruck die Beurteilung oder den eventuellen Kontakt entscheidet. Es ist nichts, worüber sich jede anschließend Rechenschaft ablegen würde.

Nur wenn in den Augen der »Richterin« eine gewisse Ausgewogenheit der eigenen Stärken und Schwächen mit denen der anderen feststellbar ist, fällt der Urteilsspruch positiv aus. Ansonsten ist auf der Skala zwischen Sympathie und Antipathie jede Einstufung möglich – ständige Änderungen sind vorbehalten. Dieser Blick aus dem Rasterfahndungsbuch ist in sich konkurrent angelegt.

Es spielt noch nicht einmal eine Rolle, ob zwischen zwei »Untergrundkämpferinnen« eine enge Beziehung besteht oder fast keine: Wir messen uns (im geheimen) mit der anderen, vergleichen, sondieren die Wellenlänge, beurteilen und können die andere so akzeptieren oder auch nicht. Und je nachdem verhalten wir uns konkurrent oder nicht; tun etwas, um die andere auf ihren Platz zu verweisen, oder sind gnädig. Der eventuelle Clinch kann nur Augen-Blicke dauern oder ein Leben lang.

Dieser auf Schönheits- und Verhaltensnormen kontrollierende Blick, der gerne Anpassung verlangt und eventuell im Klatsch alle Unregelmäßigkeiten süffisant zur Sprache bringt, hält im Hintergrund stets als Waffe die Ausgrenzung bereit: »Wenn du meinst, dich hier so aufspielen zu können, dann wundere dich nicht, wenn dich hier keiner mag.« Dieser vergleichende Blick hat etwas ungemein Einengendes. Er läßt (bei Nichtgefallen) Eigenheiten der anderen nicht zu und trägt viel zu einer brüchigen, manipulierbaren Identität bei.

Das Verhaltensmuster stukturiert sich etwa so: Mädchen, Frauen stellen zu ihren Mitmenschen und besonders zu Geschlechtsgenossinnen sozusagen automatisch Beziehungen her.

Dazu schreibt das weibliche Rollenbild das Unmögliche vor: daß nämlich diese Beziehungen möglichst konfliktfrei zu sein haben. Und im Erziehungsprogramm für Mädchen sind alle Vorsichtsmaßregeln getroffen, damit das auch klappt.

Denn wir lernen gar nicht erst, wie Interessengegensätze oder unterschiedliche Wellenlängen miteinander versöhnt oder aber unversöhnt nebeneinander stehen gelassen werden können. Wie sich nicht nur in Übereinstimmung, sondern auch mit Widersprüchlichkeit leben läßt. Das Lustvolle einer positiven Konkurrenz entgeht uns: sich offen gegenseitig zu testen, sich aneinander zu messen. Da wir nicht schon von klein auf in freimütigem Streit lernen, wo unsere eigenen Stärken und Schwächen liegen, wo die der anderen – eventuell auf Kosten unserer Beliebtheit –, wissen wir nur die Hälfte über unsere Fähigkeiten und Möglichkeiten.

Die Konkurrenzschule der Jungen, geprägt durch Rollenzuweisung, Spiel und Sport, hat dagegen von vornherein eine offene, auf den persönlichen Erfolg hin getrimmte Ausrichtung. Die parallele Rivalitätsschule der Mädchen ist das ganze Gegenteil. Sie leugnet trotz regelmäßiger Anwendung der gelernten Finessen, trotz vorhandener Erziehungsergebnisse ihre Existenz.

Es ist zwar die Frage, wieweit es beim Aushandeln von Konflikten Männern wirklich gelingt, jene Sachdiskussion zu führen, um die es ihnen angeblich immer und ausschließlich geht. Jedenfalls haben sie die dafür nötige Distanz seit langem eingeübt, kennen alle Spielregeln. Für die in Beziehungen verstrickte Frau aber ging und geht es bei Konflikten, bei Rivalitäts- und beruflichen Konkurrenzfragen immer gleich um die eigene Person. Für Frauen sind die Beziehungen, die sie zu ihren Mitmenschen haben, von zentraler Bedeutung, daraus schöpfen sie (noch!) mehr Selbstsicherheit als aus geleisteten Aufgaben. Und sie fürchten: Mit dem Sachproblem steht eventuell auch die Beziehung zur Debatte. Es trifft eine Frau, ausgegrenzt zu werden. Da ist sie am verletzlichsten.

Aber jede weiß, daß dies auch der Schwachpunkt der Kontrahentin ist. Und wohl deswegen passiert es, daß eine Frau im Konfliktfall bewußt neben das Ziel zu treffen imstande ist; daß sie nicht wie der Mann sagt, »das ist nicht in Ordnung«, sondern – auf indirekte Weise –, »du bist nicht in Ordnung«. Daß sie gleich in die »Totale« geht, und zwar eher einer Frau als einem Mann gegenüber (der so auch weniger zu treffen ist), verbal wie nicht verbal. Frauen wissen voneinander, daß Beziehungen zu anderen Menschen für sie lebenswichtig sind, daß ihr Selbstwertgefühl sich sehr stark über die Anerkennung durch andere bestimmt. Und damit haben sie auch, eher intuitiv als planend, die Methode raus, wie sie eine andere Frau maßregeln können: mit Sanktionen in diesen Beziehungen nämlich.

Mädchen ernten Beifall, wenn sie nett, angepaßt und ausgeglichen sind, nicht wenn sie sich schlagen, streiten, aggressiv aufführen und sich gegenseitig auszustechen versuchen. Letzteres gehört von Anfang an zum Programm der Jungen, ebenso wie sich durch Leistung hervorzutun. Bei Mädchen wurde und wird das sanktioniert. Erfolg als Frau und Erfolg im Beruf schlossen sich lange Zeit fast aus.

Beide gut aufeinander abgestimmten Programme dienen dem einem Zweck: die eingefahrene Geschlechterhierarchie nicht zu gefährden. Durch diese über Jahrtausende entstandene Hierarchie der Geschlechter sind auch die möglichen Konkurrenzgebiete und die Art, in der zu konkurrieren erlaubt ist, entsprechend aufgeteilt worden: die Männer treten relativ offen gegeneinander in einen Wettstreit um Besitz und Macht, während die Frauen ihrerseits unter der Hand und diskret um die Männer konkurrieren durften.

Der Hierarchie entsprechend werden auch die Gefühle eingestuft, die Mädchen und Jungen zugestanden werden: Die sanften Empfindungen, sagt man, sind weiblich (immer schön im Hintergrund bleiben); Männer aber sollen Stärke ausstrahlen. Alles, was nicht in das Schema paßt, wird als defizitär diffamiert. Und wenn Frauen wollen, was den Männern zugestanden wird, nämlich Durchsetzungsvermögen, Macht und Einfluß (jene mit dem männlichen Patent versehenen Eigenschaften), wenn sie sich konkurrent verhalten, dann sind sie »Mannweiber« und ähnliche unappetitliche Wesen. Eine praktische Methode, damit Frauen den Männern nicht ernsthaft ins Gehege kommen können – solange sie mitspielen.

Warum ist uns die Frage »Wer ist die Schönste im ganzen Land?« so geläufig, nicht aber die Frage »Wer ist die Beste im ganzen Land«? Nun, weil das Konkurrenzverbot sich nur auf Leistung bezieht und beileibe nicht auf unser Aussehen, unsere »Schönheit«. Auf dem Markt der Eitelkeiten war und ist Aussehen aber enorm wichtig. Denn zu den begehrten Objekten, um die die jungen Männer unter anderem zu konkurrieren hatten (haben?), gehör(t)en auch die jungen Damen. Und um auf dem Heiratsmarkt nun ihrerseits gut abzuschneiden, hatten sich endlich auch die Frauen ungeheuer ins Zeug zu legen. Es ging nachgerade um ihre Existenz. Je nach Zeitgeist, Marktlage und Gesellschaftszugehörigkeit hatte frau alles zu tun, um sich als Angebot zu qualifizieren, um schöner, geschickter, modischer, praktischer, fleißiger, reicher, musisch begabter, liebreizender, hausfraulicher oder sonst was zu sein als ihre unmittelbare Rivalin. Eine jede durfte, sollte, mußte auffallen, aber ohne daß es allzusehr auffiel, denn Prahlerei wiederum gehörte nicht in den Katalog erlaubter weiblicher Eigenschaften.

Lange genug wurden und werden noch immer Mädchen und Frauen genauso konditioniert, obwohl sich die Zeiten geändert haben und Frauen in unseren Breitengraden, wenn sie wollen, ein selbstbestimmtes, ökonomisch unabhängiges Leben leben können. Ein erzieherisches Kunststück war und ist da an jedem Mädchen zu leisten, ein Kunststück, das sich gleichzeitig dazu eignet, die weibliche Raffinesse anzustacheln. Dieses Erziehungsmodell ist so routiniert eingespielt, daß viele noch immer der Meinung sind, Frauen hätten nichts mit Konkurrenz bzw. mit Rivalität zu tun. Was stimmt, ist, daß sie den schönen Schein in den meisten Fällen einigermaßen zu wahren wissen, auch vor sich selber. Der Kampf findet im Untergrund statt.

Was sich da im alltäglichen Schönheits- und Beliebtheitswettbewerb unter Mädchen und Frauen abspielt (nach dem Motto, wie gewinne ich möglichst unauffällig die Oberhand über meine Rivalin), ist sozusagen die Schule der Frauen in Sachen Konkurrenz, gibt die Matrize ab, nach der, mangels anderer eingeübter Muster, oft in der beruflichen Praxis verfahren wird. Wenn Mädchen nicht miteinander klarkommen, meiden sie sich. Im Privatleben läßt sich das auch weitgehend durchhalten. »Mit Frauen, die mir nicht liegen, muß ich ja nichts zu tun haben«, sagt frau mir. Im Berufsleben geht das aber nicht. Was tun wir dann?

Frauen haben lange alles getan, um diesen alten Rollenvorschriften zumindest oberflächlich auch noch im Berufsleben zu entsprechen, haben sich zu Leistung nur verschämt bekannt, was sich im Sinne männlicher Dominanz als praktisch erwiesen hat: Dieses Erziehungsmodell ist ein Instrument des *divide et impera*, des *teile und herrsche*; hat es doch ganz unmittelbar mit der Machtfrage zu tun, der Frauen ohnedies schon immer ambivalent gegenübergestanden haben.

Schon die Rivalität unter Frauen in Sachen Schönheit läßt sich von den Männern geschickt instrumentalisieren. (Je unbewußter und verdeckter sie sich abspielt, desto besser.) Genauso passen ihnen auch blinde Aktionen in beruflichen Konkurrenzsituationen ins Konzept. Und da wir schon mit Verve dabei sind, in die männliche Leistungs-Domäne überzuwechslen, sollten wir klarer erkennen, was sich hier unter uns abspielt. Ein Gefallen, den wir uns selber tun können. Denn unsere traditionelle Rollenverteilung ändert sich nur langsam und sorgt für manch diffusen Wirbel.

Unsere Diskussionen werden zunehmend von konkurrierenden Antworten dominiert. Mir sind die Fragen wichtiger. Vor der Lösung müssen wir erst einmal das Problem differenziert erkennen können. Und das wird erst möglich sein, wenn von Konkurrenz nicht grundsätzlich mehr nur im negativen Sinn (»typisch männlich«) gesprochen wird, sondern wenn der Komplex Konkurrenz in allen seinen Facetten diskutiert wird: wenn wir uns die weiblichen Erfahrungen mit Erfolgen und Niederlagen, mit Kompetenz und Versagen, auch mit positiver Konkurrenz genauer ansehen. Was ist unser jeweils unterschiedlicher Ausgangspunkt, unsere Konditionierung, und was machen wir damit – das erzählen und reflektieren hier Frauen verschiedenen Alters und in unterschiedlichen beruflichen Situationen.

Es geht mir auch darum, herauszukriegen, wieweit das anerzogene, traditionelle Rollenverhalten bis heute als Bremse oder als Motor wirkt. Wo vielleicht schon Änderungen sichtbar werden.

Durchgehend hat mich interessiert, wieweit es eine weibliche Streitkultur gibt. Erst eine ausgebildete Streitkultur nämlich wird die Unterschiedlichkeit von Frauen und die schon deswegen unter Frauen herrschende Konkurrenz nicht destruktiv sein lassen.

Die meisten Frauen, die hier zu Wort kommen werden, erscheinen unter ihrem Namen; einige haben um verfremdende Diskretion gebeten. Allen danke ich für ihr Engagement und ihre Offenheit.

Es gibt Frauenkonkurrenzen, die vor Gericht oder in den Klatschspalten landen. Um die wird es hier nicht gehen. An konkurrentem Verhalten interessiert mich mehr noch als die Grobmotorik die Feinmotorik. Insofern werde ich die LeserInnen hin und wieder auch an vermeintlichen kleinen Abschweifungen teilnehmen lassen.

Zur Begriffserklärung: »Rivalität« und »Konkurrenz« meinen – laut Duden – nahezu dasselbe. Vom lateinischen *rivalis* (= Nebenbuhler) kommend, bezeichnet das Wort »Rivale« eigentlich den *zur Nutzung eines Wasserlaufs Mitberechtigte(n): jmd., der sich mit einem oder mehreren anderen um jmdn., etw. bewirbt, der mit einem oder mehreren anderen rivalisiert.* Daß es aber zwischen zwei solchen Flußnachbarn nicht unbedingt friedlich zugehen muß, zeigt schon die Redewendung *jemandem das Wasser abgraben.* Und »konkurrieren«, vom lateinischen *concurrere*, bedeutet zusammenlaufen, -treffen, aufeinanderstoßen, im Wettstreit stehen: *mit anderen in Wettbewerb treten; sich gleichzeitig mit anderen um etw. bewerben.* Die uns heutzutage geläufige aggressive Komponente der beiden Worte kommt in seinen Ursprungsbedeutungen noch kaum zur Geltung. Zum besseren Verständnis werde ich diese beiden ähnlichen Begriffe unterschiedlich verwenden: Konkurrenz wird den Wettbewerb im Leistungsbereich bezeichnen, Rivalität den Wettbewerb im Persönlichen.

I

Der Preis

Der erste uns überlieferte Schönheitswettbewerb überhaupt wurde nicht von Irdischen, sondern von Göttinnen angezettelt und ausgetragen. Die Angst einer schönen Frau, durch eine noch schönere aus dem Felde geschlagen zu werden, und die Anstrengung, das um jeden Preis verhindern zu wollen, sind somit alt und haben offensichtlich göttliche Dimensionen. So ist uns aus der griechischen Mythologie überliefert, daß selbst Göttinnen sich dem schon damals allgegenwärtigen Konkurrenzdruck nicht zu entziehen willens waren, als deren Erfinderinnen sie gelten müssen.

Man hatte sich vorsorglich Gedanken gemacht. (Das ging bei den alten Griechen immer schief; siehe Ödipus, dem wir heutzutage den sagenhaften Komplex verdanken.) Also: Um die Heiterkeit des Festes nicht zu stören, um Zwietracht bei der Hochzeit des Königs Peleus mit der Meeresgöttin Thetis zu vermeiden, hatte man Eris, die Göttin der Zwietracht, vorsichtshalber nicht eingeladen. Einen derartigen Affront konnte diese nicht auf sich sitzenlassen und sann daher auf Rache. Nach Art des Hauses.

Durch die offene Tür des olympischen Festsaals rollte Eris einen goldenen Apfel unter die Gäste. Aufschrift: »Der Schönsten!« Und sogleich entbrannte ein heftiger Streit unter den anwesenden Göttinnen, wer den Apfel für sich beanspruchen dürfe: Hera, die Königin des Himmels und Gattin des Zeus, Aphrodite, die Göttin der Schönheit und Liebe, oder Athene, die Kriegs- und Friedensgöttin. Alle drei beharrten jeweils auf ihrem Recht, den Apfel zugesprochen bekommen zu müssen.

Die Angelegenheit war heikel. Hausherr Zeus, höchster Gott des Olymp, wollte es sich mit keiner verderben und hielt es daher für besser, den Urteilsspruch an jemand anderen zu delegieren. Immerhin kam ihm eine gute Idee, wie er sich aus der Affäre ziehen konnte: Es sollte ein anerkannter Fachmann urteilen. Der schöne Paris, einer aus dem Geschlecht der Menschen, war der richtige Schiedsrichter. Denn Paris, wegen eines Orakelspruches in der Wildnis ausgesetzter Sohn des trojanischen Königs Priamos, hatte Zeus schon einmal als Schiedsrichter bei einem Wettbewerb sehr beeindruckt: Paris hatte jenem Stier, der den von ihm aufgestellten preisgekrönten Stier besiegen könnte, eine goldene Krone als Preis angeboten. Ein Zeus-Sohn, Ares, machte sich nun einen Spaß aus der Angelegenheit. Er verwandelte sich kurzerhand in einen Stier, gewann und bekam tatsächlich, obwohl er nicht Stier, sondern Gott war, die Krone zugesprochen. Das gefiel den vom Olymp aus zuschauenden Göttern und ganz besonders Zeus. Solch ein schönes Schauspiel wollten sie gerne noch einmal erleben.

Also zog Hermes, der Götterbote, mit den drei schönsten Göttinnen zu dem ebenfalls schönen Prinzen ins Ida-Gebirge, übergab ihm den Apfel und zugleich die Botschaft des Zeus: »Paris, da du so schön bist, wie du in Herzensangelegenheiten weise bist, befiehlt dir Zeus zu urteilen, wer die schönste dieser Göttinnen ist.«[1] Dem Paris wurde es mulmig: »Ich bin nur ein Mensch und so dazu bestimmt, die dümmsten Fehler zu begehen.« Doch erklärten sich alle drei Göttinnen bereit, sich seinem Urteil zu unterwerfen.

»›Genügt es, sie so zu beurteilen, wie sie sind?‹ fragte Paris den Hermes, ›oder sollten sie nackt sein?‹

›Die Regeln des Wettkampfes mußt du entscheiden‹, antwortete Hermes mit verstecktem Lächeln.

›In diesem Fall – würden sie sich freundlicherweise entkleiden?‹

Hermes befahl den Göttinnen, dies zu tun, und drehte ihnen höflich den Rücken zu.«

Insofern wäre es falsch, in Paris den Erfinder des Striptease zu sehen.

Aphrodite war bald fertig. Doch Athene bestand darauf, daß sie ihren berühmten magischen Gürtel ausziehen solle. Dieser Gürtel hatte die Eigenschaft, daß sich jeder automatisch in dessen Trägerin verlieben mußte. »Also gut«, sagte Aphrodite voll Ärger. »Dies werde ich tun unter der Bedingung, daß du deinen Helm ablegst – du siehst ohne ihn schrecklich aus.«

Alle drei kannten ganz offensichtlich die Tricks der anderen. Schon aus diesem kleinen überlieferten Dialog ist allerdings ersichtlich, daß die Konkurrenz unter den Göttinnen nicht erst durch den Eris-Apfel in Gang gekommen war.

Alsdann begann Paris mit der Einzelinspektion. Und eine jede nutzte die kurze Zeit, um ihn für sich einzunehmen und durch Versprechungen zu gewinnen. (So etwas war damals im Rahmen der Wettkampfbestimmungen noch offen zugelassen.) Hera beteuerte ihm, ihn zum Herrscher über Asien und zum reichsten Manne zu machen; Athene verhieß, daß er alle Schlachten seines Lebens gewinnen werde und überdies der schönste und weiseste Mann dieser Welt sein würde; Aphrodite schließlich kam als letzte dran und ging ganz nahe an Paris heran: »Schau bitte genau, übersieh nichts... Nebenbei, sogleich als ich dich sah, sagte ich zu mir ›Bei meinem Wort, dort geht der schönste Jüngling Phrygiens! Warum verschwendet er sich hier in der Wildnis und hütet dummes Vieh?‹ Ja, warum tust du es eigentlich, Paris? Warum ziehst du nicht in eine Stadt und führst ein zivilisiertes Leben? Was kannst du schon verlieren, wenn du jemanden wie Helena von Sparta heiratest, die so schön ist wie ich und nicht weniger leidenschaftlich? Ich bin überzeugt, daß, kaum seid ihr beide euch begegnet, sie ihr Heim, ihre Familie und einfach alles verlassen wird, um deine Geliebte zu werden.«

Aphrodite begann, ihm die Schönheit und die Vorzüge Helenas, der aus einem Schwanenei geborenen Tochter des Zeus, zu beschreiben, um die einst alle Prinzen Griechenlands warben und die inzwischen die Frau des Menelaos geworden war. Auch daß sie verheiratet sei, solle kein Hindernis sein, denn sie, Aphrodite, und ihr Sohn Eros würden schon arrangieren, daß sich Helena »Hals über Kopf« in Paris verliebe. »Du kannst sie haben, wenn du willst.« Die Reaktion: »... Paris sprach ihr ohne einen weiteren Gedanken den goldenen Apfel zu.«

Aphrodite war nun, weil sie den für Paris bestechendsten Einfall hatte, laut Urteilsspruch zur Schönsten gekürt worden. »Durch dieses Urteil lud er den schwelenden Haß Heras wie auch Athenes auf sich, die Arm in Arm hinwegzogen, um den Untergang Trojas zu planen. Aphrodite stand mit einem boshaften

Lächeln abseits und dachte nach, wie sie ihr Versprechen wohl am besten halten könnte.«

Ein Sieg, zwei Niederlagen; einsame Schönheit und ein neues Bündnis. Stoff genug für den nachfolgenden Krieg. Schönheit kostet.

Wer ist die Schönste im ganzen Land?

> »Isn't it great that Princess Anne loves nature so much, when you see what it did to her.« (Bette Midler)

Von all den Schönen soll die Schönste gewählt werden. Und selbstverständlich halten sich alle, die sich an einem Schönheitswettbewerb beteiligen, für schön. Doch das genügt ihnen nicht, sie möchten auch von anderen als schön erkannt werden; endlich wollen sie es ein für allemal bestätigt sehen, mit Brief und Siegel sozusagen, in aller Öffentlichkeit. Klar, daß sich die dann am Austragungsort versammelten Rivalinnen nicht eben mit wohlwollenden Augen betrachten. »Es wird erst mal kurz taxiert. Und dann merkt man, es macht sich jede Frau ein Bild. Jede Frau versucht, etwas Negatives an der anderen zu finden, um sich selber etwas hervorheben zu können, um sich selber wieder positiver zu empfinden. Und wenn man nur lange genug sucht, findet man immer irgendeinen Makel, an jeder Frau.«

Gunhild Graff, groß, schmal, mit langer blonder Lockenmähne, blauen Augen, kennt die Situation, spricht aus eigener Erfahrung, hat sie sich doch aus Spaß und aus Daffke – eine Wette, daß sie sich nicht traue – ins Getümmel derartiger Wettbewerbe begeben. Mit Erfolg. Sie wurde 1987 zur Mrs. Germany gewählt und blieb es bis 1990. Auch bei der Europa- und Mrs.-World-Wahl in Las Vegas war sie dabei, wurde in Las Vegas plaziert – als Fünfte von 60 Bewerberinnen und obendrein eine der Ältesten. Ein »Riesenerfolg« für eine Europäerin, wie Gunhild Graff sagt. Diese Wahl sei noch schöner gewesen als die zur Mrs. Germany – eine Bestätigung auf Weltniveau: »Für mein Selbstbewußtsein war das der absolute Erfolg.«

Der Ablauf einer solchen Kür: Die Erst- und Zweitplazierten eines regionalen Schönheitswettbewerbs fahren zu der Endwahl, die mit Proben zum Einüben der Show und allem Drum und Dran etwa eine Woche dauert. (Eine Mrs. übrigens muß verheiratet sein, darf Kinder haben und kann etwas älter als die Miss sein.) Gleich nach der Ankunft am Austragungsort werden die sich meist unbekannten Teilnehmerinnen zu zweit auf die Zimmer verteilt. Obwohl sich alle Frauen mit scheelen Augen betrachten und aus dem Weg gehen, bilden sich seltsamerweise sofort Cliquen. Die beiden unfreiwilligen Zimmergenossinnen, erzählt Gunhild Graff, halten aber immer, wohl aus taktischen Gründen, zusammen und ziehen dann gemeinsam über die anderen her. Ansonsten klärt jede erst einmal den eigenen Standort, werden die eigenen Chancen abgeschätzt – jede taxiert die Rivalinnen mit kritischem Blick von oben bis unten.

Lauter bekennende Schönheiten unter sich. Wagemutig. Dennoch muß es für all jene, deren Selbstbewußtsein im wesentlichen auf dem Gefühl für die eigene überlegene Schönheit beruht, bedrohlich sein, sich plötzlich von so vielen (doch hoffentlich nur fast) ebenso schönen Frauen umgeben zu sehen. Das schafft Unbehagen, erzeugt Druck, führt zu einer Art psychologischer Kriegsführung. Einzelne beginnen sogleich, im Vorbeigehen, schon einmal für sich das Feld zu sondieren, das heißt, sie fangen an, andere auf die Plätze zu verweisen, indem sie in spitzen Bemerkungen ihre selbstredend vollkommen objektiven Beobachtungen weitergeben. Keine geht offen und direkt ans Werk, erzählt Gunhild Graff. Mit kleinen Lästerreden wird eher verstohlen und hintenherum Stimmung gemacht: »Hast du gesehen? Mein Gott hat die ein Wellfleisch / einen Bauch / einen Hängebusen!«, verspottet die eine die andere. Nicht, daß irgend jemand diese traurige, ach so brutale Wahrheit übersieht. Die andere ist bei einer Vorwahl zwar auch schon einmal plaziert worden, trotzdem – »Ich verstehe gar nicht, warum die gewonnen hat. Blond und doof, wie die ist!«

So gestärkt, mit dem festen Blick auf die Makel der anderen, läßt sich die eigene Balance wieder einigermaßen herstellen. Aber es irritiere sie immer wieder, wundert sich Gunhild Graff, daß Frauen ganz offenbar einen geheimen Spaß daran haben, solche negativen Dinge an anderen festzustellen. Sie selbst bemühe sich, sich an der allgemeinen Schmäh gegeneinander nicht zu beteiligen, gehe lieber bei seltsamen Gerüchten auf die Leute zu und spreche sie direkt an. Aber das könnten nur wenige aushalten.

Fühle ich mich schön, dann bin ich
gleichzeitig stark und fühle mich sicher.
(Florence Juillard, Göttingen)

Jede Frau möchte gerne schön und attraktiv sein. Ja, es ist eine unausgesprochene Erwartung an sie, eine regelrechte gesellschaftliche Verpflichtung, die ihr schon früh nahegebracht wird. Eine hübsche, niedliche Tochter – sie ist der Stolz der Eltern; sie darf so sein, sie soll so sein. Ist sie es nicht, wird sie mit einem lebenslangen Handicap zu kämpfen haben, das auszugleichen sie Phantasie und Anstrengung kosten wird.

Allerdings sollte das hübsche kleine Mädchen das gute Aussehen ganz selbstverständlich, nebenbei und dezent zur Schau tragen, bescheiden und ohne aufzutrumpfen. Damit die Kleine das nicht vergißt, hilft vielleicht zwischendurch eine Märchenstunde zur Erinnerung. Denn wie grausam eine hochmütige Schönheit bestraft werden kann, davon erzählen schließlich viele Märchen, unter anderen das vom Schneewittchen, vom König Drosselbart, vom Aschenputtel.

Schneewittchens schöne, aber böse Stiefmutter, die Konkurrenz so wenig aushalten kann, daß sie der schöneren Tochter sogar nach dem Leben trachtet, muß sich am Ende zur Strafe selbst zu Tode tanzen. Und wie ergeht es der schönen, hochmütigen Königstochter, die nicht nur König Drosselbart verschmäht, sondern der überhaupt kein Mann gut genug ist und die an jedem etwas auszusetzen hat? Sie muß auf Befehl ihres Vaters schließlich mit dem erstbesten Bettler vor dem Schloß vorliebnehmen, niedrige Arbeiten für ihn verrichten, ohne es ihm je recht machen zu können. Bis sich – am tiefsten Punkt der Erniedrigungen – all die unglückseligen Erlebnisse der Königstochter als gemeinsames Erziehungsprojekt der Männer herausstellen, des Vaters und des abgewiesenen Königs Drosselbart. Der aber erklärt sich nun bereit, die gewandelte, bescheiden gewordene Königstochter aus ihrem Frondienst zu erlösen, indem er sich jetzt von der Geläuterten,

Demütigen und Dankbaren heiraten läßt. Und auch das Märchen vom Aschenputtel bestätigt: Wenn innere und äußere Schönheit sich vereinen, wird ein Königssohn nicht daran vorübergehen; da können sich Aschenputtels Stiefschwestern noch so kaltblütig die Füße verstümmeln, um äußerlich schön zu sein. Sie werden von ihm nicht erwählt.

Solche Märchen demonstrieren und verfestigen althergebrachte Rollenmuster. Sie zeigen die vorgeschriebene Gratwanderung von Mädchen und Frauen, nicht nur in Märchen. Hübsch und attraktiv sollen sie zwar sein, das aber eher unauffällig. Gefallen sollen sie, wollen sie, aber alles nur in Maßen. Diejenige, die sich zu sehr aufdonnert, wird mit einer aufgetakelten Fregatte verglichen werden, als eitel und oberflächlich gelten, dumm ohnedies. So antiquiert und unzeitgemäß der Spruch aus dem Poesiealbum zu sein scheint – wirkungslos ist er wohl noch immer nicht:

> Sei wie das Veilchen im Moose,
> sittsam, bescheiden und rein,
> und nicht wie die stolze Rose,
> die stets bewundert will sein.

Insofern, als eine offene, selbstbestimmte Schönheitskonkurrenz ja eigentlich nicht gestattet war und ist – siehe die Märchen aus dem letzten Jahrhundert, siehe die Erziehungsnormen –, ist die Teilnahme an solch einem meist von Männern ausgerichteten Schönheitswettbewerb zum einen ein offizieller und mutiger Affront gegen das Verbot. Zum anderen aber verstößt sie zugleich auch gegen die ungeschriebenen, auch noch in Spuren sehr wirksamen Regeln. Wo bleibt da die Bescheidenheit? Ein Stück Vermessenheit ist im Spiel. Kein geduldiges Warten im Hintergrund auf gnädige Anerkennung, sondern eine bewußte Herausforderung: Der erste Platz, die Krone gebührt mir. Das »Spieglein, Spieglein an der Wand« wird nicht mehr nur zu Hause heimlich befragt, sondern vor den Augen und Ohren aller.

Aber das, so verlangt es der gute Ton, wird besser heruntergespielt: Andere, Freunde und Bekannte, haben sie angestiftet, sich zu beteiligen, sagt Gunhild Graff. Das Mitmachen hat sie als Spaß angesehen. Daß sie dann allerdings siegte und die Krone wirklich gewann, haben sie manche auch büßen lassen. Zunächst einmal ihre Mitstreiterinnen. Bis auf eine, ihre nicht plazierte Zimmergenossin, hat ihr keine der Rivalinnen auf der Bühne gratuliert. Auch am Morgen nach dem Ereignis, beim Frühstück, hat keine mit ihr geredet. Dafür wurde das klassische Gerücht in Umlauf gebracht, ihr Sieg sei nur darauf zurückzuführen, daß sie mit dem Veranstalter ins Bett gegangen sei. Ohnehin ein beliebtes Argument von Frauen, die einfach keine Niederlage einstecken können, wie die Ex-Mrs. Germany konstatiert. Ihrem Mann allerdings rechnet sie hoch an, daß er so viel Vertrauen zu ihr gehabt und sie trotz dieser gehässigen Gerüchteküche nicht von der Teilnahme abgehalten habe.

Mit dem Sieg, sagt Gunhild Graff, hat sich ihr Leben total gewandelt. Sie, die aus einem kleinen Ort in der Nähe von Cuxhaven kommt, hat sich daran gewöhnt, und es macht ihr Spaß, im Rampenlicht zu stehen, in die große, weite Welt zu reisen. Sie liebt die Bühne, die Show. Und für sie war es vor allem die Möglichkeit, mal aus dem Alltagstrott herauszukommen. Sie findet ihren Körper schön (und den manch anderer noch schöner) und hat keine Schwierigkeiten, ihn auszustellen; wenn sie auch die Nummer mit dem Badeanzug eine gewisse Überwindung gekostet habe, sei es dennoch nicht peinlich gewesen.

In die Apotheke in einem kleinen friesischen Ort, die sie als PTA (pharmazeutisch technische Assistentin) zusammen mit ihrem Mann betreibt, kamen von Stund an eher die Frauen statt der Männer; oder genauer: die Frauen ließen die Männer lieber nicht mehr gehen. Sicher ist sicher. »Wenn man gewonnen hat und ein kleiner Star geworden ist«, so die Mrs. Germany, dann verschärft sich die Konkurrenzsituation. Das ist besonders auch bei Veranstaltungen ständig zu spüren. Die Männer werden zuvorkommender. Dafür steht sie als prämiierte Schönheit ständig unter genauerer, sorgfältiger Beobachtung, um nicht zu sagen Kontrolle von Frauen. Und wenn sie freundlich ist, wird das jetzt von manchen völlig falsch als Anmache ausgelegt. Überhaupt, so stellt sie fest, wann und wo immer sie sich jetzt in fremder Umgebung länger mit irgendeinem Mann unterhalte, erscheine meist binnen kurzem eine Frau auf dem Plan, die ihr dann schnell mit Blicken und Gesten klarmacht:

»Halt, stopp, du kannst zehnmal die Schönste sein, das ist mein Mann, der gehört zu mir, Finger weg.« Obwohl sie zufrieden verheiratet ist und von ihrem Mann in ihren Ambitionen unterstützt wird, lassen Frauen sie als mögliche Rivalin kaum aus den Augen.

In unserer von und in Bildern lebenden Welt kommt es mittlerweile zwar auch bei Männern immer häufiger auf gutes Aussehen an. Aber wie Gloria Steinem feststellt, hat das bei ihnen einen ganz anderen Stellenwert. »In einer männerbeherrschten Kultur scheint es, als ob Männer, ganz gleich wie sie aussehen, fast immer okay sind, während Frauen, auch ganz gleich wie sie aussehen, nur selten okay sind und aus diesem Grund ständig meinen, ›sich herrichten‹ zu müssen«[1]. Anders als bei Mädchen gehört es beim Jungen nicht zum Rollenbild, besonderen Wert auf gutes Aussehen legen zu müssen. Es hat nichts Zwanghaftes. Bei Mädchen dagegen, sind sie von der Natur auch nur einigermaßen gut ausgestattet, kann das Aussehen je nach sozialem Erziehungsmuster regelrecht programmatische Züge bekommen. »Wir werden von klein an in so ein Schema gedrückt. Es heißt immer, die Frau hat so und so auszusehen.« In Anbetracht dessen ist es fast schon Zufall, wenn Gunhild Graff Schönheit nicht zu ihrem Hauptberuf gemacht hat, sondern mehr zu einer »amüsanten Abwechslung«.

Die unausgesprochene Erwartung an Mädchen und Frauen, schön, charmant und angenehm sein zu müssen, um akzeptiert zu werden, provoziert regelrecht den stets vergleichenden Blick untereinander. Wie macht es die andere, wo stehe ich? Steht die besser da als ich? Nicht nur in Sachen Schönheit, die, wie auch Gunhild Graff meint, ohnehin relativ ist, sondern ebenso bei vielen anderen Beurteilungskriterien, die in ständigem Wandel begriffen sind.

Die Skala der möglicherweise zu vergleichenden Details ist endlos. Sie beginnt bei den zahllosen Einzelteilen, in die die Frau über die Jahrhunderte, einer Gliederpuppe gleich, zerlegt wurde: Wer hat das schönere Haar, die schöneren Beine, Augen, den schöneren Busen, Mund, Hals, Haut etc.? Wer trägt die schickeren Klamotten, hat mehr Charme, Geschmack, kennt die wichtigeren Leute, hat bessere Beziehungen, den eindrucksvolleren Freund, Mann, die elegantere Wohnung, den grüneren Rasen, die intelligenteren oder besser aussehenden Kinder – um zunächst einmal nur einige traditionelle Vergleichspunkte anzuführen.

Zwangsweise werden solche Vergleiche Neid wecken und, je nach Beschaffenheit des einzelnen Selbstbewußtseins, zu untergründiger oder auch offener Rivalität führen. Kann sich doch keine, angesichts der relativen Beurteilungskriterien, für immer der etwaigen Pluspunkte sicher sein. Allenfalls durch den fast automatisch greifenden Trick, sich stets aufs neue die doch so offensichtlichen Minuspunkte der Rivalin vor Augen zu führen, päppeln manche ihr von außen gesteuertes Selbstbewußtsein wieder etwas auf. Doch ist das nur ein kleiner, kurzlebiger Sieg, der auch durch ständige Wiederholung in verschiedenen Varianten nicht stabiler wird. Denn je labiler das Selbstwertgefühl der einzelnen ist, desto dringlicher wird die Notwendigkeit, die eigenen Vorteile gegen die Benachteiligungen der anderen aufzulisten, um wenigstens kleine Siege zu feiern; aber die vermeintlichen eigenen störenden Makel bleiben genauso irritierend wie vorher.

Manche Frauen sind durch nichts zu beruhigen. Für sie heißt es immer: *The grass is always greener on the other side.* Sie sind überzeugt, daß andere es grundsätzlich besser treffen als sie selbst und sie daher den Gegenbeweis antreten müssen, daß auch mit ihnen zu rechnen ist. Dieser Typ Frau muß unablässig demonstrieren, daß sie die Blicke auf sich lenken kann, daß sie, obwohl sie schon mehrere Verehrer hat, auch noch diese Neueroberung schaffen wird.

Der stets vergleichende Blick produziert zwar eventuell ein paar kleine Siege, aber den Glauben an die eigene Person, an das eigene Können stärkt er offenbar trotzdem nicht. Das Selbstbewußtsein bleibt brüchig. Die befürchteten Niederlagen wiegen schwerer. Letztlich isoliert der immer vergleichende Blick die eine von der anderen und verhindert solidarisches Verhalten.

Die, wie schon gesagt, meist durch männliche Veranstalter organisierten und entschiedenen Schönheitswettbewerbe (siehe der von

Paris an Aphrodite verliehene Apfel) bringen eigentlich nur an die Öffentlichkeit, was unter Frauen ein zwar dezent kaschiertes, aber dennoch lebenslanges, alltägliches Ereignis ist: der Wettstreit darum, wer die Schönere ist. Allerdings, dem Trend der Zeit folgend, sitzen mittlerweile auch Frauen in den Jurys, und wer könnte für diese Aufgabe prädestinierter sein? Endlich läßt sich eine gewohnheitsmäßige Praxis jeder Frau, nämlich andere schnell und keineswegs immer bösartig mit den Augen zu beurteilen, auch einmal professionell und »nutzbringend« anwenden. Und da die weiblichen Jurymitglieder ja nicht selbst betroffen sind, können sie auch auf die engagierte Häme im Blick, die die Teilnehmerinnen eines Schönheitswettbewerbs fast verständlicherweise an sich haben, verzichten.

Von Männern wird in Geld umgesetzt, was Frauen meist einiges an Zeit und Geld kostet, manchen auserwählten Schönen in diesem Fall aber wenigstens auch einmal das große Geld einbringt. Die Gagen eines Topmodels erreichen astronomische Höhen, ganz im Gegensatz zu den Löhnen und Gehältern, die Frauen sonst zugestanden werden. Daran zeigt sich, wieviel die schöne Frau der Männerwelt wert ist. Bei Frauen wollen sie nicht Leistung honorieren, sondern Schönheit, und das durchaus großzügig. Insofern läßt man(n) sich diese Schönheitskonkurrenz unter Frauen auch gerne etwas kosten und ist durchaus willig, sie zu fördern (es ist etwas fürs Auge und hält die Frauen beschäftigt). Allein an den beträchtlichen Investitionen, die mancher Mann für die dekorative Frau an seiner Seite auszugeben bereit ist, ist ablesbar, daß weibliche Schönheit für die Männerwelt profitabel und statusfördernd ist.

Die Werbung und vor allem Frauen- und Modemagazine verstehen vorzüglich auf dieser Klaviatur des ständigen, geheimen Schönheitswettbewerbs von Frauen zu spielen und deren verdeckte Rivalität untereinander zu instrumentalisieren. Sie führen mit perfekten Mannequins den Ideal-zustand »schöne Frau« vor Augen. Geschickt ausgeleuchtet werden dort jene Musterbilder präsentiert, die zu erreichen jede strebend sich bemühen sollte. Gunhild Graffs Kommentar: »Man versucht immer so zu sein, wie die Medien das Objekt Frau haben wollen!« Und wer dann so etwa ins Schema paßt, hat es, nicht nur nach Graffs Meinung, leichter.

Frauen haben sich den sich ändernden Schönheitsnormen anzupassen, nicht umgekehrt. Schönheit, Attraktivität, insinuiert die Werbung, ist machbar, gestaltbar. Und sie führt sogleich vor, wie das Endprodukt aussehen könnte. Bei korrekter Anwendung der zu diesem Zweck aufgebotenen Kosmetik und Mode aus der gesamten Schönheitsindustrie lassen sich die meisten »Makel« beheben, wird suggeriert. Wie sollten angesichts der für die Kamera durchgestylten Berufsschönheiten nicht den meisten Frauen die eigenen Schwachstellen und manch verbesserungswürdiges Detail einmal mehr störend ins Bewußtsein kommen? Sie werden sozusagen schuldig gesprochen – sie haben sich nicht genügend angestrengt, nicht genügend Aufwand betrieben, sich noch nicht den richtigen Trick einfallen lassen.

Mit dem allerorten, im Fernsehen, auf Plakaten, in den Zeitschriften, vorgegaukelten idealen Frauenbild im Kopf wird von vielen Frauen erst der eigene Körper und dann der anderer Frauen en detail bewertet und meist nicht für gut genug befunden. Frauen sind, wie in verschiedenen Studien festgestellt wurde[2], weit weniger mit ihrer körperlichen Erscheinung zufrieden als Männer; der Druck, der Norm zu entsprechen, lastet auf ihnen viel schwerer. Der vom Ideal propagierte Maßstab verzerrt die Wahrnehmung der eigenen Person. Und er räumt obendrein anderen ein Bestimmungsrecht über den eigenen Körper ein.

Daß selbst Models oder preisgekrönte Schöne, eben jene Idealbilder, etwas an sich auszusetzen finden, wenn sie aus dem noch einmal verschönenden Blickwinkel der Kamera heraustreten, (Gunhild Graff: »Ich würde diverse Körperteile bei mir gerne verändern oder beeinflussen«), zeigt die Methode weiblicher Sozialisation: Gemessen am Idealmaß, kann keine gewinnen, und jede bleibt daher manipulierbar.

Schönheit ist unter heutigen Vorzeichen weniger denn je etwas, das frau hat oder nicht hat. Schönheit wird zur Leistung, zum Verdienst, ebenso wie das Alter, das möglichst lange unsichtbar bleiben soll. Ein wahres Bombardement von weibenden Bildern soll auch die zahlenden Kunden von diesen Notwendigkeiten überzeugen. In immer mehr Fernsehkanälen gibt es immer mehr und häufigere Werbeunterbrechungen, die Plakatwände werden ständig rascher ausgetauscht. Die Ansprechbarkeit der Zuschauer wird angesichts der Bilderflut und zunehmend härteren Konkurrenz im Werbegeschäft immer geringer, ihre Resistenz immer größer.

Um uns, die Adressaten, überhaupt noch zu erreichen, zu fesseln und zum Kauf zu animieren, müssen auch die Blickfänger (sprich zum Kauf animierende Frauen) immer raffinierter gestaltet werden. Und was dem Model noch an Perfektion und Verführungskraft abgehen sollte, wird durch eine phantasiereiche Traumkulisse, durch erotische Anspielungen und freundliche Retuschen hinzugezaubert. Der Stoff, aus dem die Träume sind, gegen den es die Wirklichkeit schwer hat.

Die zahllosen, in dieser Richtung stimulierenden Werbespots sind bekannt. Mutter und Tochter im Garten, strahlend jung beide, fast zum Verwechseln. Doch das Wunder klärt sich binnen kurzem auf – die beiden benutzen das gleiche Beauty Fluid. – Oder da kommt eine phantastisch aussehende junge Dame durch die Drehtüre, sie zieht sofort alle Blicke auf sich. Der Grund: Im Gegensatz zu ihren Geschlechtsgenossinnen wäscht sie ihre Haare mit dem richtigen Shampoo. Die weißeren Zähne, das gesündere Zahnfleisch, die ausdrucksstärker geschwungenen Lippen – so viel kann die Werbung allein schon zum Detail Mund sagen, wieviel mehr zur ganzen Frau. – Auge in Auge mit dem perfekten Anblick läßt die eigene Verunsicherung die Bereitschaft wachsen, durch einen Griff ins Portemonnaie auch halbwegs mit diesem Traumbild gleichziehen zu wollen. Die Kosmetikindustrie wächst jährlich um 15 Prozent.[3]

Die Kosmetikindustrie und die Schönheitschirurgie bedienen eine ständig wachsende Klientel. Und der Glaube dieser Klientel an die Realisierbarkeit ihrer geheimen Verschönerungswünsche wächst mit jedem vorgeführten Sonderexemplar der Extra-Klasse wie Michael Jackson oder – das non plus ultra – Cher. Mannigfache Zaubertricks im Angebot thematisieren die vielleicht bei manchen noch nicht ganz in ihr Bewußtsein gedrungenen eigenen Makel, die sie dringend beseitigen sollten: Nehmen Sie Cremes gegen die Altersfalten, Make-up zum Überdecken der Schatten unter den Augen, Rouge gegen die Blässe und Tönung für die zu blaßgraue Haut. Gegen zu viele oder zu wenige Pfunde helfen Diäten, Silikon, Body-building und Aerobic. Schicke und geschickte Kleidung plus Accessoires sollen Schwachpunkte kaschieren und Hervorragendes ausstellen.

Das Ganze ist ein lukrativer, sich ständig erweiternder Markt. Jede weiß das und trotzdem: Kaum eine Frau, die sich nach diesem alltäglichen Schönheitswettbewerb überhaupt nicht richtet – und sei es, daß sie sich bewußt dagegen entscheidet, weil sie sich eine andere Arena für ihren Erfolg, ihre persönliche Anerkennung ausgesucht hat. Wenn eine Frau sich so verhält, paßt das so wenig ins typische Rollenbild, daß sie zu dieser Ablehnung wohl zeitlebens immer wieder befragt werden wird und sich stets erneut rechtfertigen muß.

Nur haben die meisten Frauen keine Lust oder auch keine Energie, aus diesem mehr oder weniger bewußten Spiel, das sich für manche bis zum harten Kampf steigern kann, völlig auszusteigen. Vielleicht, weil wir uns dem weiblichen Rollenbild zu sehr verschrieben haben, zu dem es eben gehört, sich schön machen zu wollen; vielleicht auch deshalb, weil sehr viel Spielerisches und Spaß darin stecken oder weil es ein ästhetisches Bedürfnis von Frauen befriedigt. Frauen machen sich nicht nur für andere schön, sie tun es auch für sich selbst. Sie lassen sich nicht nur anschauen (von Männern und Frauen), sie schauen auch selbst und keineswegs nur voll Neid: Braungebrannt, mit frischen Haaren und einem hinreißenden Outfit in einem sonnigen Straßencafé sitzen und die Welt begucken – da kann die gute Laune doch fast auf alle Zuschauer verzichten. Das Flair einer Bacardi-Rum Party – Wasser, Sand, Sonne, Wind – hat schließlich auch in der Realität etwas Faszinierendes, nicht nur auf der Leinwand. Für den erotischen Reiz eines schönen Menschen sind schließlich die meisten empfänglich. Auch und gerade Frauen, zumindest dann, wenn sie sich selbst gut fühlen. Fatal nur, daß sich diese Neigung strategisch ausnutzen läßt.

In unsere Leistungsgesellschaft, die den Großteil der Frauen so lange vom Erwerbsleben auszuschließen verstand, sie lieber nur als Konsumentinnen partizipieren ließ, haben sich die Frauen mittlerweile den Zugang zwar erkämpfen können, aber mit der zusätzlichen Erschwernis, wie die Amerikanerin Naomi Wolf in ihrem Buch DER MYTHOS SCHÖNHEIT feststellt, eben auch auf dem Gebiet der Schönheit Leistung zeigen zu müssen. Eine Leistung, die, gerade weil sie so schwer zu definieren ist, je nach Bedarf des Arbeitsmarktes und zum Wohle der Schönheitsindustrie zu instrumentalisieren ist. Zur ohnehin schon vorhandenen vieldiskutierten Doppelbelastung von Frauen in Familie und Beruf tritt damit noch eine weitere, über die Frauen unter Druck zu halten sind und über die sie sich gegenseitig unter Druck halten.

Eine allseits bekannte Boulevardzeitung macht sich diesen taxierenden Blick auf das Äußere einer Frau geschickt zunutze, indem sie ihn imitiert, auch wenn das Äußere offensichtlich nichts zur Sache aussagt. Bei Prozessen etwa, in deren Mittelpunkt eine Frau steht, wird bei der alltäglichen Berichterstattung fein säuberlich aufgezählt, was sie anhat – eine weiße Bluse mit dunkelblauem, engem Rock. Man erfährt, je nach der Stimmung, die gegen oder für sie erzeugt werden soll, ob die Person blaß, ungeschminkt und um einige Falten reicher geworden ist oder ob sie lachend mit frechen Locken eine unbegründet optimistische Ausstrahlung hat. In der Wiederholung dieses taxierenden Blicks bestätigt und verstärkt jene Zeitung in fast subtiler Weise die ohnehin schon vorhandene Rivalität von Frauen untereinander.

Seltsamerweise dürfen die Frauen, denen ja ansonsten Leistung gern als »nicht feminin« angekreidet wird, hier auf einmal Leistung zeigen, nach dem Motto »Machen sie das Beste aus ihrem Typ!«. Auf dem Gebiet des Aussehens macht Leistung Frauen plötzlich nicht, wie sonst so häufig, häßlich, sondern Leistung soll sie in dieser ihnen überlassenen Domäne anspornen. Und sie lenkt sie ab.

Die Moden, nach denen Frauen sich zu richten haben, bestimmen Zeitgeist und Kommerz in raschem Wechsel. Zwar hat sich der Trend weg vom Schmalspur-Mode-Diktat hin zur Wahlmöglichkeit zwischen verschiedenen Alternativen entwickelt. Alles ist lockerer, variantenreicher geworden. Aber dennoch sind die Vorgaben rigide geblieben. Keine sollte allzusehr aus dem Rahmen fallen, wenn sie seitens ihrer Geschlechtsgenossinnen unkommentiert bleiben möchte. Zumindest innerhalb einer gewissen Clique, einer Gruppe, herrscht ein strikter Kleidungskodex. Ich erinnere mich an meine Überraschung, Mitte der achtziger Jahre, als bei einer Tagung der Grünen neben den noch immer in alternativen Strickpullovern Gewandeten plötzlich sehr viele schicke bis extravagante Frauen auf der Bildfläche erschienen. Hatten die sich verirrt, oder durften neue Gedanken gedacht werden?

In den Jahren davor hätten schon hohe Absätze einer Frau ideologisch maßregelnde Bemerkungen eintragen können. Aber gibt es etwa zu jedem Gedankenkomplex die passenden Schuhe? Oder umgekehrt? So variabel die Mode sein mag, sie hat, in Deutschland mehr als anderswo, etwas von einem uniformierenden Zwangskorsett. So ist es empfehlenswert, zu einer Demo nicht im eleganten Designerkostüm aufzukreuzen. Jede Uniform, auch wenn es keine ist, muß sich schließlich in das jeweilige Bild einpassen. Diejenigen, die sich nicht an die ungeschriebenen Modevorschriften halten, werden ohnehin für keinen ernstzunehmenden Wettbewerb in Frage kommen.

Neben Frauen zerbrechen sich auch Männer die Köpfe, wie denn die berufstätige Frau in mittleren und gehobenen Positionen auszusehen habe – schon auch aus Geschäftsinteressen. Ende der siebziger Jahre war man/frau auf den männerimitierenden Geschäftslook abonniert. Nichts Auffallendes, keine Rüschen, Spitzen, vielmehr dezentes Make-up, das klassische (Schneider)Kostüm, wenig Schmuck. Auf Dauer gesehen, hätte dieser Trend die Modeindustrie viel Geld kosten können, abgesehen davon, daß er auch dem (antrainierten?) Bedürfnis der Frauen, sich zu schmücken, wenig gerecht wurde und dem mehr oder weniger verborgenen Wettbewerbsgedanken schon gar nicht. Schon deshalb hatte sich dieser Stil zu ändern.

Deutlicher als in deutschen Filmen zeigten vor allem die amerikanischen Serien wie DENVER und DALLAS den allmählichen Wandel und die neuen Erfordernisse im Kleidungsstil einer erfolgreichen Geschäftsfrau. Vom ausschließlichen Frau- und Muttersein wechselten selbst diese dank ihrer Männer wohlbetuchten Damen wie Sue Ellen, Pam, Christle und Alexis langsam zur Berufstätigkeit und in immer schickere Klamotten. Nun gestylt – businesslike und zugleich feminin –, um anderen Herausforderungen gerecht zu werden, als nur den Rang und Glanz ihrer Ehemänner zu erhöhen. Zwar galt es nach wie vor, die Männerwelt zu beeindrucken, obendrein waren aber nun auch die beruflichen Konkurrentinnen mit den alten weiblichen Mitteln, qua Mode, aus dem Felde zu schlagen. Mit den Waffen der Frau. Ihr Schlachtfeld hatte sich vergrößert. Zur Demonstration des eigenen Erfolgs im Öl-, Hotel- oder Modegeschäft waren teuerste Designer gerade gut genug. Diese Damen wußten doch wenigstens, wozu sie so viel Geld verdienten.

Schönheit war für eine Frau schon immer eine wichtige Sprosse auf der Karriereleiter. Und wenn die »Karriere«, wie es über Jahrhunderte der Fall war, darin bestand, den richtigen Mann zu angeln. Auf Schönheit ruht allgemein ein wohlgefälliger Blick, sie ebnet den Weg. Als attestierte Schönheit weiß Gunhild Graff durchaus ihre Vorteile zu schätzen: »Es gibt immer ein gewisses Schönheitsidol, und jede versucht, glaube ich, indirekt diesem Idol nachzueifern... Wenn man ins Schema paßt, hat man es leichter.« Warum sonst hätten sich die Stiefschwestern von Aschenputtel Zehen und Ferse abhacken lassen, wenn sie nicht von dieser Wahrheit überzeugt gewesen wären?

Um bei einem Königssohn oder, da es so wenige davon gibt, in der durchschnittlichen Männerwelt als Frau zu reüssieren, ist Schönheit ein hilfreiches Attribut. Damit ausgestattet, lassen sich viele Türen leichter öffnen. Bei Frauen hingegen kann auch das Gegenteil passieren. So hat Gunhild Graff zu ihrem Bedauern beispielsweise keine »beste« Freundin, denn »die meisten sind neidisch, und unterschwellig ist eben immer die Konkurrenz da«.

Welche Frau mag sich schon im allgemeinen Schönheits- und Beliebtheitswettbewerb durch eine schönere Freundin zur ständigen Verliererin stilisieren. Eine angehende, gutaussehende junge Maklerin berichtet von dieser Seite der Medaille, nämlich von einer Freundin, die sie nur noch selten sieht. »Wenn man mit der losgeht, gucken die Männer nur sie an – das ist einfach deprimierend für andere. Wegen dieser Konkurrenz hat die zwar viele

Freunde, aber kaum noch Freundinnen.« Das zu gute Aussehen der anderen verringert die eigenen Chancen, macht Angst. Die »Zu-gut-Aussehende« aber muß ohne die Sympathie ihrer Geschlechtsgenossinnen auskommen.

Die Konkurrenz schläft nicht, weiß auch Joan Collins, denn wie sonst könnte sie mit einer solchen Liebesregel zitiert werden: »Laß dich nie vor seinen Augen gehen. Lockenwickler und olle Klamotten bringen ihn bloß auf den Gedanken, sich anderswo nach Abenteuern umzusehen. Irgendwo lauert immer eine Frau, die es darauf abgesehen hat, ihn dir wegzunehmen.«[4]

Selbst als gekürte Schönheit ist Gunhild Graff, die sozusagen unter ständiger weiblicher Aufsicht steht, auch ihrerseits nicht frei von Eifersucht gegenüber ihrer etwaigen Konkurrenz. Wenn beispielsweise ihr Mann eine andere »toll« findet, dann »gucke ich mir diese Frau sehr kritisch« an, um dann festzustellen, daß er offenbar einen ganz anderen Blick hat als sie.

II

Das weibliche Rollenfach

> *»Wir können keinen Schritt tun, ohne Haltungen einzunehmen, die uns von der Gesellschaft und unserem Geschlecht genau vorgeschrieben sind. Mit jeder Bewegung, die wir machen, inszenieren und erschaffen wir unsere Geschlechtsrolle – und unsere Ungleichheit – neu.«*[1]

Ein Baby brüllt. Klingt das nun trotzig und willensstark oder eher zaghaft, ängstlich? Je nachdem, ob wir einen Jungen oder ein Mädchen hinter dem Gebrüll vermuten, werden wir das eine oder andere heraushören – ein unbewußter Vorgang. Eltern kennen zwar das Geschlecht ihres Kindes, aber auch sie nehmen das Babygebrüll – je nach Geschlecht des Babys – unterschiedlich wahr. Selbst aufgeklärte Eltern, die bewußt gegen das Problem anzugehen versuchen, entgehen den Schablonenfallen nicht. »Mädchen und Jungen machen vom Tag ihrer Geburt an geschlechtsspezifisch unterschiedliche Erfahrungen, es wird geschlechtsspezifisch unterschiedlich auf sie reagiert, es werden ihnen in geschlechtsspezifisch unterschiedlicher Weise Gefühle und Intentionen, Fähigkeiten und Interessen zugeschrieben, gleiches verbales und nonverbales Verhalten wird unterschiedlich gedeutet, unterschiedlich gefördert, ignoriert oder unterdrückt.«[2]

Was »weiblich« und was »männlich« ist, darüber gibt es ziemlich fest eingerastete Vorstellungen und Regeln, die ständig wirken, ohne daß wir uns darüber im klaren sind, und oft, ohne daß wir sie genau formulieren können, denn sie sind von klein auf eingeübt und werden von der einen an die andere Generation weitergegeben. Wir haben Gesten an uns, Verhaltensweisen, die sich automatisch an diesem »männlich«, »weiblich« orientieren, ohne daß wir sie im einzelnen registrieren. »Untersuchungen zeigen, daß Kinder im Alter zwischen drei und fünf Jahren nicht nur über ihre eigene Geschlechtsidentität Bescheid wissen, sondern umfangreiche Kataloge über geschlechtsangemessenes Verhalten im Kopf haben; sie wissen, wie eine Frau sich verhält und wie sie ist, und sie wissen, wie ein Mann sich verhält und wie er ist.«[3]

Die Juristin Marianne Grabrucker ist aus ihrem Beruf ausgestiegen, um die ersten drei Lebensjahre ihrer Tochter Anneli voll mitzubekommen. Während dieser Zeit hat sie detailliert Tagebuch über deren Entwicklung geführt. Der Anfang: »Ein Kind ist geboren, die neue Frau ist da. Ihre Zukunft wird anders aussehen.« Diese kleine Tochter sollte nicht das typische, angepaßte Mädchen werden, das »Gedachtes für sich behielte und dazu lächelte, statt den Mund zum Widerspruch aufzutun... Sie sollte nach den Sternen greifen!«[4] Wenn es denn wahr sei, daß die Mutter die Vermittlerin dieser einengenden Rollenzuweisung sein sollte, dann wollte sie diese Behauptung bewußt unterlaufen; sie träumte von dem »von allen Rollenzwängen befreiten Menschen«.[5]

Doch dann, noch bevor Anneli mit eindreiviertel ihre eigene Geschlechtsidentität erkennen kann, stellt die Mutter fest, wieweit die Kleine schon zuzuordnen versteht: »Mann redet, Mann autofahren, Mann – Motorrad, Mann Bussi, Frau nackig, Frau putzen.« Und mit drei Jahren hat Anneli bereits mitbekommen, wie häufig ihre Spielkameraden zu bestimmen versuchen, was und wie gespielt wurde, daß die bei Streitereien von den Erwachsenen weniger zur Rechenschaft gezogen werden als sie selbst. Zugleich war Anneli auch noch in der Zwickmühle, als Tochter einer sie bewußt nicht auf eine Rolle einengenden Mutter sehr widersprüchliche Signale zu erhalten: Von Anneli wurde etwa erwartet, sich – wie es sich für ein Mädchen gehört – nicht so aggressiv zu verhalten (ihre Mutter »hat eine tiefe Abneigung gegen körperliche Gewalt«), sich gleichzeitig aber trotzdem zu wehren und überdies nicht bei den Erwachsenen Hilfe zu suchen.

Stationen auf dem Wege zum Mädchen-werden: Mit etwa einem Jahr und neun Monaten wird das Zusammenspiel zwischen Schorschi (einem Monat jünger) und Anneli zunehmend ruppiger. Fast rituell spielt sich zwischen ihnen ständig die gleiche Szene ab: Schorschi will Anneli ihr Spielzeug wegnehmen, die hält es fest, er schubst und haut sie, sie brüllt, er gewinnt. Sie sucht sich ein neues

Spielzeug. Das Spiel beginnt von vorne. Die Mutter wundert sich, daß Anneli sich nicht wehrt. Und findet wenige Seiten zuvor im Tagebuch, daß sie die Kleine ermahnt hat, nicht zu schlagen. Schorschi aber wird für sein Verhalten nicht gerügt.[6] Nur einmal als Anneli von Claudia, Schorschis älterer Schwester, zum Zurückschlagen ermuntert wird, tut sie es für eine Weile. Ein »widerwärtiges Schauspiel« für die Mutter, eine, laut Mutter, von der Tochter als »nutzlos« eingesehene Situation. – Mit Felix (einen Monat jünger) rennt Anneli (jetzt zwei Jahre und drei Monate) in jeweils entgegengesetzter Richtung um ein Schaukelpferd. Dreimal stoßen sie zusammen, dann weicht Anneli aus, und Felix läuft seine alte Bahn weiter: »Und das immer wieder, immer wieder – er rennt seinen Weg, sie weicht aus.«[7] Sie hat gelernt, daß es mit ihrem Ausweichen zu keinem Zusammenstoß kommt. Er hat gelernt, daß man ihm ausweicht.

Eine Kindergärtnerin erzählt der Mutter, daß alle Jungen so rauflustig seien, weil die Väter zu Hause immer Raufspiele mit ihnen machten. Mit Anneli raufen weder Vater noch Mutter. Zu kämpfen, zu schreien und zu schlagen, halten beide Eltern für unwürdig. Für ein Mädchen. Ein Junge dagegen wird dazu ermutigt.

Anneli interessiert sich plötzlich für Autos. Sie findet es spannend, einem Mann bei einer Motorradreparatur zuzusehen, und fragt dann anschließend bei ihrer in dieser Hinsicht desinteressierten Mutter nach. Und sie, die ja alle Talente zu wecken bereit ist, stellt eine mangelnde Auskunftsfreudigkeit bei sich fest, vermeidet aber gerade noch das dann bei Frauen übliche Verhalten, dieses ihr fremde Interesse abzulenken »auf andere Gebiete, und zwar auf die Gebiete, von denen die Mutter etwas versteht, in denen sie lebt. So werden mütterliche und töchterliche Interessen identisch, so werden sich alle Frauen ähnlich.«[8] Ein Bild von ihrer Tochter als ölverschmierte Automechanikerin war bislang in ihrem Vorstellungsrepertoire nicht zu finden. Es sind andere Arten von Schmutz, mit denen sie als Frau zu tun hat.

Aus Duplo-Steinen baut Anneli einen kleinen, einen mittleren und einen hohen Turm, für Kind, Mutter und Vater. Dazu Marianne Grabrucker: »Ihr Vater und ich sind gleich groß! Der Begriff ›groß‹ bedeutet für Anneli nicht allein Größe, die in Zentimetern meßbar ist, sondern Können, Dürfen, Älter- und Wichtigersein.«[9] Anneli stellt im übrigen fest (weil das in ihrer Umgebung auch nur so zu beobachten ist), daß Papis nicht weinen, »es weinen nur die Mamis und die Kinder«. »Diese Ähnlichkeit der Frau in der spontanen Körperreaktion des Weinens mit dem Kind halte ich für einen Grund dafür, daß das Kind den gesellschaftlichen Wert der Frau mit dem seinen gleichstellt«, konstatiert die Mutter.[10] Sowohl Annelis ständiger kleiner Spielkamerad Schorschi als auch die erwachsenen Männer demonstrieren ihr immer wieder, daß sie wichtiger sind, ernster genommen werden, besondere Dinge tun dürfen. Annelis Schlußfolgerung: »Aber wenn ich groß bin und dann ein Bub bin, dann kann ich es auch.«

Marianne Grabrucker muß also feststellen, daß für das Kind die Tage oft nur so wimmelten von verstecktem und offenem Rollenzwang durch Freunde, die Großmütter, Bekannte, die Medien – die Eltern. Aber der Blick der Mutter auf diese meist automatischen Rollenzuweisungen wird zusehends genauer. Dabei erschreckt es sie zum einen, wie sehr sie selbst trotz aller Änderungsbemühungen noch diesem Schablonendenken verhaftet ist, zum anderen registriert sie, daß Söhne-Mütter kaum Anstalten machen, dieses Denken zu verlassen. Sie sind weit weniger experimentierfreudig als Töchter-Mütter; aus der Unsicherheit heraus, dem anderen Geschlecht falsch zu begegnen, nie wieder gutzumachende Erziehungsfehler zu begehen, verhalten die sich erheblich konservativer, nach althergebrachten Mustern.

Söhne-Mütter verlassen zwar ihr gewohntes Umfeld, um den Sohn mit der auch ihnen fremden Welt draußen bekannt zu machen – und wenn sie dabei ein Feuerwehrauto erklären müssen –, aber sie weisen die kleinen Jungen sozusagen auf das alte Schienennetz rollenspezifischen Verhaltens. Mädchen bewegen sich dagegen mehr nur in dem der Mutter bekannten Umkreis, der sich allerdings im Rahmen langsam, aber stetig erweitert. So können Mädchen mittlerweile, kleiner Fortschritt, Röcke wie Hosen tragen – da hat sich etwas verändert. Ein Junge in einem Rock hingegen wird noch immer verlacht.

Wie sehr rollenspezifisches Denken auch »quasi ein psychologisches Stützkorsett ist, um das seelische Gleichgewicht aufrechtzuerhalten«[11], aus dem Kinder wie Erwachsene Sicherheit für jedes Auftreten gewinnen, wird Marianne Grabrucker bei einer Geburtstagsfeier klar. Angesichts eines für sie nicht als Junge oder Mädchen zu identifizierenden kleinen Kindes stellt sie fest: »Ich deute mein Gefühl der Unsicherheit als meine Unfähigkeit, ein Kind tatsächlich neutral zu betrachten. Und nicht nur das, es ist meine Unfähigkeit, mit dem Kind geschlechtsunspezifisch in Kontakt zu treten. Offenbar habe ich zweierlei Kästchen, aus denen ich mein Verhalten heraushole – eines für die Mädchen und eines für die Buben.«[12]

Die noch ganz kleinen Mädchen und Jungen spielen noch oft miteinander. Aber sie beginnen doch schon sehr früh – ansatzweise mit drei und verstärkt von fünf bis fünfzehn [13] – lieber unter sich zu sein, mehr Zeit mit ihresgleichen zu verbringen, weil sie allmählich unterschiedliche Spiele bevorzugen und unterschiedliches Spielzeug. Vor allem ihre Art zu spielen entwickelt sich frühzeitig in verschiedene Richtungen. Was später immer offensichtlicher zutage tritt: Jungen spielen in größeren Gruppen, sind schon ihrer Spiele wegen teamorientierter, aber auch aggressiver, weshalb sich die Mädchen, je älter sie werden, von ihnen fernzuhalten beginnen. Außerdem spielen Jungen im Unterschied zu den Mädchen lieber draußen, sie brauchen dazu mehr Platz, nehmen mehr Raum ein.

Bereits in den Siebzigern hat die Amerikanerin B. L. Harragan in einem Buch über Managementstrukturen aufgezeigt, in welcher Weise kleine Kinder im Hinblick auf zukünftige berufliche Aufgaben feingestimmt werden.[14] Kleine Jungen, sagt sie, lernen allmählich in Gruppenspielen, etwa dem Fußball, Stärken und Schwächen bei sich selbst wie bei ihren Mitspielern kennen, sie lernen dabei, Spielregeln zu gehorchen oder sie fintenreich zu umgehen. Am ihnen zugewiesenen Platz haben sie nach Anweisung des Trainers ihr Bestes zu geben, weniger, um selbst zu glänzen, als um das Team gewinnen zu lassen. Sie lernen zu siegen ebenso wie Niederlagen einzustecken; sie lernen spielend die Vor- und Nachteile von Fairplay und Foul, die Strategien und Regeln des Wettkampfes. Jungen entwickeln sehr rasch eine hierarchische Struktur und haben schon aus diesem Grund auch mehr Spaß an Wettbewerbsspielen.

Währenddessen spielen die kleinen Mädchen Mutter und Kind, Kaufmannsladen, Schule und ähnliches. Sie spielen Leben nach; zu zweit, in kleinen Gruppen oder jedes für sich. Die Beziehung zueinander, das Reden miteinander sind ihnen dabei sehr viel wichtiger als ihre Rangfolge. Um gut miteinander spielen zu können, gehen sie davon aus, gleichrangig zu sein. Sie wollen sich innerhalb einer gewissen Symmetrie bewegen. Mädchen spielen *miteinander* und sind lieber kooperativ. Im Gegensatz zu Jungen, die *gegeneinander* spielen.

Vier kleine sieben- bis neunjährige Freundinnen, die sich täglich nach der Schule in einem Kinderhort treffen, erzählen mir, daß sie nicht oft draußen gegeneinander spielen, sondern eher Tischspiele wie »Mensch ärgere dich nicht« und Kartenspiele bevorzugen. Außerdem malen und basteln sie gerne. Spielregeln brauchen sie nur wenige. Und Spiele, in denen es zu Streit kommen könnte, vermeiden sie lieber. Falls aber doch Zank ausbricht, vertragen sie sich entweder in wenigen Minuten wieder oder beenden das gemeinsame Spiel. »Wir streiten uns ganz oft, wir vier Mädchen. Lena und Hülyian haben sich 'ne Zeitlang doll gestritten. Aber wenn wir uns streiten, vertragen wir uns wieder in fünf Minuten.« Und darauf sind sie stolz.

Aber das heißt auch, daß sie, anstatt einen Streit wirklich auszutragen, wobei sie über ihr unterschiedliches Wollen etwas erfahren würden, ihn lieber ohne viel Worte umgehen. Soweit haben sie das Harmoniegebot offenbar schon verinnerlicht. Die neunjährige Lena erzählt: »Letztens habe ich mich mit meiner Freundin und noch so ein paar Mädchen gestritten. Wir haben uns nicht richtig gestritten. Wir waren uns nur nicht einig, wie wir spielen. Dann habe ich ihr gesagt, spiel du doch so, wie du willst, dann spiele ich eben mit Mara auf einem anderen Platz.«

Wie besagtes Spiel nun wirklich besser zu spielen ist, wie es beiden mehr Spaß macht, haben sie auf diese Weise gar nicht herausfinden können; auch nicht, wer von ihnen die bessere Idee hatte, noch, was sich tun ließe, um eine solche Idee auch durchzusetzen. Um des lieben Friedens willen haben sie ihre Möglichkeiten und

Fähigkeiten in der Spielsituation gar nicht erst ausgetestet. Sie haben den Konflikt vermieden, statt ihn zu bewältigen, dabei wäre er vielleicht leicht zu lösen gewesen.

In der Schule spielen die vier in ihren unterschiedlichen Klassen auch Ballspiele wie Brennball zusammen mit den Jungen. Dabei zu verlieren, finden sie nicht schlimm, »das muß man auch üben«, sagt Katrin. Daß aber die Jungen, wenn sie mal »ganz gut« gegen die Mädchen spielen, in psychologischer Kriegsführung herumschreien »›wir gewinnen, wir gewinnen‹ – das find ich bescheuert von denen«. Selbst zu gewinnen gefällt ihnen auch ganz gut.

Auch Britta Schmidt, 29 Jahre alt, zwei Geschwister (über deren Erfahrungen mit Konkurrenz im Kapitel VORGESETZTE FRAUEN zu berichten sein wird), kann sich gut daran erinnern, wie traditionell das in ihrer Familie noch ablief. Bei Zank mit ihrem Bruder wurde sie ermahnt: »Du bist die Größere, das mußt du doch anders regeln können. Du mußt dich doch nicht schlagen, kannst dich auch anders wehren. Siehst du, was du jetzt gemacht hast. Jetzt weint er.« Im Unterschied zu ihrem Bruder wurde ihr ein »gewisses Schuldbewußtsein« eingeredet. Denn zu schlagen, körperliche Gewalt anzuwenden, war und ist weitgehend noch immer ein früh antrainiertes Tabu für Mädchen und Frauen. Britta Schmidts Bruder hingegen wurde von den Eltern unterstützt, wenn er sich massiv in solchen Situationen durchsetzte: »Das ist richtig, du mußt dich auch zu wehren wissen.«

Um herauszufinden, auf welche Weise sich Mädchen und Jungen, Frauen und Männer unterschiedlich verhalten, wie und wann sich typische Rollenmuster herausbilden, haben sich Soziologen und Linguisten mit Video im Kindergarten und in Klassenzimmern von koedukativen Grundschulen und Gymnasien ein genaueres Bild gemacht und Erstaunliches dabei zutage gefördert. Was in der aktuellen Situation unauffällig blieb, übersehen wurde, ließ sich so festhalten und besser beobachten: wie nämlich Kinder unter sich und Kinder und Erwachsene miteinander umgehen.

Die Schule ist der Ort, wo die bereits vorhandenen »geschlechtsrollenspezifischen« Haltungen weiter ausgeprägt und keineswegs gebremst werden, wo die Geschlechterhierarchie sich meist weiter verfestigt. Eine großangelegte Untersuchung mit Videoaufnahmen in hessischen Schulen zu dem Problem des »geschlechtsspezifischen Interaktionsverhaltens«, die von Uta Enders-Dragässer und Claudia Fuchs in der Studie INTERAKTION DER GESCHLECHTER beschrieben wird, bestätigte Forschungsergebnisse aus dem deutschen und englischsprachigen Raum: daß nämlich »die unterrichtlichen Aktivitäten an den Jungen orientiert sind« und daß Jungen »doppelt so häufig wie Mädchen die Gelegenheit erhalten, ihren Beitrag und ihre Meinung in den Unterricht einzubringen«. In einer entsprechenden Untersuchung betrug die Aufmerksamkeit seitens der Lehrer in Richtung Jungen 65 Prozent und in Richtung Mädchen 35 Prozent. Auch Aufmerksamkeit in Form von Lob oder Tadel richtet sich mehr auf die Jungen als auf die Mädchen.[15]

Die größere Aufmerksamkeit für Jungen ist so sehr die Norm, daß sich die Jungen bei der geringsten Verschiebung schneller benachteiligt fühlen und sich erheblich öfter darüber beklagen, daß Mädchen zuviel Beachtung fänden, als umgekehrt die Mädchen, die oft wirklich Grund dazu haben.[16]

Aus den verschiedenen Fallbeispielen der Untersuchung an hessischen Schulen will ich eines herausgreifen: In einem mit zwei Videokameras verfolgten Mathematikunterricht in einer ersten Klasse saß eine Gruppe von besonders lauten Jungen meist an einem Tisch zusammen. Relativ ruhig wurde es in der Klasse nur, wenn sich die Lehrerin ausschließlich mit ihnen beschäftigte. Sowie sie sich anderen Kindern zuwandte, taten sie alles, um die Aufmerksamkeit zurückzugewinnen. Diese von den Jungen massiv geforderte ungeteilte Aufmerksamkeit sahen die Sechsjährigen als selbstverständlich und normal an.

Auch die Mädchen konkurrierten um die Aufmerksamkeit der Lehrerin, konnten sie aber nur kurz und bruchstückhaft auf sich ziehen. So arrangierten sie sich und begnügten sich mit einem »der Situation entsprechenden Teil dieser Aufmerksamkeit«, was sich auf Dauer gesehen nur zu ihrem Nachteil auswirken wird.[17] »Für die Mädchen bedeutet das, daß sie im Gegensatz zu den Jungen ihre Neugier und ihre Selbstdarstellung unter Kontrolle zu bringen haben. Diese Lernarbeit wird von ihnen paradoxerweise in

Lerngruppen erwartet, in denen gleichzeitig den Jungen ein dominantes und konkurrentes Verhalten gestattet wird, mit dem diese auch noch faszinieren können.«[18]

Bedenklich an diesem durchaus typischen Unterrichtsverlauf nicht nur in der ersten Klasse ist vor allem, was die Mädchen aus diesen Interaktionen lernen, nämlich »ihre eigene Marginalisierung als Normalität zu begreifen«.[19]

Dieses Beispiel ist exemplarisch für viele ähnlich ablaufende Vorgänge. Jungen haben bereits von klein auf geübt, möglichst die Oberhand zu gewinnen. Das Spiel ist niemals zu Ende gespielt, endgültig ausgereizt. Für diese ununterbrochene Statushandlung muß nun auch der Schulunterricht herhalten, sind auch die LehrerInnen als Kontrahenten gefordert. »Das bedeutet, daß Jungen sich zu mehr Unabhängigkeit und Autonomie gegenüber anderen entwickeln können, weil sie sich an Lehrpersonen anerkannterweise abarbeiten können.«[20] Die ohnehin durch Übung schon vorhandene größere Durchsetzungsfähigkeit, die stärkere Konkurrenzbereitschaft der Jungen wird so noch weiter ausgebildet. Zu den physischen Qualitäten kommen die rhetorischen.

Jeden Morgen, so bestätigen viele Lehrer, wird in der Schule die Hackordnung neu bestimmt, notfalls, je nach Alter und Typ, mit einer Balgerei. Mittlerweile, so berichten LehrerInnen, würden auch einige der starken Mädchen mithalten, würden zumindest bis zur Förderstufe zurückgeben, prügelten sich sogar, wenn nötig. Wenn sie etwas älter sind, setzten sie sich eher verbal zur Wehr. Dann aber sei oft ein Bruch in ihrem Verhalten zu beobachten: Viele der Mädchen, die einmal mit großem Elan und Lernbereitschaft gestartet sind, dann aber weder ausreichend gefordert noch gefördert wurden, orientieren sich um. Da sie die gewünschte Aufmerksamkeit weder durch physische Kraftanstrengung noch durch schulische Leistungen erhalten, geben sie spätestens in der Pubertät mit diesem Verhalten klein bei, resignieren und versuchen nun vorwiegend auf der traditionellen weiblichen Schiene zu reüssieren, mit Charme und Aussehen für sich einzunehmen, denn so erhalten sie zumindest ein gewisses Maß an Anerkennung.

Wie die Untersuchung feststellt, wird das meist kooperative Verhalten von Mädchen in der Schule weder besonders bemerkt noch gar honoriert. Es wird vielmehr erwartet, als fast selbstverständlich hingenommen und oft genug, nach dem »heimlichen Lehrplan«, als »natürlich« und »wesensgemäß« angesehen.[21] Mädchen erhalten »statt Aufmerksamkeit Zustimmung für ein möglichst zurückhaltend-passives Verhalten... ihre intellektuelle Neugierde und ihre Initiative scheinen nicht gefragt«.[22] Aber auch wenn sie angepaßt und kooperativ sind, sich wenig bemerkbar machen, d. h. auch noch etwas dazu tun, daß man ihnen keine Aufmerksamkeit schenkt, werden sie für gute Leistungen kaum gelobt, sondern eher für »Fleiß«, »Ordentlichkeit« und »Sauberkeit«. Ein 1980 in London erschienenes Buch zum Thema von Dale Spender und Elizabeth Sarah beschreibt den Prozeß schon im Titel sehr exakt. Er lautet LEARNING TO LOOSE. Wenn Mädchen das Siegen schon nicht lernen, dann doch wenigstens, wie sie mit Anstand zu verlieren haben.

Obwohl die Mädchen, nach dem Urteil der Lehrer und Lehrerinnen, den Unterricht oft überhaupt erst ermöglichen, erhalten sie für ihre soziale Kompetenz, sich den gegebenen Umständen entsprechend zu verhalten, kaum Anerkennung. »Die Mädchen und jungen Frauen lernen, talentvoll Verliererinnen, keinesfalls aber Spielverderberinnen zu sein«[23], so Enders-Dragässer. Das sei nicht nur etwa der »heimliche Lehrplan« britischer Schulen, sondern auch der deutschen. Denn wenn Mädchen leistungsstark und vielleicht auch noch forsch und aufmüpfig sind, geraten sie leicht unter doppelten Druck: Zum einen müssen sie sich konkurrent gegen die Jungen durchsetzen, und zugleich erwarten die LehrerInnen von ihnen, »›konstruktiv‹ mit ihrer Kompetenz umzugehen«.[24] Überdies kommen sie leicht als Streberinnen in Verruf. Jungen hingegen werden bei guter Leistung für ihre Intelligenz, Kreativität, Kompetenz und Durchsetzungsfähigkeit gelobt.

Selbst in der Schule fehlt es für Schülerinnen noch weitgehend an beispielhaften Gegenmodellen. Denn obwohl heutzutage im Schulalltag je nach Schultyp Lehrerinnen in der Überzahl sind, sind die leitenden Positionen nach wie vor vorwiegend männlich besetzt. Die Chefs haben tendenziell das Sagen, geben die Anordnungen, und Frauen führen sie aus. »So entstehen sehr konkrete Vorstellungen von weiblicher Unterlegenheit und Unterordnung, an denen sich die Mädchen orientieren müssen, weil ihnen positive Identifikationsmodelle nicht angeboten werden.«[25]

Ohnehin, trotz vieler Gegenbeweise, sind die Erwartungen Jungen gegenüber optimistischer. Die Leistungen der Jungen werden von vornherein mit einem gewissen Vorschußlorbeer bedacht. Die männliche Kultur ist die Norm, »...und sie ist mit mehr Macht ausstaffiert. Die Realitätswahrnehmung der Beteiligten orientiert sich am männlichen Verhalten, das auch in seinen sozial weniger wünschenswerten Auswirkungen weniger in Frage gestellt wird.«[26]

Durch die »sexistisch verzerrten Wahrnehmungen« bedingt, so ergaben Tests und Forschungsarbeiten vor allem aus den USA, werden x-beliebige namenlose Seminararbeiten und Klausuren positiver bewertet, wenn Dozentin oder Dozent den Verfasser für männlich hält. Insgesamt aber, so zeigten die Untersuchungen, werden Seminare von Dozentinnen lieber besucht als die von Dozenten, weil die »diskussionsorientierter« sind. »Interessant ist auch hier die Wahrnehmung der Studierenden: Sie gaben an, lieber in die Seminare von Dozentinnen zu gehen und sich dort wohler zu fühlen. Sie sprachen aber den männlichen Lehrenden eine größere fachliche Kompetenz zu.«[27]

Die Hierarchie der Geschlechter wirkt fort bis in die Hierarchie der ihnen zugeordneten Werte und Qualitäten, die allerdings nur, wenn sie beim gleichen Geschlecht bleiben, auch die gleiche Bewertung behalten. Wenn ein Junge und ein Mädchen das gleiche tun, wird es mit Sicherheit nicht gleich beurteilt. Die Norwegerin Skinningsrud beschreibt die Situation folgendermaßen: »Mädchen in einer Klasse mit typisch männlichem Gesprächsstil sind mit einer Wahl zwischen zwei Übeln konfrontiert: gestraft zu werden für männlich/konkurrent sein oder herabgesetzt zu werden für weiblich/Verliererin sein im Konkurrenzkampf. Angesichts dieser Wahlmöglichkeit erscheint der Entschluß zur Inaktivität in der Öffentlichkeit verständlich.«[28] Denn es bedarf schon eines sehr soliden Selbstbewußtseins, um gegen das zwar nie ausdrücklich ausgesprochene, aber stets unterschwellig suggerierte Konkurrenzverbot an die Adresse von Frauen anzugehen. Die Sanktionen sind paradox: Die Weiblichkeit wird kurzerhand abgesprochen, so daß frau weder zum eigenen noch zum anderen Geschlecht gehört.

Die unterschiedlichen geschlechtsspezifischen Kommunikationsweisen von Frauen und Männern hat die amerikanische Linguistin Deborah Tannen in dem Bestseller DU KANNST MICH EINFACH NICHT VERSTEHEN aufschlußreich beschrieben. Mädchen und Frauen wollen in einem Gespräch zuallererst die für sie so zentrale Beziehung entwickeln, sie nehmen Anteil an der anderen Person, wollen gewissermaßen eine Vertrauensbasis schaffen. Männern, so Deborah Tannen, geht es vor allem um einen Informationsaustausch, der klärt, wie das Gegenüber einzuschätzen ist, welchen Status es hat, um beurteilen zu können, wo jeder sich und den anderen in der inoffiziellen und der etablierten Gesellschaftshierarchie einordnen kann, in welcher Konkurrenzsituation er sich zu dem anderen befindet. Eventuell ist es auch ganz praktisch, Wissen nicht weiterzugeben, um den Status zu erhöhen. (Mit dieser von Mann und Frau unterschiedlichen Motivation zu Gesprächen im Kopf klärt sich sicher der eine oder andere unverständliche Gesprächsverlauf.)

Ganz anders ist der Ausgangspunkt bei Frauen: Ebenso wie die kleinen Mädchen im Spiel gehen auch Frauen in der Gesprächssituation mit anderen Frauen von einer angenommenen Gleichheit aus; sie wollen ihren Platz in der Gemeinschaft genauer festlegen, den Grad ihrer Beliebtheit erkennen und vielleicht verbessern. Männern dagegen geht es in erster Linie um Statuserhalt oder Statusgewinn. Insofern ist bei ihnen auch das Gespräch immer ein Wettstreit, in dem man(n) gewinnen oder verlieren kann. Je größer der Autoritätsgewinn, desto männlicher fühlt sich der Mann. »Jungen lernen von klein auf, daß sie ihr Ziel – höheren Status – erreichen, wenn sie ihre Überlegenheit unter Beweis stellen. Mädchen lernen, daß offen gezeigte Überlegenheit sie ihrem Ziel – der Zugehörigkeit zu anderen – nicht näher bringt.«[29] Eine Situation, die Frauen in leitenden Positionen zu immer neuen Experimenten anstiftet.

Angesichts solcher unterschiedlichen Sprechziele von Frau und Mann, konstatiert Deborah Tannen, könne man bei einem Zwiegespräch der beiden schon von interkultureller Kommunikation sprechen, und es sei kaum verwunderlich, wenn sie oft genug nicht gelinge und beiderseits zu Mißverständnissen führe. Das gilt sowohl für das private Miteinanderreden wie für das berufliche. Wenn beispielsweise im Geschäftsbereich ein Problem diskutiert werden muß, wird sich ein Mann hüten, Persönliches einfließen zu lassen,[30] es könnte als eingestandene Schwäche – wenn nicht sofort, dann später – dazu beitragen, seinen Status zu unterhöhlen.

Für Frauen hingegen ist das Einfließenlassen von persönlichen Details auch eine Möglichkeit, Vertrauen und Nähe zu schaffen, also eine Beziehung herzustellen oder sie zu verbessern.[31] Nur ist damit im eventuellen Konfliktfall auch gleich eine Angriffsfläche geboten. Schon die Freundschaft kleiner Mädchen zeichnet sich ja dadurch aus, daß sie und nur sie ein Geheimnis miteinander teilen – das schafft Nähe. Entsprechend läßt sich unter erwachsenen Frauen auf desto größere Distanz schließen, je weniger detailfreudig ein Gespräch ausfällt.

Mädchen und Frauen, so Deborah Tannen, beginnen ihre Sätze gerne mit Formulierungen wie »laß uns...«, wenn sie etwas gemeinsam auf die Beine stellen wollen, um dann im weiteren Verlauf des Gesprächs mit Konjunktiven wie »könnten« und »sollten« fortzufahren.[32] Da ihre Gesprächsabsicht ist, eine Beziehung herzustellen und Konflikte oder gar Konfrontationen zu meiden, leuchtet das ein. Unleugbar allerdings ist auch, daß dieser Kommunikationsstil nicht nur im Privatbereich mit dem männlichen kollidieren muß, sondern auch im männlich geprägten Geschäftsleben oft Anlaß zu Mißverständnissen gibt, auch unter Mitarbeiterinnen.

Mit der Formel »laß uns« möchte eine Sie einen Vorschlag machen, zu dem es Gegenvorschläge geben darf. Das Ganze soll nicht wie ein Befehl klingen, vielmehr eine Zielrichtung angeben, die aber noch zu ändern und zu beeinflussen ist. Letztlich hofft sie auf Übereinstimmung. Es ist eine Strategie, die ausgesprochen dazu da ist, Konflikte zu vermeiden. Männer tendieren jedoch dazu, dieses Verhalten – solche indirekten Vorschläge – als Manipulation, als eine gewisse Hinterlist anzusehen.

Zuhören zu können ist für die Gesprächsbeziehung von Frauen

eminent wichtig. Für den Mann hingegen hat derjenige, der informiert, den höheren Status. Entsprechend wird die nur zuhörende Frau eingeschätzt.[33] Umgekehrt signalisiert die zuhörende Frau ihre Anteilnahme durch kleine ermutigende Einwürfe und »kooperative Überlappungen«[34], sieht totales Schweigen der anderen als fehlendes Verständnis an. Ein Mann beurteilt die »kooperativen Überlappungen« aber als schiere, seinen Status unterhöhlende Unterbrechungen.

So sind kommunikative Mißverständnisse zwischen Mann und Frau regelrecht einprogrammiert. Wenn Sprechhaltungen je nach professionellen Bedürfnissen vom anderen Geschlecht imitiert werden, kann sich das positiv auswirken: »Vielleicht lernen männliche Therapeuten – und Männer in Therapien – mit der Zeit, so zu reden wie Frauen. Was ein Vorteil ist. Andererseits lernen Frauen, die ihr Selbstbewußtsein trainieren, so zu reden wie die Männer, und auch das ist ein Vorteil.«[35] Aber es kann auch alle Mitspieler, die vom traditionellen Verhaltensrepertoire der Geschlechter ausgehen, zumindest verwirren, wenn nicht verärgern.

In einer anderen amerikanischen Studie hat Esther Blank Greif festgestellt, daß Väter ihre Kinder häufiger unterbrechen und simultan mit ihnen redeten als Mütter und daß beide Elternteile ihre Töchter öfter unterbrochen haben und simultan mit ihnen redeten als ihre Söhne, den Mädchen also weniger Rederechte zubilligten als den Jungen.[36] Auch da macht sich die Hierarchie der Geschlechter bemerkbar.

Erstaunlicherweise gleicht sich die Art, wie sich über die verschiedenen Altersstufen hinweg zwei Jungen oder zwei Mädchen, die sich gut kennen, miteinander unterhalten. Jungen sind unruhig, zappelig. Sie setzen sich, springen auf, machen Faxen; wenn sie sitzen, dann eher nebeneinander, und sie vermeiden sich anzuschauen. Mädchen hingegen setzen sich einander gegenüber, schauen sich direkt an und versuchen, das ihnen gestellte Thema zu bereden. Jungen stellen meist die Aufgabe erst einmal in Frage, machen sich gern über den Lehrer lustig, während Mädchen ein ernsthaftes Gespräch versuchen.

Die patriarchale Hierarchie betrifft nicht nur die Strukturierung der Gesellschaft, sie stellt ebenso eine Hierarchie der Gefühle und des Denkens her. Und erhebt beides zu einem regelrechten Besitzstand, der quasi nicht angetastet werden darf. Alles, was an männlichen Tugenden dazugehört, um Macht und Einfluß zu gewinnen, wird von der herrschenden Meinung (also auch von Frauen) für Frauen tabuisiert, indem sie für ein bestimmtes Verhalten – wie hartnäckig, laut, dominant sein (alles Eigenschaften, die den Männern gestattet sind) – als »männlich« diffamiert werden. Umgekehrt sind Fraueneigenschaften wie Flexibilität oder emotionale Verhaltensweisen als »zweitrangige« Eigenschaften für die Männer nicht gestattet. Sie werden dann als »weibisch« diffamiert, als Softies.

Letztlich werden beide Geschlechter von klein auf dazu angehalten, mit gewissen Gefühlen »in den Untergrund zu gehen«, wie auch Gloria Steinem in ihrem Buch REVOLUTION FROM WITHIN schreibt: Ein Junge soll nicht weinen, (aber auch nicht zuviel lächeln), ein Mädchen nicht wild und kratzbürstig sein.[37] Die schließlich zugelassenen Gefühle werden dann in »feminine« und »maskuline« polarisiert, wobei die »maskulinen« Qualitäten in unserer männlich geprägten Gesellschaft mehr bewundert und geachtet werden als die »femininen«. Jungen und Männern wird somit von vornherein mehr »Selbst« zugestanden als Mädchen und Frauen, deren Gefühlswelt als weniger wert erachtet wird. Frauen müssen daher einen längeren Weg zurücklegen, um zu ihrem ureigenen Selbst vorzudringen, wenn ihnen das überhaupt je gelingt.

Das heißt, wenn zwei das gleiche tun, ist es in der Bewertung beileibe nicht das gleiche, wenn es sich einmal um einen Mann und einmal um eine Frau handelt. Geschickterweise sind alle jene Eigenschaften, die die Dominanz der Männer sichern helfen, bislang sozusagen noch mit dem »männlichen Patent« geschützt.

Das Imperium schlägt zurück

Es war ein schwerer Schock für Julia Sommer. In der zwölften Klasse las sie in einem Buch über Gedächtnistraining, daß auf Grund der unterschiedlichen Strukturierung des Gehirns von Frau und Mann, auf Grund der biologischen Veranlagung Genie sich eher im männlichen Hirn entwickele. Bis dahin hatte sie ihre Intelligenz als durchaus brauchbar, sozusagen als allgemein wettbewerbsfähig befunden. Nun dies: »Zuerst habe ich das geglaubt und dachte: Wir denken anders, und deswegen werde ich es nie schaffen. Ich werde es nie so weit bringen wie ein Mann.« Ihre hochgesteckten Ziele schienen in Gefahr. Denn falls die Dinge wirklich so lagen: Was konnte sie dann schon als Mädchen gegen die geballte Autorität von Wissenschaft und Geschichte, die dieser Theorie ja zu entsprechen schien, ausrichten.

Julia Sommer ist ein Zwilling. Liegen Rollen zu nah beieinander, muß nach differenzierenden Unterscheidungsmerkmalen Ausschau gehalten werden, damit jeder für sich wahrgenommen wird. Alle Zwillingspaare haben sich, besonders in ihrer Kindheit und Jugend, wenn sie noch zusammenleben und ihre Identität überhaupt erst zu finden im Begriff sind, mit diesem Problem herumzuschlagen. Es sei denn, sie haben wie eineiige Zwillinge die Alternative, ihre Ähnlichkeit von der symbiotischen und / oder komischen Seite zu nehmen. Zweieiige Zwillinge müssen sich dagegen etwas anderes ausdenken.

Julia Sommer hat einen Zwillingsbruder. Im Kindesalter hatte ihr Bruder Toby goldene Löckchen; und sie, das Mädchen mit glatten Haaren, hielt man für einen Jungen. Er wurde im Vergleich zu ihr als bis zu zwei Jahre jünger eingeschätzt, weil sie eine so viel resolutere, lebhafte kleine Person war. Weder äußerlich noch charakterlich waren sie sich also besonders ähnlich. Dennoch mußten sie sich als exakt Gleichaltrige ständig um ihre gesonderte Anerkennung bemühen, wobei, gesteht Julia, ihr Bruder wohl den schwereren Stand hatte. »Mein Bruder ist ganz anders. Er ist sehr zurückhaltend, ruhig. Wir hatten uns häufig in den Haaren.«

In ihrer beider Fall schien die klassische Jungen- mit der Mädchen-Rolle vertauscht. Ihre Eigenarten entwickelten beide fast geschlechtsrollenatypisch. Sie war die Schnellere, Stärkere und, was nicht atypisch ist, in der Schule die Bessere. Da sie beide »leider« lange in einer Klasse waren, spielte sie ihren Bruder durch ihr Naturell und Temperament fast an die Wand. Wenn es nötig wurde, beschützte sie ihn allerdings auch, prügelte sich seinetwegen, ganz im vollendeten Rollentausch, schon mal mit einem anderen Jungen. Doch überließ sie Tobias großzügigerweise zumindest die eine oder andere Genugtuung: »Er ist eher der musisch interessierte Typ. Er spielt sehr schön Klavier. Das habe ich dann seinlassen, weil er so gut spielt. Ich habe mich mehr auf die theoretischen Sachen gestürzt. Jeder hat sich auf sein Gebiet zurückgezogen, und dadurch haben wir nicht auf den gleichen Gebieten konkurriert.«

Im nachhinein sieht sie ihren eigenen Part durchaus kritisch: Für den Bruder wäre es vielleicht besser gewesen, nicht so lange mit ihr in derselben Klasse zu sein, er habe sich dadurch vermutlich zurückgedrängt gefühlt. Erst seitdem sie getrennt sind und beide studieren, er Musik und Sport in der einen, sie Jura in der anderen Stadt, sei auch er selbständiger und aktiver geworden. Julia Sommer hat als kleines Mädchen jedenfalls Jungen nie um deren bessere Möglichkeiten oder größeren Spielraum beneidet.

Als kleines Mädchen, erinnert sich Julia, sei sie zwar nicht oft und auch nicht nur im Zusammenhang mit ihrem Bruder, aber doch so drei-, viermal in Prügeleien geraten. Als einmal ein stärkerer Junge einen schwächeren verhauen wollte, mußte sie dem »den Marsch blasen«. »Durch einen Trick habe ich es geschafft, ihn auf den Rücken zu legen und ihn davon abzuhalten. Und das war für mich ganz normal. Da habe ich mich selten gefragt, entspricht das meiner Rolle oder nicht.«

Doch das blieb nicht so. In der fünften, sechsten Klasse kamen Julia allmählich Zweifel: »In der sechsten dachte ich dann, daß man als Mädchen sich nicht mit Körperkraft bemerkbar machen sollte. Das war so ein Entschluß. Mir kam es plötzlich: Was denken denn die anderen von dir, wenn du hier einen Jungen aufs Kreuz legst?« Und so beschloß sie, das ab sofort zu unterlassen.

Sie, die bislang geradlinig tat, was sie für angebracht hielt, sah sich plötzlich mit dem Blick von außen, meinte, sich zumindest in dieser Hinsicht dem Regelkatalog für Mädchen anpassen zu müssen.

Ihren Teil an Anerkennung und Aufmerksamkeit in der Schule hat Julia Sommer schon deshalb leicht bekommen, weil sie meist Klassenbeste war. Immerhin hatte sie auch Glück mit ihren Lehrern, die gute Leistung von Mädchen nicht nur als selbstverständlich akzeptierten, sondern sie auch förderten. Je näher allerdings das Abitur rückte, je mehr die Leistungsspirale in Richtung Studium (Numerus clausus) und Beruf spürbar wurde, desto mehr hatte sie mit »viel Neidereien« von Gleichaltrigen zu tun, besonders von Mädchen und durchaus auch von vermeintlichen Freundinnen.

In der siebten Klasse gehörte sie zu einem Vierertrupp von Mädchen. Eine von ihnen, mit der sie sich bislang gut verstanden hatte, begann nun plötzlich Gerüchte über sie zu verbreiten, daß sie eine Streberin sei, die ständig für die Schule lerne, daß sie mit ihrem Freund »rumknutsche«: »Sie war fies. Das stimmte alles nicht. Ich habe nicht vorgelernt oder speziell ganz viel für ein bestimmtes Fach gemacht. Ich habe tausend andere Sachen gemacht.« Unter anderem war Julia Schulsprecherin (bestimmt auch nicht das Richtige, um die »Freundin« zu versöhnen).

Außerdem interessierte sich Julia damals, in der siebten oder achten Klasse, für Pferde und Reiten. Aber für diesen Sport besaß sie »kein so gutes feeling«. Eine andere, auf diesem Gebiet routinierte »Freundin« ließ bei passender Gelegenheit, nämlich im Sattel, die Chance nicht aus, ihr hochmütig klarzumachen, welch schlechte Figur sie abgebe. »Ich konnte ertragen, daß ich nicht so gut war. Aber ich konnte es nicht ertragen, daß ich so hochmütig behandelt wurde.« Immerhin gestand das Mädchen ihr ein paar Jahre später, wie sehr sie die seltene Situation ausgekostet habe, selbst einmal besser zu sein.

Als Julia Sommer nach einem Jahr als Austauschschülerin in Brasilien (sie war damals sechzehn) wieder in ihre alte Klasse zurückkehren konnte, weil der Unterricht in der brasilianischen Schule einen ähnlichen Leistungsanspruch hatte, nahmen die Gehässigkeiten, nahm die Schlechtmacherei noch zu. Die »Fiesheiten« von ihren vermeintlichen Freundinnen, deren eisige Begrüßung etwa, das Getuschele, das Sich-verbünden-gegen-sie, das Gefühl, auf einmal von ihnen emotional abgelehnt zu werden, hatte in der Schule zur Folge, daß sie die Mädchen zu meiden begann, sie als Freundinnen abschrieb und lieber mit Jungen zusammen war.

Je älter Julia wurde, je weiter die Pubertät zurücklag, desto mehr griff die rollentypische Festschreibung. In den höheren Klassen des Gymnasiums reichte es bereits aus, Spaß an Leistungen zu zeigen, um denunziert zu werden – besonders rachsüchtig von Mädchen. Zwar dann und wann auch bereits von Jungen, nur waren die zu dem Zeitpunkt noch dezenter.

Eine solch rollentypische Sichtweise auf eine bestimmte Art von Leistung (besonders in technischer und naturwissenschaftlicher Hinsicht), die sich etwa ab den Pubertätsjahren verstärkt durchzusetzen beginnt, formulierte ein Schüler in einer TV-Talk-Show zu Koedukationsfragen ganz unverblümt. Ohne weiteres gestand er ein, daß er und seine Klassenkameraden ein Mädchen, das besser in Physik sei als sie, bestimmt nicht besonders attraktiv fänden.

Kein Wunder, daß auch bei Julia, der Klassenbesten, langsam das Gefühl einsetzte, zwischen den Stühlen zu sitzen. »Es war zwiespältig. Auf der einen Seite hatte ich großen Spaß an Diskussionen, da meine Ideen einzubringen; auf der anderen Seite habe ich mich auch wieder sehr gehemmt gefühlt: Nee, sag jetzt nicht schon wieder was.«

In der Universität hat sich die Situation noch verschärft. Zwar kommen gehässige und verletzende Vermutungen und Anfeindungen über sie etwas weniger direkt als in der Schule, erzählt Julia Sommer, aber sowohl von weiblicher wie von männlicher Seite: »Vielleicht bin ich auch übersensibel.« Also hält sie auf Distanz zu den KommilitonInnen, um nicht wieder wechselnden Bündnissen, die sie aus Schulzeiten erinnert, und gemeinen Fiesheiten allzusehr ausgesetzt zu sein. Je näher der Beruf, die eventuelle Karriere rücken, desto mehr ist die allgemeine Konkurrenz spürbar. »In der Uni wird man geschnitten, wenn man die Antworten weiß.« Insofern meint Julia Sommer, sich vielleicht im Elan des ersten Semesters selbst geschadet zu haben. Da habe sie sich vermutlich zu rege beteiligt, zensiert sie sich nachträglich selbst.

Julia Sommer studiert Jura im reformierten juristischen Fachbereich der Universität Hamburg. Der ist nur klein, insgesamt sind sie 120 Studenten. Sie ist Mitglied im Fachbereichsrat. Daher kennen viele Professoren sie persönlich. »Der größte Graus ist mir, wenn die mich richtig mit Namen aufrufen oder darauf Bezug nehmen, ›Frau Sommer sagte‹. Die anderen kennen sie nicht mit Namen. Ich bin die einzige, da hat man so 'ne hervorgehobene Stellung. Und das gefällt mir nicht, weil man dadurch angefeindet wird. Es ist so eine gewisse Distanz da.« Also hat sie sich mittlerweile »etwas zurückgenommen«, stellt ihr Licht zumindest zeitweise unter den Scheffel.

Julia Sommer mutet sich den KommilitonInnen nur noch sozusagen in kleinen Dosen zu, balanciert sich aus. »Ich sehe mich immer kritisch in meinen Beiträgen.« Nach einer Wortmeldung hält sie sich für eine ganze Weile zurück und versucht, wenn sie sich äußert, sich kurz und knapp zu fassen: »Ich mag's auch nicht, wenn eine Person die Vorlesung oder das Seminar dominiert.« Da aber bei ihnen häufiger Fragen gestellt werden, komme man auch häufiger dazu, antworten zu wollen, einfach damit die Vorlesung vorangeht. »Ich kontrolliere mich ständig und mache mir ständig Gewissensbisse, wenn ich zuviel gesagt habe.«

Für einen Menschen wie sie, der sich schon immer stark über Leistung definiert hat und, sagt sie, nur so Anerkennung zu verdienen meint, muß es ein Stück Selbstaufgabe bedeuten, sich ständig derart, im wahrsten Sinne des Wortes, moderieren zu müssen. Aber selbst dafür gibt sie sich zunächst einmal selbst die Schuld – sie entspricht nicht dem Bescheidenheitsstandard für Frauen: Mit ihrer großen Selbständigkeit baue sie sich überall Hindernisse auf, auch weil sie ihre Meinung zu eigenständig vertrete und anders als manch andere KommilitonInnen den Professoren auch widerspreche.

Trotz dieser Anfeindungen ist es nicht Julia Sommers Sache, sich entgegen ihrer Meinung irgendwo lieb Kind zu machen. Nicht bei den Professoren (die einzige Professorin ist beurlaubt), nicht bei den KommilitonInnen. So hat sie sich auch in ihrem politischen Engagement bereits »zwischen die Stühle gesetzt«. Im juristischen Fachbereich wurde gerade der Frauenförderplan verabschiedet. Da sie von der »intoleranten Frauenpolitik, die ständig Männer anfeindet und sich nur in der Opferrolle sieht«, nicht viel hält, hat sie eine moderate Gruppe gegründet und wird nun von der radikalen Frauengruppe angefeindet und in die konservative Ecke gestellt, in die sie auch nicht gehöre.

Daß Julia Sommer solche Power hat, ist allenfalls auf den zweiten Blick zu entdecken. Niemand würde sich heutzutage bei der Dreiundzwanzigjährigen auch nur sekundenweise im Geschlecht vertun, sie für einen Jungen halten können, klein, zierlich und attraktiv, wie sie ist, und mittlerweile ebenfalls, wie seinerzeit ihr Bruder, blondgelockt. Dafür strahlt sie zu viel Weiblichkeit aus. Sie kann, wie sie sagt, leicht auf Menschen zugehen, flirtet gerne und kommt auch gut bei Männern an. Die scheinen allerdings erst nach genauerem Kennenlernen zu merken, daß diese grazile, hübsche Person so durchsetzungsfähig und begabt ist. Zwei Freundschaften seien in den letzten Jahren in die Brüche gegangen: »Das hat auch damit was zu tun, daß ich sehr selbständig bin und sehr stark meine eigenen Berufswünsche verfolge.« Dem einen Freund war sie einfach zu willensstark und zielgerichtet, der wollte eine Frau, »die mehr überm Boden schwebt«. Der andere fühlte sich vernachlässigt, weil er nicht der Mittelpunkt war. »Ich habe langsam den Eindruck, daß Männer mit einer einigermaßen erfolgreichen Frau nicht umgehen können, gerade in meiner Generation.«

Die beiden negativen Erfahrungen haben sie gelehrt, daß, wenn es um Beruf und Karriere geht, Männer Frauen gerne in die Ecke drängen. Für sie unerwarteterweise tun das gerade auch die Intellektuellen. »Die nicht ganz so kopflastigen Männer kommen damit besser zurecht.«

So hat sich auch Julias einstiger Glaube aus Schulzeiten, besser mit Männern als mit Frauen klarzukommen, wieder gewandelt. In Gegenwart von guten Freundinnen, die allerdings alle weiter weg wohnen, fühlt sie sich mittlerweile entspannter und ruhiger. Beispielsweise habe sie es in einem Leistungskurs mit einer Frau zu tun gehabt, die ebenfalls sehr gut war, aber viel gelassener als sie auftrat. Die habe sie bewundert. Zwischen ihnen beiden sei es zu einer Art »netter Konkurrenz« gekommen, ganz ohne jene kleinen Gemeinheiten, freut sie sich.

Julia Sommers berufliche Zielstrebigkeit hat auch biographische Ursachen. Ihre Eltern sind seit zwölf Jahren geschieden. Gleichzeitig mit diesem Schritt entschloß sich ihre Mutter zur Übersiedlung aus der damaligen DDR in den Westen. Der Vater, ein berühmter DDR-Jazzer, zahlte nur einen minimalen Unterhalt, so daß Julias Mutter trotz der Zwillinge beruflich voll einsteigen mußte. Darauf war sie nicht ausreichend vorbereitet. Als sich seinerzeit die Zwillinge ankündigten, hatte ihre Mutter den bereits sicheren Platz für ein Studium der Zahnmedizin wieder aufgegeben und sich in den folgenden Jahren, DDR-untypisch, vorwiegend der Kindererziehung gewidmet. Nun, in der Bundesrepublik, konnte sie beruflich lediglich auf ihre in der DDR für ein Studium notwendige berufspraktische Ausbildung zurückgreifen: Krankengymnastik.

Julia Sommer: »Ich habe ein Trauma, daß es mir selbst so passiert, daß ich auf Grund eines Mannes meine Berufsverwirklichung, die mir sehr viel gibt, sehr viel an Selbstbewußtsein, zurückstelle und dann eben hinterher merke, das war's nicht, oder verlassen werde. Ich weiß, daß ich überspitzt reagiere. – Wenn ich in die Zukunft schaue, denke ich nur, ich muß mich selber versorgen, eventuell auch Kinder. Ich will mir selber eine berufliche Existenz schaffen.« Basierend auf den Erfahrungen ihrer Mutter ist sie in dieser Hinsicht bemerkenswert kompromißlos, läßt sich von niemandem auf eine vermeintlich »weibliche« Schiene schieben. Sie möchte unbedingt vollkommen auf eigenen Füßen stehen, nicht ökonomisch abhängig sein. Das verlangt Einsatz. Es ist ihr bislang nichts kostenlos präsentiert worden, und das erwartet sie auch in der Zukunft nicht.

Julias Mutter hätte sich eher »etwas Schöngeistiges« für ihre Tochter vorstellen können, hatte Sorgen, daß sie sich unglücklich mache, wenn sie sich allzusehr mit den »unschönen, harten« Seiten des Lebens beschäftige. Aber sie unterstützte Julia dennoch in ihren Plänen. Auch die zweite Frau ihres Vaters meinte, als sie von ihrem inzwischen wieder abgelegten Berufswunsch, Diplomatin, hörte: »Die werden ja so hart, diese Frauen, die entsprechen doch keinem Frauenbild mehr.« Für Frauen sei es doch angemessener, sich nicht so sehr in Entscheidungen einzumischen.

Diplomatin will Julia mittlerweile auch nicht mehr werden, jedoch nicht, um nicht »so hart« zu werden, sondern weil Diplomaten ihr zu wenig selbständig, zu »weisungsgebunden« sind. Statt dessen beabsichtigt sie, aktiv an Entscheidungen mitzuwirken. Sie plant entweder eine Laufbahn in einer der internationalen Organisationen wie der UNO oder der EG, kann sich aber auch gut vorstellen, Richterin zu werden. Eine dritte Perspektive hat sich nach einem Praktikum im Wirtschaftsministerium in Dresden ergeben: Jetzt ist es für sie auch nicht mehr undenkbar, eine Funktion in einem Ministerium zu übernehmen.

Wie wichtig es ist, zu wissen, wie man seine Rechte wahrnehmen und ausbauen kann, nicht hilflos dazustehen, sondern alles selbst in die Hand nehmen zu können – das weiß Julia Sommer noch aus der Zeit nach ihrer Übersiedlung aus der damaligen DDR. Damals hat ihre zuweilen ratlose Mutter oft genug die aktuellen Schwierigkeiten mit den Behörden oder andere ungewohnte Probleme mit ihr besprochen.

In gewisser Weise, meint Julia, hat sie immer einen Gegenpol zu ihrer Mutter dargestellt – die Mutter sei mehr emotional, sie mehr sachlich und theorieorientiert. Nicht nur bei ihrer Mutter, sondern bei allen Frauen aus der DDR, so ihr Gefühl, fehlten die endsechziger Jahre, der kritische Blick auf überkommene Strukturen. Trotz der fast durchgängigen Berufstätigkeit aller Frauen dort seien sie insgesamt noch traditioneller in ihrer Rollenorientierung gewesen als die Frauen im Westen.

Eine lebenslange Berufstätigkeit gehört ganz selbstverständlich zu Julia Sommers Lebensplanung. Jetzt ist sie mit viel Elan dabei, sich dazu das nötige Handwerkszeug zu erarbeiten. »Ich kenne viele Frauen, die auch diese berufliche Sicht haben, die aber doch bereit sind, sich da selbst zurückzuziehen, Kompromisse zu machen und zu sagen: Es ist klar, wenn wir Kinder kriegen, höre ich auf mit dem Job.«

Seltsamerweise herrscht diese Ansicht sogar bei jenen Frauen vor, die sie in der Studienstiftung für Hochbegabte, in der Julia Sommer Mitglied ist, kennengelernt hat. Das sind Frauen, die selbst ehrgeizige Berufspläne verfolgen. Wenn sie einmal ein Kind zu versorgen haben sollte, würde Julia Sommer auch eine Pause machen wollen, aber unbedingt gleichberechtigt mit dem Mann, je zur Hälfte. Zu ihrem Erstaunen sehen das viele der Kolleginnen nicht so, sogar auch Frauen in der Stiftung nicht. Sie meinen, es sei in Ordnung, wenn sie diejenigen sind, die beruflich zurückstecken.

Solange Julia Sommer noch nicht darüber nachdachte, was ein Mädchen tun darf und was nicht, hatte sie sich den Jungen vollkommen ebenbürtig gefühlt. Bevor sie sich damals der rollentypischen Erwartungen an Mädchen bewußt wurde, konnte sie sich, wie beschrieben, sogar mit ihnen prügeln. Erst dann ließ sie sich auf den Kompromiß ein, Jungen in Zukunft lieber schonen zu wollen und beschnitt sich damit bereits in ihren Möglichkeiten. Jetzt ist sie durch die Universität erneut auf das Frauenrollendenken gebracht worden, sagt Julia Sommer, und hätte am liebsten »keine Ohren für diese Diskussion«.

Solange sie noch nicht so für den damit zusammenhängenden Fragenkomplex sensibilisiert war (bis nach dem Abitur), konnte sie ihre Ziele viel geradliniger und spontaner verfolgen. Bis dahin hatte sie sich als Mädchen, als Frau wenig oder gar nicht benachteiligt gefühlt und sich von ihrem eigentlichen Interesse auch nicht ablenken lassen. »Jetzt behindere ich mich durch die Diskussion.« Außerhalb der Universität hatte sie ein Seminar zu geschlechtsspezifischer Rhetorik zu leiten: »Ich hätte es viel lieber, wenn ich solche Sachen gar nicht wüßte, dann könnte ich viel klarer meine eigentlichen Ziele verfolgen, als mich dadurch irritieren zu lassen. Es ist mir leichter gefallen, meine eigentlichen beruflichen Sachen dort, wo ich Erfolg haben will, zu verfolgen, als ich das noch nicht so bewußt reflektiert hatte.«

Das Imperium schlägt zurück. Julia Sommer konnte der allseits formenden Schablone des rollentypischen So-sein-müssens in vieler Hinsicht lange ausweichen und muß sich jetzt, wo diese für die Umsetzung ihrer beruflichen Pläne nur hinderlich sein kann, trotzdem dazu verhalten. Bislang hat sie sich nicht festschreiben lassen – weder von der Tatsache, zu ihrem Zwillingsbruder den ihr von der Natur gegebenen Mädchenpart spielen zu müssen, noch von ihrer emotionalen, schöngeistigen Mutter (die ihr die klassische Frauenrolle weitgehend vorexerzierte) noch von dem allgegenwärtigen Konformitätszwang in Schule, Universität und medialer Umwelt. Ganz im Gegenteil, Julia Sommer hat sich häufig aus dem Erziehungs- und Ausbildungsangebot die ihrem Bedürfnis angemessensten Gegenbilder herausgepickt.

Von den durch die Frauenbewegung erweiterten Chancen hat Julia Sommer schon so selbstverständlich profitiert, als sei diese Bewegung gar nicht nötig gewesen. Und jetzt wird sie von eben dieser unvollendeten Frauenbewegung plötzlich auf das Frauenrollenproblem angesprochen, das ihr eigentlich keines war, aber damit zu einem wird. Ihr geht es wie dem Kleistschen Narziss, der ins Wasser schaut, seine schöne Bewegung erkennt, sie wiederholen will und das trotz großer Anstrengung nicht mehr hinbekommt.

Ich war Winnetou, nie 'ne Squaw

Eine der besten Konkurrenzschulen sei, so heißt es, in einer Familie mit vielen Geschwistern aufzuwachsen. Sarah[1], Jüngste von vier Schwestern und einem Bruder, kann dem nur bedingt zustimmen. War doch in ihrer nicht eben wohlbetuchten Familie weniger entscheidend, wie die Geschwister untereinander auskamen, als vielmehr, wo sich alle, auch die Mutter, auf der Zielgeraden Richtung Vater befanden. Um seine durch fast nichts zu erreichende volle Zustimmung, wenn nicht gar Zuneigung, konkurrierten sie alle. Er gab den Ton an. »Auch wenn er weg war, war er da.«

Die berufliche Bilanz des Quintetts spricht für die These der Großfamilie als beste Konkurrenzschule; dem allmächtigen Vater bestätigt sie sicher, daß seine »Erziehungsmethoden« richtig, sozusagen gewinnbringend waren: eine Literaturwissenschaftlerin, eine Richterin, der exotische Bruder als Architekt, eine Sonderpädagogin und schließlich Sarah als diplomierte Biologin.

Das Regiment des Vaters war unumstritten. Disziplin erreichte er durch Angsteinflößen. Nachts um drei konnte es passieren, daß er in das Kinderzimmer kam, um die Schränke zu inspizieren und zu sehen, »ob alles ordentlich ist«. Klappte irgend etwas nicht so, wie es sollte, gab es diverse Strafen wie Hausarrest, Fernsehverbot, bis hin zu Prügel. Wenn der Vater, Beamter beim Finanzamt, nach Hause kam, »haben wir alle gezittert und gebebt«. Als Sarah einmal wegen einer Nachlässigkeit vom Vater Prügel bezog, wagte die damals sechzehnjährige zweitälteste Schwester einzuschreiten und drohte ihm, sie werde das Haus verlassen, wenn er nicht sofort aufhöre zu schlagen. Er dachte nicht daran; sie war konsequent und ging. Der Vater hielt sie nicht zurück, im Gegenteil, er meldete sie von der Schule ab und überließ sie ihrem Schicksal. Mußte er sich doch die Richtigkeit seiner Erziehungsregeln beweisen: Wer den engen Kreis der Familie verläßt, geht unter. Damit hielt er den Bewegungsradius der Familie in seinen Grenzen. Von der Gunst des Vaters hing alles ab. Die Konkurrenz der Geschwister untereinander war entsprechend hart.

Weil ganz offensichtlich auch die Mutter den Vater fürchtete, wurde sie von ihren Kindern nie voll respektiert. Sie bot ihnen keine Zuflucht vor seinen tyrannischen Methoden, hatte schon genug damit zu tun, selbst irgendwie zurechtzukommen. Allerdings hatte sich die Mutter eine Ausweichmöglichkeit aus dem häuslichen Terror geschaffen, lebte ein Doppelleben, von dem die Kinder ein wenig wußten, dem Vater allerdings nichts verrieten. Aber auch, weil sie die Kinder zu unfreiwilligen Verbündeten ihrer geheimen Eskapaden machte, besaß die Mutter in der Familie allenfalls das Ansehen eines ihrer älteren Kinder.

Mit Ausnahme der Jüngsten kamen die Fünf im Abstand von einem Jahr zur Welt. Sie wurden so viele, vermutet die Tochter heute, weil die Mutter über die Kinder den Vater an sich zu binden hoffte. Alle Schwangerschaften verbarg sie vor ihm, solange es nur möglich war. Im Streß des Doppellebens fand die Mutter aber nur wenig Zeit und Ruhe, um sich wirklich um die Kinder zu kümmern. Sarah weiß bis heute nicht, ob sie der Mutter wichtig waren. Als die Mutter ging, von heute auf morgen, war Sarah neun Jahre alt.

Der Grund ihres Verschwindens: Die Kosten ihres Doppellebens waren ihr über den Kopf gewachsen. Sie besaß ein Auto, von dem niemand etwas wußte, sie ging Skifahren, sie hatte Liebhaber. »Sie hat nur mit Lügen gelebt«, sagt Sarah heute. Die Kinder wußten zwar nicht viel, doch immerhin genug, um sie gewissermaßen erpressen zu können. Weshalb sollten sie ihr gehorchen? Sarah erlebte ihren Weggang zum einen als Verrat und zum anderen als Entlastung. »Als sie ging, war das auch eine Erleichterung, weil wir ja mitgelogen hatten.« Sarah vor allem, denn sie war in dem Auto gefahren, von dem sonst niemand etwas wußte; wenn die Mutter zu ihrem Liebhaber fuhr, nahm sie die Jüngste als Tarnung mit. Sarah kriegte fünf Mark und durfte den Hund zwei, drei Stunden Gassi führen. Ihr gegenüber sei die Mutter liebevoll gewesen. Ein Privileg, denn sie habe ihren Kindern gegenüber sonst keine Liebe gezeigt. Die brauchte sie statt dessen für ihre vielen Liebhaber. »Sie ist eine schöne Frau in meiner Erinnerung.«

Nachdem die Mutter endgültig aus ihrem Leben verschwunden war, definierte der Vater für die Kinder, was sie von ihr zu halten hatten. Er erklärte die Mutter kurzerhand zur Kriminellen. Von dem Zeitpunkt an galt in der Familie als grausamste Beschimpfung: »›Du wirst mal wie die Mutter!‹ Das war das Schlimmste, was der Vater sagen konnte.« Und besonders eine der Schwestern griff bei passender Gelegenheit ebenfalls auf diese Injurie zurück. Wenn Sarah so verleumdet wurde, »dann war ich am Heulen und fix und fertig«. Auch die konsequente Schwester, die dem Vater und der Familie den Rücken gekehrt hatte, wird bald mit der Frage denunziert: Wer weiß, wie die ihr Geld verdient? – Wer den engen Kreis der Familie verläßt, geht unter.

Des Vaters Haß auf Frauen, so Tochter Sarah, war durch die Flucht seiner Frau nur ein weiteres Mal bestätigt und gefestigt worden. Seine Meinung über Frauen – »Frauen sind schlecht, weil unsere Mutter ja schlecht war« – war nun sozusagen zur Doktrin erstarrt, die er ungemildert an seine zunächst vier, dann drei Töchter weitergab. Daß der Vater recht haben mußte, hatte sich schließlich vor ihren Augen bestätigt.

Zu beeindrucken war der Vater nur durch Leistung, auch sportlicher Art; nicht durch Schönheit. Jungen hätten ihm daher vermutlich besser ins Konzept gepaßt als Mädchen. Aber mit seinem Sohn war er ebenfalls nicht zufrieden. Denn der verstand es als einziger (neben der konsequenten Schwester), sich gegen ihn zu behaupten, gegen ihn zu opponieren. So versuchte der Vater, aus den Töchtern die von ihm gewünschten Wesen zu machen, »asexuelle Neutren«. Allen Kindern schnitt er die Haare, sehr kurz und nicht eben mit besonderem Geschick. Aber darauf kam es nicht an. Denn eine weitere Maxime des Vaters lautete: Schönheit und Intelligenz gehen nicht zusammen. Das galt genauso wie der Umkehrschluß: Die, die sich hübsch macht, kann nicht intelligent sein. »Er hat uns jegliche Schönheit verboten.« Folglich durfte keines der Mädchen Röcke anziehen; sie wollten es auch gar nicht. An ein einziges, sehr schönes weißes Kleid kann Sarah sich allerdings noch erinnern, das ihr die Mutter, als sie sechs Jahre alt war, gekauft hatte.

»Ansonsten war mein Bestreben, ein Junge zu sein. Ich wollte kräftig sein. Ich habe meinem Vater die Muskeln gezeigt und wie schnell ich laufen kann. Ich war Winnetou, ich war nie 'ne Squaw.

Ich war schon fast ein Junge, auch für mein eigenes Selbstverständnis.« Die weibliche Seite hatte der Vater verboten. So war ihre Zielsetzung, das vermeintliche Gegenteil darzustellen: Sie will »schlau und intelligent« sein.

Die Urangst, mit ihrer »schlechten Mutter« identifiziert zu werden, war so groß, daß sie alles Mädchenhafte wegsteckte, die Rolle des angepaßten Jungen spielte: »Ich war sehr ehrgeizig und brav. Ich war leistungsgeil.« In irgendeinem Aspekt mit ihrer »schlechten Mutter« verglichen zu werden, bedeutet für Sarah bis heute die größte Kränkung.

Als die Mutter weglief, veränderte das die Machtstruktur innerhalb der Familie nur unbedeutend. Es war eben »die erste Konkurrentin um die Gunst des Vaters weg«. Er war ja ohnehin der einzige, auf den es wirklich ankam. Jede versuchte weiterhin ihr Bestes zu geben, um seine Anerkennung zu bekommen. Aus Sarahs Sicht bemühte sich die Älteste am meisten und wußte auch am ehesten, wie er zu beeindrucken war. Sie schrieb immer Einsen, war Schulsprecherin und Vaters Liebling. Sarah und Anne, den Jüngsten gegenüber, übernahm sie bald die Mutterrolle, die allerdings manchmal autoritärer ausfiel als je bei der Mutter.

Sarahs unmittelbare, aber nicht ganz ernst genommene Konkurrenzpartnerin war die zwei Jahre vor ihr geborene zweitjüngste Schwester Anne. Anne hatte den schwersten Stand in der Familie, vielleicht, so vermutet Sarah, weil sie die Sensibelste war; sie hat irgendwie »die Abwehrmechanismen nicht gelernt«, die allen anderen in Fleisch und Blut übergegangen waren. Mit ziemlicher Selbstironie und Selbstkritik schaut Sarah zurück: »Anne wurde immer erwischt. Sie hatte immer Pech. Sie war immer das Opfer. Ich war mir der Konkurrenz bewußt, die Anne in mir hatte. Aber ich hatte natürlich keine mit ihr. Ich war ja eh besser. Ich schrieb die Einsen. Da kann ich ja auch nichts dafür! Daß da natürlich ein Gefühl der Genugtuung war, wenn der Vater dann sagte, ›deine jüngere Schwester kann das und du kannst das nicht, Anne‹, das habe ich natürlich genossen.« Im Vergleich zu ihr fühlte sich Sarah auf allen Gebieten als Siegerin. »Da habe ich meine Konkurrenz ausleben können, sicherlich in mancher Weise unfair und sadistisch.«

Da beim Vater auch durch Sportlichkeit Punkte zu gewinnen waren, entwickelte Sarah außerdem Ehrgeiz auf diesem Gebiet. Obwohl Sarah von zierlicher Statur ist (jetzt 165 cm groß), ein schmales Gesicht hat und blonde Haare, also nicht eben den Harlem Globetrotters zuzurechnen ist, »war ich physisch sehr stark. Ich spielte irgendwann in der Leistungsklasse Basketball. Machte viermal die Woche Training, spielte am Wochenende.« Ihre Scharmützel mit Anne allerdings focht sie dennoch nie physisch aus. Das geschah schon eher mal mit dem Bruder, »aber da sah ich alt aus«. Auch mit den anderen Schwestern legte sie sich nur verbal an. An der Geschwindigkeit von Sarahs Sprechweise ist noch heute erkennbar, wie sehr sie sich ins Zeug legen mußte, um zu reüssieren, gegen all die älteren Geschwister.

Die scharfe Konkurrenz untereinander, die sie zu Hause einübten, hatten sie, ob sie es wollten oder nicht, in der Schule fortzusetzen. Sarah erzählt, daß ihre Familie stadtbekannt war. Denn das war schon ein Sonderfall, fünf Kinder – und sie alle gingen zum Gymnasium. Das gab es nicht oft. Da sie altersmäßig dicht aufeinander folgten, wie die Orgelpfeifen, waren sie sozusagen in jeder Klasse vertreten. »Die Vergleiche, das hätte deine Schwester aber gewußt, kamen unheimlich oft. Das heißt, Konkurrenz war nicht nur zu Hause, sie wurde auch durch die Lehrer noch mal geschürt.«

Schon als Kinder waren sie lauter Einzelkämpfer, jede versuchte, für sich Punkte beim Vater zu gewinnen. Je älter sie wurden, desto mehr verstärkte sich dieser Trend innerhalb der Familie. Für diesen übermächtigen Vater mußte sich jede alleine stark machen, mehr Leistung zeigen, die andere überrunden, um von der absoluten »Mangelware« Anerkennung und Liebe etwas abzubekommen. »Wir waren nie solidarisch.« Und da seit dem Weggang der Mutter der Vater die einzig wichtige und erreichbare Figur geblieben war, mußten sie sich alle um so mehr anstrengen.

Nie sind die Geschwister auch nur auf die Idee gekommen, sich gegen ihn zu verbünden. Jetzt, als Erwachsene, nachdem sie endlich zumindest räumlich dem väterlichen Druck entkommen sind, bringen sie wenig Interesse füreinander auf. »Die Kontaktlosigkeit hat uns allen gutgetan. Sonst wären Konkurrenz und Neid gleich wieder da.«

Erstaunlicherweise konnte sich Sarah in ihrer strikten Leistungsorientierung zumindest eine Pause gönnen. Mit sechzehn, ein Teil der Geschwister studierte bereits, war ihr Berufswunsch ein nichtakademischer: Krankenschwester. Als OP-Schwester im weißen Kittel anderen zu helfen, konnte sie sich gut vorstellen. Die Ursache für diesen im Vergleich zu ihren Geschwistern relativ ehrgeizlosen Plan sieht sie darin, daß allmählich, mit jedem das Haus verlassenden Kind, der väterliche Druck nachgelassen hatte. Der Vater wurde einsamer, ein Potentat ohne Untertanen. Langsam schien er umgekehrt von seinen Kindern abhängig zu werden.

Ihre Berufsabsicht Krankenschwester wurde nicht vom Vater vereitelt, sondern dadurch, daß es für diese Ausbildung kein BAföG gab. Infolgedessen entschied sie sich doch noch für ein Studium und BAföG, das es ihr ermöglichte, das väterliche Haus zu verlassen.

Mit 22 Jahren kam »ein neuer Schub von Leistungsorientierung«. Ein Stipendium für die USA, dort ein Abschluß als Pharmazeutin; neue Zielplanungen, die nicht gelangen, und schließlich ein weiteres Studium in Deutschland: Biologie. »Meine Ideologie war immer: was man will, kann man.« Aber ab 1981 klappte verschiedenes nicht mehr so, wie sie es wollte. Und zwei Jahre später erfaßte sie eine plötzliche Destabilisierung. Sie fing an zu stottern, sah sich nicht in der Lage, den Vater zu besuchen, und wurde depressiv.

Sarah suchte Hilfe, begann eine Therapie. »Ich bin froh, daß da was passiert ist, daß ich nicht mehr rumpowere.« Das Studium hat sie zwar trotzdem durchgezogen, sogar promoviert, betrachtet aber das Ergebnis mit ambivalenten Gefühlen. »Ich bin keine Einzelkämpferin am Schreibtisch. Mein größter Fehler ist, diese Doktorarbeit geschrieben zu haben, weil ich vier Jahre sehr gelitten habe.« Dagegen: »Das Beste, was ich gemacht habe, ist die Therapie.« In einem schmerzlichen Prozeß entdeckte Sarah langsam, nach welchen falschen Regeln ihr Motor lief und deshalb buchstäblich ins Stottern geraten war.

Mühselig war es, bis sie diesen einst in der Familie als unumstößlich geltenden, nun aber schon lange unhaltbar gewordenen Regelkatolog umstellen konnte, bis sie auch die vom Vater verbotene weibliche Seite ihrer Person zulassen konnte. Sich mit altbekannten Problemen herumschlagen zu müssen, kann unter Umständen, weil sie eben so vertraut sind, weniger anstrengend sein, als sich auf unbekanntem Terrain bewegen und zurechtfinden zu müssen.

Während der Therapie war sehr häufig im Zusammenhang mit ihrer Kindheit wieder von den Geschwistern, besonders den Schwestern die Rede, von einer Art Negativ-Konkurrenz, in der sie alle miteinander befangen waren und sind. Jetzt, als Erwachsene, scheinen sie sich plötzlich nicht mehr im Erfolg, sondern im Mißerfolg, im Unglücklichsein aneinander zu messen. Fast so, als ob das gemeinsame Unglücklichsein jetzt noch eine verspätete Solidarität herstellen könnte. Sarah erklärt sich das anders: Von dem privat und beruflich von Sorgen gebeutelten Vater war immer eine unglückliche Stimmung ausgegangen: Es ging ihm schlecht. Seine Haltung entsprach im übrigen der protestantischen Ethik, die Genuß verbietet. Wer irgendwie Nähe zu ihm herstellen wollte, hatte somit besser nicht durch Wohlgelauntheit aufzufallen, sondern ein ähnliches Bild abzugeben – Nähe durch Imitation herzustellen.

Wenn sich die Geschwister »selten genug« einmal anrufen, dann erzählen sie sich also vorwiegend von ihren Problemen. »Ich habe nie sagen können: Mir geht es gut. Wir haben uns nicht erlaubt, daß es uns gutgeht.« Besonders im Verhältnis zu Anne ist das so. Mitgefühl, Hilfsbereitschaft, vielleicht sogar Zuneigung können sie sich nur gewähren, wenn es der anderen schlechtgeht. Lediglich die eine resolute Schwester, die sich aus der Familie verabschiedet hatte, behauptete schon immer, es gehe ihr gut, allerdings nahm ihr das niemand ab.

Zusammen zu leiden, das hatten sie schließlich gelernt. Da gab es in der Tat Ansätze von solidarischen Momenten. Insofern ist es nicht verwunderlich, daß sie sich üblicherweise alle nur mit einem Problem, mit Anzeichen von Streß freundlich aufeinander zubewegen können: »Wir waren geschwisterlich auch nur vereint, weil wir gelitten haben in der Familie. Das Leid war das einzige Bindeglied, das wir hatten. Wir haben das schlechte Gewissen der Mutter übernommen. Wir haben die Trauer um die Mutter für den

Vater übernommen, wir haben sehr viele schlechte Gefühle geteilt.«

Da es Sarah, wie sie im Rückblick sagt, als Jüngster schon immer relativ am besten ging, hat sie deshalb eine Art »schlechtes Gewissen«. Vielleicht ist dieses »schlechte Gewissen« auch der Grund, daß sie in ihrer Familie diejenige ist, die noch am meisten die Kontakte aufrechterhält. Auch dabei fällt Sarah auf, wie schwer es ist, Verhaltensmuster zu verlassen. Denn selbst in Zeiten, in denen sie sich ganz wohl fühlt – endlich kann sie das vor sich selbst eingestehen –, schwächt sie vor den Geschwistern lieber die positive Stimmung ab und erzählt statt dessen von irgendwelchen Problemen, die sie natürlich auch noch hat: Denn die Reaktionen der Geschwister, vornehmlich die von Anne, gehen nach wie vor in die gleiche Richtung: »Wenn es dir gutgeht, kann das gar nicht stimmen, du machst dir was vor...‹ Der Neid war unheimlich groß, und diesen Neid eines anderen zu ertragen ist grauenvoll.« Das trifft vor allem auch auf ihre konsequente Schwester zu, das »schwarze Schaf« seit Teenager-Zeit: »Barbara ist ein Kumpel, im Sinne von hilfsbereit und dir-eine-Stütze-sein. Aber wehe, es geht dir dann gut, und du brauchst sie aus ihrer Sicht nicht mehr, dann wird sie destruktiv. Dann sorgt sie auf psychisch subtile Weise dafür, daß du dich schnell wieder schlecht fühlst und sie vermutlich wieder brauchen wirst.«

In der Destabilisierungsphase, als sich alle ihre Gewißheiten aufzulösen begannen, ihre Selbstsicherheit dahinschrumpfte, hat Sarah angefangen, sich langsam mit ihrer weiblichen Identität auseinanderzusetzen. Als Kind und junges Mädchen hatte sie sich lange, um nicht »mit der schlechten Mutter« identifiziert zu werden, auf »diese Schiene, ich bin eigentlich ein Junge, ich lasse jegliche Art von Weiblichkeit nicht raus«, festgelegt. Anders als zu Mädchen hatte Sarah zu Jungen ein lockeres, unverkrampftes Verhältnis, schließlich fühlte sie sich selber wie einer von ihnen: »Ich war burschikos, spontan und offen und bin auf die Jungs zugegangen, auch noch in der Pubertät.«

Die Mutter kam nach ihrem Verschwinden als Rollenvorbild nicht mehr in Frage. Und »meine Schwestern haben mir Weiblichkeit nicht vorgemacht. Sie haben zwar alle geheiratet, aber wir haben nie über Sexualität gesprochen. Jede hat die Tage für sich alleine ausgemacht. Es gab keine sexuelle Aufklärung – allenfalls in der Schule auf dem Klo. Ich war auf einer reinen Mädchenschule. Die Mädchen, die da schön waren, waren dumm, per Zufall, und das war genau das, was ich gelernt hatte, also stimmte das.« So seltsam es klingt: Ihr, dem Mädchen mit drei Schwestern, waren Mädchen ziemlich unbekannt. Die Mutter war kein Vorbild, durfte keines sein – woher sollte die Orientierung kommen? Ohne das »psychologische Stützkorsett« der klaren Rollenzuweisung für ihr Geschlecht ist es schwer, Sicherheit in der eigenen Person zu erlangen.

Noch während der Studienzeit versuchte Sarah zunächst, das alte Rollenspiel fortzusetzen, ein Junge in einem zufällig weiblichen Körper zu sein. Sie hatte ausschließlich Freunde, gute Kumpels, das war nicht so bedrohlich, hielt den Abstand zu den »schlechten« Frauen aufrecht. Sie trug nie einen Rock. Kam es zu engeren Freundschaften, verstand sie es, Sexualität auf absoluter Sparflamme zu halten, was nicht unbedingt zur Dauer dieser Freundschaften beigetragen hat.

Sarah befand sich in einem Dilemma – ihr eigenes Geschlecht war ihr nicht geheuer. Zuverlässige Anerkennung war, nach ihrer Sicht, nur von männlicher Seite zu haben. Schon deshalb, aus Gründen der gesellschaftlichen Akzeptanz, meinte sie, unbedingt einen Freund haben zu müssen, da sie schließlich erfahren hatte, als Mädchen oder Frau trotz guter Leistung nur wenig wert zu sein. Genauso wie ihre Schwestern, für die es trotz der mißglückten Ehe ihrer Eltern wichtig war, zu heiraten und einen Mann zu haben, glaubte auch Sarah, nur über das Markenzeichen Mann vollgültiges Mitglied dieser Gesellschaft werden zu können. Schon deswegen war es ihr immer wichtig, einen Freund zu haben. In diesem Gefühl stimmt sie mit vielen Geschlechtsgenossinnen überein, nur haben diese nicht wie sie lange Zeit fast ein Jungenleben gelebt, aus dem sie ihr geborgtes Selbstbewußtsein bezog. Das Rollenzuweisungsskript war für Sarah nur schwer lesbar. Frauen, mithin sie selbst, liefen eigentlich außerhalb jeder Konkurrenz, auch wenn sie sich noch so sehr anstrengten.

Allerdings stellte sich bald ein Handicap heraus. Ein Großteil der von ihr in einer Liebesbeziehung erwarteten traditionellen weiblichen Rolle, nämlich schön, begehrenswert und sexy zu sein, war für Sarah eindeutig auf der Indexliste, obwohl ihr das bei ihrem guten Aussehen nicht anzumerken war. »Ich habe die Frauen nicht verstanden. Nicht verstanden, warum die sich schön machen, und ich habe sie auch gehaßt wie die Pest, die hübschen Frauen vor allem. Die können ja nix in der Birne haben.« Mit den Rastern der Kindheit waren die Feinde –, nämlich andere Frauen (mithin uneingestandenermaßen sie selbst) – ganz eindeutig auszumachen. Nur, wie hatte sie sich dann selbst zu sehen, welche Rolle sollte es statt dessen sein?

Nach dem Staatsexamen war Sarah an ihrem Institut die einzige wissenschaftliche Mitarbeiterin, die einzige Frau. Außerdem gab es noch drei »nicht überaus helle« männliche Kollegen. Gegen die allerdings opponierte oder konkurrierte sie nicht. Denn dank ihrer frühen Schulung erkannte sie männliche Autorität erst einmal ohne weiteres an, zumal diese Kommilitonen sich freundlich benahmen. Sarah ließ sich wie das Küken im Nest, das sie in ihrer Familie so gerne gewesen wäre, verwöhnen. »Ich war immer klein, habe mich immer bemuttern lassen. Habe mich gefühlt wie ein Huhn im Hahnenkorb. – Es kam irgendwann eine zweite Frau dazu. Die war blond, langhaarig, hatte knallenge Jeans an, eine rote Lederjacke. Und ich dachte, diese blöde Planschkuh, die kann ja nur blöde sein. Dann habe ich zufällig ihr Zeugnis gesehen. Sie hatte überall Einsen! Die war also auch noch intelligent, und sie hatte zwei Kinder und war verheiratet. Das hat mich erschlagen.« Eine solch facettenreiche, frauliche Frau wirkte auf Sarah zunächst einmal wie ein rotes Tuch. Sie entsprach einfach nicht dem ihr bekannten Rasterbild von weiblichen Möglichkeiten. »Sie ist mittlerweile eine sehr gute Freundin von mir, aber das hat eine Weile gedauert.«

Auf Grund der Frauenrichtlinien wurden es allmählich immer mehr Frauen an ihrem Institut. Von konkurrierenden Schwestern umgeben zu sein, war ihr schließlich vertraut. Aber je besser Sarah durch die Therapie mit sich selbst klarkam, sich als Frau akzeptieren konnte, desto deutlicher stellte sich heraus, daß sie auch mit den Frauen besser zusammenarbeiten konnte, erstaunlicherweise sogar besser als mit den Männern, den »nicht überaus hellen« Kollegen.

»Mittlerweile kann ich mit Genugtuung feststellen, daß auch Männer, sogar solche in angesehenen Positionen, vielfach Idioten sind.«

Alle neu in das Institut kommenden Frauen hatten zu dem Zeitpunkt die gleiche Durststrecke wie Sarah hinter sich zu bringen – ihre Doktorarbeit. Die von Frauen ohnehin gern angestrebte egalitäre Situation ergab sich mithin von allein. Und sie fanden zu einem kooperativen Arbeitsstil. »Wir haben uns sehr schnell zusammengetan. In der Männerrunde konnte man nie sagen, es geht mir schlecht mit der Doktorarbeit. In der Frauenrunde haben wir gesagt: Es geht mir schlecht, ich bin häßlich, ich habe Pickel, und ich bin dumm. Dann haben wir alle gelacht, es ging uns ja allen gleich. Und dann konnten wir auch miteinander arbeiten, weil wir wußten, worum es geht.« Konkurrenz blieb, abgesehen von der Anfangsphase, außen vor. Sie bildeten Arbeitskreise und trafen sich auch privat regelmäßig. »Inzwischen komme ich mit Frauen besser klar, kann mit ihnen besser reden. Man weiß viel schneller, was man meint.«

Das Ziel der gemeinsamen Wegstrecke, das abgeschlossene Diplom, haben alle Frauen erreicht. Jetzt muß jede für sich ihren Weg suchen. »Sicherlich ist da immer wieder ein Stück Neid dabei, daß jemand vielleicht erfolgreicher ist«, aber mittlerweile verbindet Sarah mit den anderen Frauen eine positive, nicht mehr eine negative Konkurrenz. Sie wissen genau, was sie sich und der anderen zutrauen, zumuten können.

Sarah, die früher ihre Weiblichkeit hinter einer sich männlich leistungsstark gebenden Fassade versteckte, kommt inzwischen mit extrem intellektuellen Frauen nicht mehr gut zurecht; Frauen, die mit Männern in abstrakten Diskussionen konkurrieren: »Die stellen für mich das Bild einer unweiblichen Person dar. Ich sehe die mehr unter dem Aspekt: Was kommt da so von Frau zu Frau.« Daß Frauen als Gleiche unter Gleichen miteinander umzugehen pflegen, bis zu dieser wichtigen, eigentlich »schrecklichen Frauenebene«, etwa den Lippenstift auszutauschen und harmoniesatte Dialoge zu führen wie »ich bin zu fett – ja, ich bin auch zu fett«, solche vermeintlichen Nebensächlichkeiten hat sie inzwischen schätzen gelernt.

Jene Evas aber, die nur darauf aus sind, Männer zwecks Heirat, Versorgung etc. an Land zu ziehen, die einen Doktor heiraten wollen, um selbst ihren Kopf nicht anstrengen zu müssen, jene also, die über die klassische Rivalitätsschiene zwischen Frauen laufen, fanden bei Sarah noch nie Verständnis: »Wenn alles, was Frauen tun und sagen, nur auf gute Wirkung abzielt, dann werde ich grantig. Ich bin dann sehr emotional und meide sie und lasse meine Schlauheit durchkommen, zeige denen meine Gleichgültigkeit. Bei mir erzielen die keine Wirkung. Die sind armselig, da ist nichts an Substanz.«

Zu strapaziös war der Weg für Sarah, von einem Leben nach Vaters Maßstab zu einem selbstbestimmten zu kommen, als daß sie nicht giftige Blicke auf jene Frauen werfen würde, die nicht daran denken, sich einer solchen Mühe zu unterziehen. Übrigens sieht sie nach diesem Perspektivewechsel auch die Feministinnen anders: »Die Feministinnen fragen ja nach dem Ich, nach dem Selbstbild und nicht nach dem Fremdbild. Ich habe früher die Feministinnen gehaßt, das hat mir Angst gemacht.« Auch da hat sich die Perspektive geändert. Sarah ist bei sich selber angekommen.

III

Showdown vor dem Dom

»Wer bisher von der einzigartigen Schönheit der beiden Frauen nur hatte reden hören, sah sie nun mit eigenen Augen. Bei keiner waren die Spuren eines Schönheitsmittels zu entdecken. Wer Frauenschönheit schätzte, lobte die Frau des Königs, aber die Erfahreneren unter ihnen hatten schärfer beobachtet und wollten eher Kriemhild den Vorzug geben.«[1]

Nun, die Preisrichter dieses ersten uns überlieferten, wenn auch nicht erklärten Schönheitswettbewerbs auf deutschem Boden waren von Beruf Ritter. Ihre Kriterien waren sicher hochgesteckt, wenngleich ihr Votum letztendlich nicht mehr zählte – beide Damen waren schon aus dem Rennen. Der Preis für beide war hoch gewesen. Jetzt wollten die Herren sehen, ob der Einsatz gerechtfertigt war.

Aber darum ging es nicht beim Streit der Königinnen. Zwischen ihnen beiden stand weniger ihre Schönheit als ihr Rang zur Debatte. Die Geschichte hat eine Vorgeschichte.

Die königliche Jungfrau Brünhild aus Island hatte sich selbst als Siegesgeschenk »um den Preis ihrer Liebe« ausgeschrieben: Wer sie im dreifachen Wettkampf bezwingen würde, den würde sie als ihren Herrn und Meister anerkennen. Wen sie besiegte, der mußte sterben. Gunther hatte es mit Siegfrieds geheimer und listiger Hilfe geschafft und brachte Brünhild nun heim in sein Reich. Aber damit mußte nun auch Gunther Siegfried gegenüber sein Versprechen einlösen: denn Gunther hatte sich bereit erklärt, Siegfried seine schöne Schwester Kriemhild zur Frau zu geben, wenn der ihm als Gegenleistung dabei half, Brünhild im Wettkampf zu besiegen. Nun war es soweit.

Noch am Tag vor der Vermählung, bei der festlichen Begrüßung Brünhilds im Burgunderland, standen die beiden Damen aus königlichem Geblüt in vielbewunderter Schönheit und Eintracht nebeneinander. Alles hätte gutgehen können zwischen den beiden, hätte Siegfried, der prächtige Held und stolze Besitzer des Nibelungenschatzes, den Mund gehalten und Kriemhild nicht in *seine Geheimnisse eingeweiht. Hätte er seiner Gattin Kriemhild nicht erzählt, daß eigentlich er Brünhild besiegt hatte, auch im Bett; hätte er ihr nicht auch noch obendrein die Beweisstücke, den unbemerkt mitgenommenen Ring Brünhilds und ihren Keuschheitsgürtel, zum Geschenk gemacht.*

Der Wurm beginnt allmählich zu nagen. Jahre vergehen. Zu Recht vermutet Brünhild, daß alles irgendwo nicht ganz mit rechten Dingen zugegangen ist, versteht vor allem nicht, warum Kriemhild, die Königstochter, Siegfried, den vermeintlichen Lehensmann Gunthers (als solcher war er bei den Wettkämpfen gegen sie aufgetreten), geheiratet hatte. »Unablässig ging Brünhild im Kopf herum, warum Kriemhild den Kopf so hoch trage.« Das muß sie herauskriegen. Unentwegt liegt sie daher Gunther in den Ohren, bis Kriemhild und Siegfried von der Nibelungenburg in Norwegen eingeladen werden und mit großem Gepränge nach Burgund reisen.

Und wieder herrscht zunächst Eintracht zwischen den Frauen: »Von überallher kamen die Ritter zu den Spielen und turnierten mit jugendlichem Mut, und die Frauen saßen geschmückt an den Fenstern und sahen ihnen zu.« Auch die Königinnen beobachten die Spiele und plaudern freundlich miteinander, bis zum elften Tag. »Da sagt Kriemhild: ›Ich habe einen Mann, dem alle diese Reiche untertan sein sollten... Sieh doch nur, wie er dasteht und vor den Rittern einhergeht wie der Mond vor den Sternen!‹« Voller Stolz und Überzeugung bewundert sie ihren Helden. Sein Glanz strahlt auch auf sie.

Damit ist die Phase des small talk zu Ende. Schon wieder diese unverhohlene Überheblichkeit. Für Brünhild, die einstige Kämpferin, ist das eine klare Provokation. Sie muß davon ausgehen, daß Gunther und nicht Siegfried der Größte ist. Schließlich hatte sie sozusagen keine Mühe gescheut, das herauszufinden. Warum sonst hatte sie diese zahlreichen Wettkämpfe veranstaltet. Brünhild also kann eine solche Bemerkung nicht durchgehen lassen. Ihre ganze bisherige aktive Imagepflege ginge damit zum Teufel. Sie hatte die Kämpfe ausgefochten, um ihren endgültigen Meister zu finden, und nicht, um sich hernach als selbsternannten Siegespokal in Frage stellen zu lassen. Sie hatte sichergestellt, daß, wenn sie schon selber nicht mehr die Erste und Stärkste sein sollte, sie doch wenigstens vom Stärksten und Mächtigsten bezwungen worden sein mußte. Ihr Mann Gunther hatte der König zu sein, der »über allen Königen« steht. Und sie war dessen Gemahlin, Kriemhild aber die Frau eines Unfreien.

Umgekehrt kann Kriemhild diesen Affront, Frau eines Unfreien genannt zu werden, nicht auf sich sitzenlassen. Sie weiß es ja besser. Doch hält sie sich zunächst, aus Loyalität dem Gatten und Bruder gegenüber, mit ihrem Wissen zurück. Schlau wiegelt sie lieber ab und betont nicht noch einmal Siegfrieds Überlegenheit, sondern – fürs erste – die Gleichrangigkeit der beiden Herren und somit auch die der beiden Angetrauten. Noch ist sie kompromißbereit. »Mein Mann ist so angesehen, daß ich mit gutem Grund seine Frau geworden bin. In vielen Taten hat er sich die höchste Ehre erworben. Glaube nur, er ist Gunther ebenbürtig.« Doch das gerade muß Brünhild bezweifeln. Sie insistiert darauf, daß ihr Mann Gunther der Mächtigere ist, Siegfried ihm Lehensdienste schuldig sei und sie, Brünhild, daher die ranghöhere Person von ihnen beiden. Ob dieses Hochmuts ihrer Schwägerin verliert nun Kriemhild die Gelassenheit und sagt zornig: »Heute wirst du merken, daß ich aus freiem Geschlecht bin und daß mein Mann mächtiger ist als deiner. Ich lasse mir das nicht bieten... Ich möchte doch wissen, ob ich nicht vornehmer bin als jede Königin, die jemals hier die Krone getragen hat.«

Das ist die Kampfansage. Austragungsort für den Showdown – der Platz vor dem Dom zu Worms. Die Ranghöhere wird mit separatem Gefolge als erste die Kirche betreten. So bestimmt es das Protokoll. Jede bereitet sich sorgfältig vor. Der Zeitpunkt naht. Brünhild, umringt von ihrem Gefolge, steht mit einigen Rittern vor der Kirche, unterhält sich mit ihnen. Auch das Timing will gekonnt sein. »Da kam Kriemhild mit ihrer prächtigen Schar. Alle Kleider, die Rittertöchter je getragen haben, waren ein Nichts vor Kriemhilds Gefolge. Sie war so reich, daß dreißig Königinnen nicht aufbringen konnten, was Kriemhild an Staat vorwies. Sie hätte es unterlassen, wenn sie nicht Brünhild hätte kränken wollen. Vor der Kirchentür trafen sie zusammen.« Kriemhild will nicht mehr allein durch Rang, sondern auch durch Schönheit und

Prunk übertrumpfen. Vor der Kirche verbietet ihr Brünhild »in scharfem Ton«, als erste die Kirche zu betreten, da sie schließlich eine Unfreie sei.

Das bringt das Faß zum Überlaufen. So gereizt, wird auch das bislang gehütete Geheimnis für Kriemhild zur Waffe. In aller Öffentlichkeit enthüllt sie, daß nicht ihr Bruder Gunther, sondern Siegfried Brünhild entjungferte. »Du hast mich zu deiner Dienerin erklären wollen, und du kannst sicher sein: ich werde deine Geheimnisse nicht mehr verschweigen.« Also spricht sie und verschwindet in der Kirche. »Strahlende Augen wurden trüb vor Haß.«

Fortsetzung nach dem Gottesdienst, wiederum vor der Kirche. Brünhild, »erschöpft von Kummer«, wartet und verlangt Beweise für die Anschuldigung. Darauf ist Kriemhild vorbereitet, sie zeigt ihr den Ring – »Das brachte mir mein Mann mit, als er bei Euch gelegen hatte.« Richtig, der sei ihr gestohlen worden, behauptet nun Brünhild. »Sie wurden immer erregter, und Kriemhild ereiferte sich: ›Ich lasse mich nicht des Diebstahls beschuldigen. Du hättest besser geschwiegen, wenn du etwas auf deine Ehre hältst. Daß ich nicht lüge, beweise ich mit dem Gürtel, den ich trage. Also war es doch mein Siegfried, der dich entjungferte.‹« Brünhild bricht in Tränen aus.

Nun erst werden von den besorgten Rittern die zur Diskussion stehenden Ehegatten auf den Plan zitiert; schließlich haben die beiden sich den Gewinn ihrer Liebsten jeweils viel kosten lassen. Die Herren bedauern das Vorgefallene, streiten es ab, wohlwissend, daß jede der beiden aus ihrer Sicht glauben muß, im Recht zu sein. Nun geht es auch um ihre Ehre. Siegfried schlägt ein Gentlemen's Agreement vor: »Frauen müssen so erzogen werden, daß sie übermütige Reden unterlassen. Verbiete es deiner Gemahlin, ich werde es meiner verbieten. Wahrlich, ich schäme mich ihres Benehmens.«

Zu spät. Die Damen spielen nicht mehr mit. Die Atmosphäre ist zu vergiftet. Nach dem erbitterten Gefecht mit Worten und äußerlichem Gepränge bezichtigt jede die andere des Hochmuts. Hochmütig hoffen sie den Kampfplatz zu verlassen. Doch mit der tiefen persönlichen Kränkung der jeweils anderen hat nun das männliche Geschlecht den Ehrenhandel zu übernehmen und fortzusetzen, um dessen Rang sie ohnehin als dessen Stellvertreterinnen streiten. Die Zeiten haben sich geändert. Brünhild kann es nicht mehr wie einst selber tun. Zwietracht herrschte jetzt auch im Gefolge und unter den Rittern. Einer, Giselher, versucht die Angelegenheit herunterzuspielen: »Das ist doch geringfügig, worum die Frauen sich streiten.« Doch dazu ging der Streit der Königinnen zu sehr unter die Gürtellinie, ist zu weit eskaliert: »Wegen des Streites zweier Herrinnen mußte mancher Held fallen.«

Und erstens kommt es anders

Marlu[1] ist eine sprühende Person, vital, strahlend, mit beachtlicher erotischer Anziehungskraft. Wenn ihr Mann in ihrer Hörweite lauthals um sie beneidet wurde, konnte sie dem guten Geschmack etwaiger Verehrer nur fröhlich zustimmen. Schon seit Teenagerzeiten scharte sie solch einen Chor von Bewunderern, einen »kleinen männlichen Harem«, um sich, ohne sich allzusehr auf die einzelnen einzulassen. »Es reichte, daß man mich mochte.« Diese Schar war vor allem nötig, um ihr Geltungsbedürfnis zu befriedigen; sie war ihr ein wichtiger Beweis, daß sie nicht übersehen wurde, wie sie seit Ankunft ihrer Schwester immer befürchtete. Denn damals, nach dem Ereignis, sie war sechs Jahre alt, fühlte sie sich vom Vater nicht mehr mit derselben Aufmerksamkeit bedacht wie zuvor. Seitdem tut sie etwas dafür, um möglichst im Mittelpunkt zu stehen.

Marlu war ein sehr früh entwickeltes Mädchen und bekam bereits mit dreizehn Jahren ihren ersten Heiratsantrag. Aber damit hatte sie nichts im Sinn, nicht mit dreizehn und auch späterhin eigentlich nicht. Eigentlich stand Berufstätigkeit auf ihrem Lebensplan, nicht Heirat und schon gar nicht Kinder. »Ich wollte nie zu Hause sein, nie! Hausfrau, Mutter sein, Kinder haben – das war für mich unvorstellbar.« Bis Marlu sehr früh genau in dieser Situation gefangen war.

In der Konkurrenz zwischen ihren Plänen und Wünschen und deren Realisierung siegte meist die andere Wirklichkeit, obwohl sie eine Kämpfernatur ist. Sehr vieles in ihrem Leben trat genau diametral entgegengesetzt zu ihren Plänen und Vorstellungen ein. Etwas hakte aus – sie weiß nicht was. Für sich selbst gewinnt sie oft genug nicht.

Von wegen »nicht heiraten«. »Kopfüber« hat sie sich in einen Arbeitskollegen verliebt. »Mein Kopf war total weg.« Wie noch nie zuvor. »Wir haben uns eine Woche gekannt. Und da war gleich die Planung. Ich kann es heute nicht mehr verstehen. Aber es war so. Er war gutaussehend, intelligent. Ich konnte mich mit ihm sehen lassen.« Eines Abends, nach nur ein paar Wochen des Kennens, machte er ihr einen Heiratsantrag. Noch am gleichen Abend hat sie ja gesagt. Welch ein Schock war es daher, Jahre später zu hören, daß ihr Mann, trotz dieser überschwenglichen ersten Zeit, bereits seit der Geburt ihres ersten Kindes, einer Tochter, fremdging. Das war zwei Jahre, nachdem sie geheiratet hatten. Wie konnte das ausgerechnet ihr passieren?

»Ich wollte immer die Erste, die Beste, die Schönste sein. Das wollte ich alles.« Für die typische Mädchenrolle – lieb, sittsam und bescheiden – fühlte Marlu sich einfach nie berufen. Sie wäre ohnehin ab dem Zeitpunkt, da es darum ging, die Welt zu erobern, lieber ein Junge gewesen. Ausgerechnet sie, die ausgesprochen weiblich aussieht, mit allen dazugehörigen Rundungen, die ihre Vorzüge auch zu präsentieren weiß. Rein körperlich hat sie sich Jungen nicht unterlegen gefühlt, ist nicht ängstlich, auch heutzutage nicht, obwohl sie nicht mehr Leistungssport macht wie früher. Sie versteht sich zu wehren, hatte nie Hemmungen, sich ordentlich zu streiten, laut zu werden. Sie ist eine stürmische Person, die Autoritäten erst einmal in Zweifel zieht, die sich widersetzt. »Ich wurde schon oft Flintenweib und Mannweib genannt, weil ich mir nicht die Butter vom Brot nehmen lasse.«

Schon als Baby, erzählte man ihr, habe sie viel geschrien. Marlu hat sich nie ruhigstellen lassen. Kein verschlossenes Kind zu sein, war sicher das Gute bei dem einschneidenden Erlebnis, das wohl bis heute nachwirkt: Sie war neun. Der Bruder ihres Vaters, damals neunzehn Jahre alt, lebte seit vielen Jahren in ihrer Familie. Und sie alle wohnten in der Sieben-Zimmer-Wohnung ihrer Großmutter. Die Kinder hatten Vertrauen zueinander, waren miteinander groß geworden. Beim abendlichen Rundgang zum Gute-Nacht-Sagen passierte es. Er zog Marlu in sein Bett. Sie ist rausgelaufen und hat »den ganzen Flur zusammengeschrien«. Zwar gab es anschließend zwischen dem Vater und dessen Bruder eine heftige Auseinandersetzung, aber nach außen hin sollte zunächst alles diskret behandelt werden. Bis sich die Mutter entschloß, den Mißbrauch zum Anlaß zu nehmen, endlich zu einer neuen Wohnung zu kommen. Marlu mußte zum Jugendamt und dort alles erzählend wieder nacherleben. Immerhin hatte Marlus Gebrüll bewirkt, daß nichts totgeschwiegen wurde. Aber erst in einer Therapie kam sie hinter die nachhaltige Wirkung dieses Erlebnisses.

Als erste schwere Kränkung empfand Marlu die Geburt ihrer sechs Jahre jüngeren Schwester. Damit wurde sie entthront. Bis dahin hatte sie im Zentrum aller Aufmerksamkeit gestanden. Aber sogleich mit der Ankunft der Schwester schickten sie die Eltern zu den Großeltern in Urlaub. Sie fühlte sich abgeschoben. Nach der Rückkehr erfolgte die Einschulung, was sie als zusätzliche Trennung empfand. Bis dahin war sie Papas Liebling gewesen, jetzt trat die kleine Schwester an ihre Stelle. Sie fühlte sich zurückgesetzt, sah die Schwester fortan als Rivalin. Und die verhielt sich entsprechend. Das Schwesterchen petzte alles, was die ältere Schwester tat, und war in späteren Jahren allenfalls durch Geld zum Mundhalten zu bewegen. Der Groll zwischen ihnen explodierte zweimal derart, daß beide bis heute Spuren davontragen. Marlu spürt noch immer die Narben durch eine ihr auf den Kopf gehauene Drahtbürste; sie selbst knallte der Schwester in einem Gespräch, von dem sie nur noch erinnert, daß keine nachgeben wollte, ein Spielzeugauto ihres Sohnes ins Gesicht. Auch diese Narbe ist heute noch sichtbar.

Auch in der Schule war Marlu aufmüpfig, wurde aber gerade deswegen zur Klassensprecherin gewählt, weil sie sich nicht scheute, sich notfalls bei der Schulleitung unbeliebt zu machen. Ein Drang, sich in Aktivitäten zu stürzen, selbst zu handeln, trieb und treibt sie noch heute. Sie läßt die Dinge nicht auf sich zukommen. »Du gehst ständig gegen Sachen an. Kannst du nicht einmal Sachen so hinnehmen wie sie sind«, ist ein Vorwurf, den sie oft genug zu hören bekommt.

Dann, während Marlus Pubertät, änderte sich in dem Beziehungsgeflecht ihrer Familie wiederum einiges. Auf einmal begann sie für den Vater erneut interessant zu werden. Vielleicht, weil sie anfing, der Mutter, die in jungen Jahren sehr gut ausgesehen hatte (dann aber in die Breite gegangen war), rein äußerlich zu ähneln. Jedenfalls machte es dem Vater Spaß, etwas mit ihr zu unternehmen, mit ihr auszugehen. Und so ging sie etwa mit dem Vater oder auch mit beiden Eltern, die nur rund zwanzig Jahre älter waren als sie selbst, tanzen. Der Vater forderte sie auf, ihn doch beim Vornamen zu nennen.

In etwa war damit die privilegierte Stellung aus Kindheitstagen zwar wiedergewonnen, und sie war froh, von neuem im Mittelpunkt zu stehen. Zu diesem Zeitpunkt wurden ihr aber Zusammenhänge kaum bewußt. Ihre Mutter fühlte sich jedoch durch sie, vermutet Marlu, zur Seite gedrängt und zog sich noch mehr zurück. Zumindest sieht Marlu das als mögliche Erklärung für deren Verhalten ihr gegenüber im Laufe der Jahre. Durch die erneute engere Beziehung zum Vater konnte sie sich aber endlich an der jüngeren, lange kindlich aussehenden Schwester rächen. Wollte die irgend etwas mitmachen, lehnte Marlu das rigoros ab. Bis heute hält die ihr das als »gemein« vor.

Marlu blieb trotz der Beziehungskurven eine Vater-Tochter. Überhaupt, sagt sie, hat sie Männer immer ernster genommen. Der Umgang mit ihnen fiel ihr stets leichter als der mit Frauen, vielleicht, weil sie selbst »keine rechte Identität« als Frau gefunden hatte, trotz ihres ausgesprochen weiblichen Aussehens. Aber auch vom Vater kriegte sie nur Anerkennung für ihre weibliche Attraktivität, nicht für das, was sie leistete. Sie aber kämpfte darum, als ganze Person akzeptiert zu werden, beim Vater, bei ihren Freunden, bei ihrem Mann. »Ich mußte immer kämpfen, damit ich wahrgenommen werde, sonst passierte gar nichts.«

Im Hinblick auf Leistung bestand zwischen ihr und ihrem Vater eine eher verdeckte Konkurrenz. »Mein Vater hat vermutlich immer Angst gehabt, seine Töchter könnten ihn übermannen.« Keine der späterhin drei Töchter wurde unterstützt, in der Schule gute Leistungen zu bringen. Daß Marlu eine gute Schülerin war, wurde wortlos hingenommen. Die Jüngste warf kurz vor dem Abitur das Handtuch. »Auch sie wurde nicht motiviert.« Mit Söhnen wäre der Vater vielleicht anders umgegangen. Vermutlich, sinniert Marlu, hat ihr Vater sogar Angst vor Frauen. »Ich denke, er hat Schwierigkeiten damit, wenn Frauen mehr erreichen, als er erreicht hat.«

Als Marlu zwanzig war, kündigte sich bei der Mutter unerwarteter Nachwuchs an. Die Mutter war krank, der Vater zu dem Zeitpunkt arbeitslos, eine Abtreibung termingerecht nicht mehr möglich, so daß die Mutter das Kind »mit einem Stück Wut« austragen mußte. Für diese kleine, ungewünschte Schwester übernahm Marlu weitgehend die Mutterstelle, schaute nach ihr, wenn sie nachts weinte, und ließ sie später bei sich wohnen. Der Mutter aber machte die Tochter, die selbst pünktlich die Pille nahm, Vorhaltungen ob deren nachlässiger Verhütungsmethoden.

Auf die Beziehung zur Mutter kommt Marlu von sich aus kaum zu sprechen. Als ob die Beziehung wie die Mutter selbst zweitrangig gewesen sei. Darauf angesprochen, entpuppt sich die Rivalität zwischen Mutter und Tochter als noch wesentlich heftiger als die zwischen Vater und Tochter: »Meine Mutter hat mich immer niedergemacht. Sie hat immer gesagt: du kannst nichts, du bist nichts, was willst du überhaupt? Also ich würde meine Tochter nicht unbedingt vor anderen schlechtmachen. Das aber ist mir passiert. Wenn ich Freunde mit nach Hause gebracht hatte, wurde denen als erstes erzählt, was ich nicht kann, oder wie ich bin. Daß ich keine Hausarbeit machen kann, daß ich weder kochen kann noch bügeln noch sonstige Sachen. Daß ich überhaupt unfähig bin, soundsoviel Männer hatte. Daß ich dazu neige, sehr selbstsüchtig zu sein und oft in den Spiegel gucke und solche Geschichten.«

Aber Marlu, die selten Hemmungen hat, sich mit anderen Leuten anzulegen, vermeidet Auseinandersetzungen mit der Mutter, deren Anerkennung noch schwerer zu kriegen ist als die des Vaters. Sie beläßt es ihr gegenüber bei verdecktem Groll. Gegenüber dem Vater wagt sie, den Mund aufzutun, sich zu behaupten. Dem eigenen Geschlecht gegenüber weniger. Schon als Kind, präzisiert Marlu den Groll, sei sie beispielsweise von der Mutter nie getröstet, auch innerhalb der Familie von ihr herabgesetzt, vor Angriffen des Vaters von ihr nicht geschützt worden.

Das Verhältnis war eher umgekehrt. Bei manchem Streit zwischen den Eltern meinte Marlu unberufen, die Mutter verteidigen zu müssen oder die Schlichterin spielen zu sollen. Denn Marlu hatte erkannt: Die Mutter war zwar eine dominierende Person, kam ihren Hausfrauenpflichten pünktlich nach, nahm sich aber dennoch gegenüber dem Vater immer zurück, setzte ihren Willen nicht durch und machte so sichtbar, daß ihre Bedürfnisse zweitrangig waren. »Wenn man sich selber unterdrückt, strahlt das ja auch aus. Man sendet Signale aus. Man ermutigt andere, sich auch so zu verhalten.« Schon als Kind versuchte sie hier ein Gegengewicht zu setzen und hoffte, durch ihren Einsatz für die Mutter zu einem gewissen Gleichgewicht zwischen den Eltern beizutragen. Sie hoffte sicher auch, sich damit ein Quentchen Anerkennung zu verdienen. Doch trotz dieser frühen Einsicht in das problematische Verhältnis ihrer Eltern zueinander imitierte Marlu letztlich deren geschlechtstypisches Verhalten später in ihrer eigenen Ehe – wider besseren Wissens und obwohl sie dieser Rollenverteilung außerhalb ihrer Ehe immer gegengesteuert hatte.

Bei den Auseinandersetzungen mit dem Vater, die möglicherweise sogar der Mutter wegen ausgetragen wurden, hatte Marlu oft den Eindruck, als ob sie der Mutter »gut zupaß« kamen. Wenn der Vater die Tochter bestrafte, dann »grinste sie hämisch«. Offenbar freute es sie, die meist zwischen Vater und Tochter herrschende Einigkeit endlich einmal gestört und in dem Moment die Rivalin ganz klar ausgeschaltet zu sehen. »Das ist bis heute so.«

Eindeutig war und ist die Mutter auf diese Vater-Tochter-Beziehung neidisch wie offenbar überhaupt auf Marlus Beziehungen zu Männern. Immer, sagt Marlu, habe die Mutter gegen die Tochter die Partei der männlichen Seite ergriffen. Auch als es in ihrer Ehe anfing, hart auf hart zu gehen, war für die Mutter alles klar: Sie mochte den Schwiegersohn sehr, ihre Tochter war die Böse. So wurzelt bei Marlu das Gefühl tief, von Frauen oft »allein gelassen« zu werden, die »Außenseiterin« zu sein.

Marlus Welten in der Vorstellung und in der Realisierung klaffen weit auseinander: Sie, die nicht hatte heiraten wollen, hat geheiratet; die keine Kinder haben wollte, hat zwei; sie, die sich als berufstätige Frau sah, blieb es nur kurz. Nach der Ausbildung zur Zahntechnikerin begann sie eine Versicherungslehre, da sie gegen einige Substanzen in der Zahntechnik Allergien entwickelt hatte. In der Versicherungsbranche traf sie ihren Mann, heiratete und wechselte beruflich noch einmal, nun ins datenelektronische Fach. Dort bot man ihr rasch eine leitende Position an, in der sie allerdings im Schichtdienst hätte arbeiten müssen. Zur selben Zeit wurde sie schwanger.

Das war die Wende in Marlus Leben. Die Ehepartner hatten bis zu diesem Zeitpunkt durchaus noch ihre jeweilig individuellen Freizeitinteressen weiterverfolgt. Ab sofort hätten sie aber wegen des Kindes und auch wegen Marlus Karriere ihre Freizeitaktivitäten aufeinander abstimmen müssen. Ihr Mann weigerte sich nicht nur. Er stellte ihr ein Ultimatum: Er war nicht bereit, abends auf das Kind aufzupassen. Wenn sie diese Position annähme, verlasse er sie. Erst jetzt rückte er mit seinem Credo heraus, mit dem er aufgewachsen war: die Frau gehört ins Haus. Erst jetzt bemerkte Marlu, daß er grundsätzlich gegen eine berufliche Arbeitsteilung eingestellt war. Eine Abtreibung brachte sie nicht übers Herz. Sie verließ die gynäkologische Praxis unverrichteter Dinge, »obwohl ich angenommen hatte, das mache ich mit links«. Sie hatte ja keine Kinder haben wollen. Jetzt bekam sie eins.

Die Geburt des Babys war kompliziert. Sie hörte, ganz wie ihr Mann Olaf erwartete, mit der Arbeit auf und reagierte sofort mit Symptomen auf die unerwünschte Situation. Sie bekam Depressionen, hatte Magen- und Darmprobleme. Was er für sich hatte abwenden wollen, nämlich abends allein mit dem Kind zu Hause sitzen zu müssen, war nun ausschließlich ihre Aufgabe. Er verfolgte seine Freizeitaktivitäten weiterhin. Sie saß allein zu Hause, war isoliert; es sei denn, es gelang ihr mal, eine Kinderbetreuung aufzutreiben. Er blieb nachts oft ganz weg oder kam spät angetrunken nach Hause.

Wie Marlu erst viel später erfuhr, begann ihr Mann schon in dieser Zeit in seiner früheren Firma eine Beziehung zu einer anderen Frau. Außerdem gründete er mit Kollegen eine Micro-Verfilmung. Ausgangspunkt für weitere mannigfaltige Außenbeziehungen. Marlu arbeitete dort etwas mit, wurde aber rasch rausgedrängt, weil sie, wie sie auch erst später erfuhr, in dem bewegten Geschäftsleben störte, wenn die Herren etwa miteinander in Bordelle loszogen. Auch in dieser Firma hatte ihr Mann bald »griffbereit« eine Freundin, wie ihr Jahre später erzählt wurde.

Die Verantwortung, die ihr Mann in der Firma immer zu tragen bereit war, hat er zu Hause nie übernommen, sagt sie. »Er hätte, ebenso wie ich, nie heiraten dürfen. Ohne Kinder wäre es vielleicht gelaufen. Nur mein Leben hat sich durch die Kinder verändert, seins nicht.« Er aber wollte noch mehr Kinder haben. Er wußte, das ist ihr schwacher Punkt, darüber ist sie zu binden, zu Hause festzuhalten, dann findet er abends, nachts bei seiner Heimkehr keine leere Wohnung vor. »Wo er doch so schwer allein sein kann.« Sie ließ sich schließlich sterilisieren, aber erst nachdem noch ein Sohn auf die Welt gekommen war, ein Kind, dessen Abtreibung sie wiederum nicht fertigbrachte.

Zu diesem Zeitpunkt verschlechterte sich die Ehe zusehends. Marlu konnte die Rolle der wartenden Ehefrau nicht länger aushalten. »Ich habe mich gerächt.« Mehrfach tat sie genau das, was ihr Mann ihr seit Jahren vormachte – alles stehen- und liegenlassen. »Ich habe gesagt, was du kannst, kann ich lange.« Mit Freunden ist Marlu »durch die Gegend gezogen«. Das nötige Geld für solche Exkursionen gab er ihr, würde das wohl heute noch tun, wenn sie nicht inzwischen das Handtuch geschmissen hätte. Zumindest Geld war zwischen ihnen kein Problem. Ihres Mannes wegen hätte sie ja nie arbeiten »müssen« oder sollen. (Erst seit ein paar Jahren, seitdem ihres Mannes Argumente nicht mehr zählen, arbeitet Marlu wieder auf Teilzeitbasis, als Verkäuferin in einem großen Kaufhaus. Dort, sagt sie, arbeiteten die Frauen deshalb gegeneinander, »weil der Chef ein Mann ist«. Um sich bei ihm beliebt zu machen, versuchte jede, auf subtile Art besser abzuschneiden, schicker auszusehen...)

Dann stand ein Kurzbesuch in Berlin auf Marlus Programm, daraus wurde ein halbes Jahr. Es war ihre »flippige Zeit«. Sie konnte sich frei bewegen, hatte viele Freunde, arbeitete in einer Töpferwerkstatt mit. »Am liebsten wäre ich nie wieder zurückgegangen.« Mit den Kindern telefonierte sie dann und wann, Schwieger- und Tagesmutter sorgten für sie. Aber was sie eigentlich mit ihrem Unternehmen vereiteln wollte, daß ihr Mann abends ständig ausging und sich nicht kümmerte, gelang ihr nicht. Er lebte weiter wie bisher. Konnte sich das auch leisten, weil ihm hilfreiche Frauen assistierten. So half ihm etwa eine ihrer guten Freundinnen, auch nachts. Anschließend besuchte sie sie in Berlin. Auch die mit ihr schon immer rivalisierende Schwester versuchte in dieser Zeit, ihren Mann zu kapern. »Die konnten sich vorher gegenseitig nicht ab. In der Zeit, als ich weg war, konnten sie plötzlich sehr gut miteinander. Für meine Mutter war ich auch ein rotes Tuch, weil ich meine Kinder verlassen habe, was man als Frau nicht tut. Es haben sich alle mehr oder weniger gegen mich verbündet, bis auf meinen Vater. Er fand das nicht in Ordnung und meinte, Olaf trifft auch einige Schuld. Und zu seiner Frau sagte er, ›das hättest du vielleicht auch machen sollen, einfach mal deine Sachen packen. Du bist ja nur neidisch.‹« Wenn sie nicht immer parat gewesen wäre, hätte »ihm das auch gutgetan«. In der Krise beleben und wiederholen sich die Muster alter Rivalitäten und Bündnisse aufs neue.

»Wegen meines schlechten Gewissens bin ich wieder zurückgekommen.« Die Kinder (damals acht und zwölf Jahre alt) klangen am Telefon immer unglücklicher. Mit ihnen hatte Marlu nach ihrer Rückkehr doppelt und dreifach zu tun. Die Tochter verbündete sich mit dem Vater und überschüttete sie mit Vorwürfen. Der Sohn wurde schlecht in der Schule. Zu dritt haben sie viel über das Vorgefallene geredet, tun das noch heute, acht Jahre später. »Für die Kinder waren wir beide unzuverlässig. Ich wollte meinen Mann bestrafen und habe meine Kinder bestraft. Aber ich hatte das Gefühl, mich nicht mehr wehren zu können. Ich wollte immer noch, daß er sich ändert.«

Marlu kann sich ihr eigenes Verhalten ganz gut erklären, weiß, warum sie zu solchen Aktionen wie damals fähig ist, was Wutanfälle auslöst. »Sowie ich kein Oberwasser mehr habe, kann ich über Sachen weggehen, auch verbal, indem ich agiere, nach vorne gehe. Dann spürt man sich nicht mehr, spürt seine Angst nicht mehr.« Einer Lösung der Probleme kam sie dadurch freilich nicht näher.

Hingegen bewirkte ihre Flucht nach vorne bei ihrem Sohn, daß er das Muster seines Vaters wiederholt. Er erwartet von einer Frau, versorgt zu werden. »Er will eine präsente Mutter, weil er sich allein gelassen fühlte. Und ich fühle mich vom nächsten männlichen Wesen gekascht.«

Von den Affären ihres Mannes erfuhr sie eher durch Zufall, keinesfalls durch Geständnisse seinerseits, denn »er hatte auch Angst vor mir«, obgleich sie ihm gegenüber nicht in der Lage war, wirklich Paroli zu bieten. Da reagierte sie eher im Kleinformat. Jedweder Service für den Herrn Gemahl unterblieb hinfort. In den letzten zehn Jahren bügelte sie keine Hemden mehr, kochte kaum noch. Aber da sie sich mit ihrem Mann nicht auseinandersetzen konnte, versuchte sie wenigstens über ihre Nebenbuhlerin Klarheit zu gewinnen.

In einer Kneipe hat sie sich mit ihr, einer ehemaligen Lehrerin, getroffen. Zunächst war Marlu verblüfft, wie ähnlich sie ihr war. Ein Grund, um sie von vornherein ernst zu nehmen. »Sie fragte mich, ob ich mich trennen wollte. Und ich sagte, ja, das wollte ich, und merkte – nein, das will ich nicht. Weil ich dachte, und die will er nun haben. Sie war so ein ähnlicher Typ, so ein bißchen flippig. Gefiel mir eigentlich recht gut. Das war genau der Punkt. Ich habe mich anschließend tierisch gefreut, daß sie nicht zusammengekommen sind. Ich gönnte ihm die nicht.«

Einer Rivalin, der gegenüber sie sich überlegen fühlte, hätte sie ihren Mann vermutlich eher abgetreten. So drohte die Trennung zu einer persönlichen Niederlage zu werden, in der eine andere ihr nicht nur den Mann nahm, sondern ihr auch die Kinder und das Gefühl von Überlegenheit streitig machte. »Ich glaube, da stand dahinter: Sie könnte ja besser sein als ich im Gesamtbild, dann wäre ich ja nicht mehr die einzige. Denn ich möchte bis heute, daß er mich mag, daß er mich als d i e Frau ansieht« – sagt Marlu, die gerade wenige Tage zuvor endgültig geschieden wurde.

Außerdem befürchtete sie damals, die Liebe ihrer Kinder zu verlieren, wenn sie gegenüber dieser Frau nicht ihre Ansprüche anmeldete. Denn auch die Kinder mochten die Frau bereits. Daß ihr Mann versuchte, die Kinder auf seine Seite zu ziehen, indem er die Mutter vor ihnen schlechtmachte, hat ihre Eifersucht verstärkt. Olaf bezeichnete sie als »männermordende Schlampe«, nur weil sie, sagt Marlu, »das gleiche machte wie er«.

Die Rivalin trennte sich damals auf Grund ihres Gesprächs von Olaf. Marlus Ehe hielt durch die Konfrontation mit dieser Frau – nicht mit dem Ehemann – länger, als sie zu dem Zeitpunkt eigentlich beabsichtigt hatte.

Linda, die jetzige Freundin ihres Ex-Mannes, existiert schon seit der Zeit ihres Berliner Zwischenspiels. Linda aber wünscht keinen Kontakt zu ihr, vermutlich aus Angst, schätzt Marlu. Bis zu einem bestimmten Grad kann sich Marlu damit ihr gegenüber überlegen fühlen. Trotzdem: Beide sind auf die Situation der anderen neidisch. Linda lebt eigentlich das Leben, wie Marlu es sich vorgestellt hatte. Sie war immer selbständig, berufstätig und verdient als Chefsekretärin sehr gut. Sie war verheiratet und hätte gerne Kinder gehabt, nur wollte ihr Mann keine. Marlu hat Kinder, dafür aber keine berufliche Laufbahn, wie sie ihr vorgeschwebt hatte.

Von Linda allerdings muß Olaf jetzt auch ertragen, was er schon bei Marlu unerträglich fand: daß sie Dinge allein unternimmt, etwa zum Skifahren fährt. Er mag noch immer nicht gerne allein sein. Aber wenn sie in der Stadt ist, läßt er sie auf sich warten, wie ehedem Marlu. Mit Linda hat Marlu es zu keiner Konfrontation kommen lassen. Ihr gönnt sie offenbar den Ex-Mann, wahrscheinlich, weil sie sich von ihr doch nicht total ausgestochen fühlt, weiß, worum sie von Linda beneidet wird.

Durch die Therapie, in die sich Marlu schließlich begeben hat, wurde ihr einiges klar über sich und ihr Verhältnis zu Frauen. Durch ihr früh eingeübtes forsches Auftreten war sie anderen Frauen oft einfach zu aggressiv. »Frauen haben häufig in mir die Rivalin gesehen. Das war mir damals nicht bewußt.« Aber ihr Außenseiterdasein war auch gewollt, sie wollte gar nicht die stets Liebenswürdige sein, »wollte nicht wie die schwächeren Frauen sein«. So reizte sie nicht nur durch ihr Äußeres andere Frauen dazu, in ihr eine Gegnerin zu sehen, sondern auch, weil sie Männern ohne weiteres Paroli bieten konnte. »Die Frauen konnten es nicht ertragen, daß ich das tue.« Zum Teil, weil sie sie um diese Fähigkeit beneideten, zum Teil, weil sie sie für unangemessen, unweiblich hielten.

Marlu ihrerseits beurteilte andere Frauen eher aus dem traditionellen männlichen Blickwinkel: »Ich habe Frauen alles mögliche zugeordnet, genau das, was die Männer den Frauen zugeordnet haben: kein Durchsetzungsvermögen, Schwäche und nicht das zu tun, was sie wirklich wollen.« Was genau die Eigenschaften sind, die sie selbst zwar überall, nicht aber ihrem Mann gegenüber einsetzen konnte. Für ihn war sie die Frau aus männlichem Blickwinkel.

Erst in der Therapie entdeckte sie, daß andere Frauen nicht so waren wie ihr Eindruck von ihnen, sondern daß diese sehr stark auf ihr Auftreten reagierten. Ihr wurde gewahr, daß sie »eine Ausstrahlung hatte, mit der Frauen schlechter umgehen konnten«.

Daß auch andere, nicht nur ihre Mutter, in ihr die potent forsche Rivalin sahen, gegen die schwer anzukommen war. »Erst nach der Frauengruppe und der Therapie trauten sich Freundinnen, mir Sachen zu sagen, die sie vorher ausgeklammert hatten.« Erst seitdem kann sie ihr Frausein mehr zulassen. »Aus heutiger Sicht ist es so: Wenn ich mich nicht in den Mittelpunkt stelle, habe ich es weitaus bequemer.« Wenn sie nicht immer über andere kleine Siege erringen muß, grenzen die sie auch weniger aus. Allerdings macht Marlu die neue Rolleneinübung noch immer gewisse Schwierigkeiten.

Das Gefühl, das hochwallte, als sie ihrer erwachsenen Schwester das Spielzeugauto ins Gesicht knallte, interpretiert Marlu als verspätete Wut oder Rache dafür, daß früher deren »Kleinsein« sie zu ständiger Rücksicht, wenn nicht Hilflosigkeit verdammt hatte. »Das gleiche Gefühl habe ich heute noch in Auseinandersetzungen mit Frauen. Wenn ich spüre, sie haben Schwierigkeiten sich auseinanderzusetzen, wenn sie die Hilflosen spielen. Ich bin so lange drauf reingefallen, habe Rücksicht genommen, mich und meinen Standpunkt und meine Kraft zurückgenommen. Habe sie anderen gegenüber verteidigt, wenn sie es selber nicht konnten. Früher bin ich drauf eingestiegen.« Heute nimmt sie vielen Frauen die Hilflosigkeit einfach nicht mehr ab. Solche »zimperlichen« Frauen machen sie wütend. »Heute sage ich eher, so hilflos wie du tust, bist du doch gar nicht.« Marlu dagegen kann jetzt bewußt auf den einen oder anderen Sieg verzichten.

Märchenprinz gesucht

Keine sucht ernsthaft den Märchenprinzen. Jede sucht ihn. Keiner soll die Tarnung bei dieser Suche ganz genommen werden. Deshalb mußte Erika Mustermann (allen wohlbekannt, seitdem es den neuen Personalausweis gibt) endlich ihre geheimen Hoffnungen enthüllen.

Nein, die Spezies Märchenprinz ist noch nicht im Aussterben begriffen und auch nicht die Hoffnung vieler Frauen, einem solchen Traumgebilde irgendwo, irgendwann endlich zu begegnen. Es kommt zwar in seiner reinsten Ausgestaltung nur noch vereinzelt vor, aber zwischendurch lassen sich doch immer wieder wahre Prachtexemplare ihrer Art bewundern: prächtig anzusehen, gestylt in feinen Designer-Klamotten, publicityträchtiger Beruf, gute Adresse, ein hochzylindriges Gefährt. Alles wie im Film. Was solch einem Märchenprinzen nur noch zu seinem Glücke fehlt, ist eben *sie*, das passende weibliche Gegenstück zum Vorzeigen, jung, beautiful, attraktiv, vielleicht mehrsprachig, auf jeden Fall sehr versiert im Umgang mit weltläufigen Menschen, die perfekte Gespielin und Gastgeberin, was zum Herzeigen.

Daneben gibt es auch noch etwas schlichtere Ausführungen dieser Gattung Prinzgemahl, für den nur leicht heruntergeschraubten Anspruch. Ob in dieser oder jener Fassung, die Prinzessin in spe hofft, daß sie *ihn* irgendwann im Leben trifft und daß er sie erlösen werde von der Anstrengung, immer selbst das Portemonnaie nachfüllen zu müssen. Denn was die gefährdete Spezies insgesamt auszeichnet, ist ihre absolute Bereitwilligkeit, ihrer Angebeteten ein sorgenfreies, an gediegenem Luxus bequem ausgestattetes Leben zu finanzieren, wenn sie nur Glanz und Glorie seiner Person verstärken hilft.

Es wäre ja gelacht, schließlich haben nicht nur Dornröschen, Schneewittchen, Aschenputtel und Sylvia Sommerlath ihren Prinzen gefunden, in allen Gazetten sind solch wunderschöne Begegnungen beschrieben. Da muß doch noch irgendein Exemplar, zur Not eben die schlichtere Ausgabe, für Erika Mustermann aufzutreiben sein. Alle männlichen Objekte, die ihr so über den Weg laufen, pflegt sie auf ihre möglichen Märchenprinzenqualitäten hin zu untersuchen. Vor allem, ob sie die richtige Einstellung zur Frau haben. Und sie muß inzwischen zugeben, daß viel Ausschuß unterwegs ist, der für die zugedachte Rolle überhaupt nicht taugt. Goldene Prinzen sind rar. Und die weibliche Konkurrenz schläft auch nicht. Deshalb sucht sich Erika die Freundinnen für solche Jagdszenen sehr sorgfältig aus. Die sollen ihr sozusagen assistieren, dürfen ihr aber beileibe nicht ins Gehege kommen. Im übrigen hat sie auch da ihre Methoden, das zu verhindern. Bei einem raschen Vergleich muß sie klar als die Hübschere, Witzigere aus dem Schnelltest hervorgehen, damit im Falle eines Falles sie als eindeutige Siegerin feststeht. Sie wird sich bestimmt nicht die Butter vom Brot nehmen lassen. Nun ja, zu häßlich darf so eine Freundin auch nicht sein. Das kann unter Umständen wenig positiv auf sie selbst reflektieren, sie könnte auf Grund der Freundin gleich mitübersehen werden. Noch sollte es eine dümmliche Person sein, zum einen, damit sie sich selber nicht langweilt, falls nichts läuft, zum anderen fürchtet sie auch da eine Ansteckungsgefahr. Sich die richtigen Begleiterinnen auszusuchen, schon allein darin liegt der halbe Trick.

Sollte sie endlich auf ihre große Liebe treffen – die muß es selbstverständlich sein, drunter tut sie es nicht –, wird sie übrigens auch kleine Beeinträchtigungen durchaus in Kauf nehmen. Sie ist zu Zugeständnissen bereit. Auch Erika Mustermanns Vater, nur ein mittlerer Beamter zwar, war lebenslang bemüht, es seiner Gattin und den beiden lieben Kindern an nichts fehlen zu lassen. Und seine Frau hatte es auch nie nötig, zu arbeiten. Er war stolz darauf, daß er ihr das bieten konnte. Gott sei Dank hatte Mutter auch gar keine Lust dazu, im Haus war schließlich schon genug zu tun. Und Papi, wenn er nach Hause kam, sollte nach all seiner Anstrengung ein gemütliches Heim vorfinden, das war sie ihm schuldig, fand Mutti. Obwohl, erinnert sich Erika, so dann und wann mäkelte sie doch an ihrem Göttergatten ein bißchen herum, meinte, nun sei aber endlich mal eine Beförderung fällig; ständig das Geld so einteilen zu müssen, immer nur im Schwarzwald Urlaub machen, und sie möchte auch mal nach Teneriffa und sich so schöne Klamotten leisten können wie Frau Krause. Nun, bei allem Respekt für den lieben Papa, mindestens ein, zwei Nummern größer sollte ihr Traummann schon ausfallen, findet Erika.

So war das einmal... und – siehe die Eltern Mustermann – beileibe nicht nur im Märchen. Und sie lebten lange und glücklich bis an ihr Lebensende (von ein paar kleinen Abstrichen einmal abgesehen). Das liegt auch noch gar nicht lange zurück. Ist es überhaupt Vergangenheit? Viele Mütter und die meisten Großmütter leben doch genau so, nach althergebrachter Weise, wie es sich gehört. Warum sollte das heutzutage also nicht mehr möglich sein? Weshalb sollte sich Erika Mustermann über Gebühr anstrengen, wenn sich doch jemand finden läßt, der ihr so ein Leben bietet?

Freilich stört es, daß in den einschlägigen Blättern nach all den hinreißenden Liebesgeschichten über so eine Lady und ihren Prinzen dann plötzlich auch Stories über verstohlene Seitensprünge oder böse Trennungsgefechte zu lesen sind. Aber davon läßt sich Erika Mustermann nicht irritieren, dazu wird sie es nie kommen lassen. Die haben halt irgend etwas falsch gemacht, können nicht mit Männern umgehen. Mit ihrem Traumprinzen wird es auf immer und ewig klappen, denn sie versteht, die Männer um den kleinen Finger zu wickeln. Und Kinder will sie haben, vielleicht zwei (es gibt heute so hinreißende Baby- und Kindermoden), damit es nicht zu viel und auch nicht zu wenig Arbeit macht und der Gatte nicht womöglich auf die Idee kommt, sie suche sich besser auch außerhalb des Hauses eine Beschäftigung.

In Stunden zum Träumen hat sich Erika Mustermann das alles bereits schön ausgemalt. Weshalb also, nach Lage der Dinge, allzu ehrgeizige berufliche Pläne entwickeln? Für die paar Jahre, spätestens bis sich Nachwuchs anmeldet, lohnt das doch nicht. Nur, derweil Däumchen drehen, geht auch nicht, wäre zudem langweilig. Und sie sollte sich schon einen Job aussuchen, der die Chance bietet, zumindest die richtige Art Männer zu treffen, solche mit Prestige und Kohle. Wenn sie beides noch nicht sofort vorweisen können, dann zumindest in absehbarer Zukunft. Insofern lohnten sich vielleicht sogar einige Semester an der Uni. Oder sollte sie bis dahin nicht doch lieber Geld verdienen? Wenigstens soviel, daß sie sich etwas leisten, sozusagen die richtige Ausrüstung für das Unternehmen »Suche nach dem Märchenprinzen« finanzieren kann: schicke Klamotten, Kino- und Disco-Besuche, die eine oder andere schöne Reise, vielleicht auf einer Art Traumschiff, auch da können Prinzen zu treffen sein.

Erika Mustermann ist zwischen diesen vielen Möglichkeiten noch hin- und hergerissen. Das allerbeste wäre natürlich, wenn sie entdeckt werden würde. Eine Traumkarriere wie Claudia Schiffer zu erleben, überall auf den Titelbildern, unterwegs mit den rich and famous people, das würde ihr liegen. In solch einer Situation träfe sie sicher Traumprinzen en masse. Und stünde wahrscheinlich vor der Qual der Wahl. Schwierig. Auf der einen Seite hätte sie dann ja selbst so ein dickes Konto, daß das Versorgungsinstitut Ehe fast überflüssig würde und sich so ein Typ ganz schön anstrengen müßte, bevor er ihr imponieren könnte. Auf der anderen Seite sind die Jahre, in denen man sich sozusagen selbst als Aktie auf den Markt werfen kann, im Falle von Claudia Schiffer besonders hoch gehandelt, zählbar. Nur, Erika Mustermann muß zugeben, ganz so umwerfend wie diese Frau sieht sie auch nicht aus. Dann wiederum – man ist ja immer ganz überrascht, wie durchschnittlich die Models ungeschminkt und ungestylt aussehen. Aber genauso wird sie die Sache angehen, als eine Art aus Versehen noch nicht entdecktes Model. Das sind die besten Voraussetzungen: Mit der richtigen Aufmachung, dressed to kill, mit ihrem attestierten unwiderstehlichen Charme wird sie dem heißen Typ schon den Kopf verdrehen. Sie weiß schließlich, was sie will.

Erika Mustermann kann von sich sagen, daß sie ohnehin schon immer besser mit den Männern ausgekommen ist als mit Frauen. Irgendwie liegen ihr Frauen nicht so richtig. Die sind oft so zickig – also das muß sie einfach mal so sagen, obwohl sie selber eine Frau ist. Durch und durch Frau sogar, sie mache sich wahnsinnig gern hübsch, zum Glück ist sie da von der Natur entsprechend ausgestattet worden, habe, wie gesagt, den nötigen Charme und genieße es, wenn sich die Leute nach ihr umdrehen. Und im übrigen habe sie einfach Sinn für Mode und Styling. Also, wenn sie sich da so manch andere verunglückte Gestalten ansehe, keine Figur, ein Gesicht zum Erbarmen und dann noch nicht einmal das kleinste bißchen Geschmack, kein Wunder, wenn die keinen abkriegen.

Ihr Geheimnis bei den Männern? Die fliegen einfach auf sie. Sie hat eben dieses gewisse Etwas. Im Bett vor allem. Na ja, solche Dankadressen lassen sich schlecht an die große Glocke hängen, aber das haben ihr schon viele gesagt. Sie weiß, was Männer wünschen. Und sich vor dem großen Liebesglück ein bißchen umschauen zu können, ist schließlich im Vergleich zu Großmutter Mustermann ein echter Vorteil.

Und da kommen nun diese Spielverderberinnen, die Feministinnen daher, und sagen den Männer in einer Weise den Kampf an, daß viele Prinzen es mit der Angst kriegen und das Weite suchen. Im wahrsten Sinne des Wortes. Die schließen von ein paar gräßlichen Emanzen, die den Männern alles streitig machen wollen, auf alle Frauen. Also diese Frauen, die selber Karriere zu machen gedenken und deswegen regelrecht gegen die Männer zu Felde ziehen, die vermasseln doch auch gleich allen anderen Schwestern, die die Karriere noch immer gerne dem Mann überlassen, jede Planung. Kein Wunder, wenn sich die Männer angesichts solcher Kratzbürsten abwenden und Pflegeleichteres aus fernen Ländern für die häusliche Waschmaschine suchen, etwa aus dem fernen Osten oder auch aus Polen. Denn wenn sie überhaupt noch Lust verspüren, den Ernährer einer Familie abzugeben, den idealen Gatten, dann mit einer anschmiegsamen Frau. Eine, die nicht aggressiv ist, eine, die sie bekocht, umsorgt, die sich freut, wenn er sie mit nach Mallorca nimmt, und die nicht statt dessen auf die Bahamas will, kurzum einfach eine, die einen Traummann als solchen zu schätzen weiß.

Nun, Erika Mustermann kann die Männer ohne weiteres verstehen, wenn die in bezug auf die Gattenrolle vorsichtig auf Abstand gehen. Vor allem bei Frauen – es müssen noch nicht einmal diese Emanzen sein –, die ständig Widerworte geben. Solche Frauen, die Männern schonungslos ins Wort fallen, alles besser wissen und einfach nicht gelten lassen, was sie sagen, die intellektuell immer noch eins drauf setzen müssen, in abstrakten Diskussionen mit Männern zu konkurrieren wagen – alle diese Weiber kann Erika

Mustermann schon gar nicht ausstehen, so was von uncharmant, regelrecht unweiblich. Sie selbst hält sich da stets zurück. Auch wenn sie im Gespräch mal eine andere Meinung hat als der Typ (schließlich ist sie auch nicht blöd), dann muß sie ihm das ja nicht unter die Nase reiben und ihn dumm dastehen lassen. Ein bißchen Zurückhaltung steht einer Frau immer noch gut an, und sie kommt damit viel weiter als diese Flintenweiber mit ihrer rabiaten Masche.

Wenn Erika Mustermann irgend etwas haben möchte, dann ist doch klar, daß sie andere Methoden zur Verfügung hat als die mit dem Holzhammer. Da hat sie so über die Jahre schon ihre Strategien entwickelt, alle an Papa Mustermann und einigen Liebhabern erfolgreich getestet. Insofern kann sie auch das Gerede nicht verstehen, daß Frauen nicht strategisch denken können. Aber sicher können sie das, sie veröffentlichen ihre Strategien nur nicht, denn dann könnten sie unwirksam werden.

Ihr augenblicklicher Freund hat einige ganz passable Märchenprinzenqualitäten, vor allem die beste – er ist wohlbetucht; nur ist er möglicherweise noch nicht ganz der Richtige, weil sie einfach zuviel Überredungskünste braucht, mit Engelszungen reden muß, bis er von dem schönen Geld auch mal was ausgibt. Sie kann dazu viele gute Ideen anbieten, aber bis sie diesen Beinahe-Prinzen beispielsweise zum Besuch eines teuren Restaurants überreden kann (sie selbst kann es sich nicht leisten, aber für ihn ist das ein Klacks), vergeht ihr schon fast wieder der Appetit. Sich vorzustellen, sich von ihm jede müde Mark abholen zu müssen... da könnte auch sie fast auf die Holzhammermethode verfallen. Aber noch hat er den endgültigen Märchenprinzentest weder bestanden noch ist er durchgefallen; weder seine noch ihre Reaktionen kann sie schon richtig abschätzen. Und da wird sie einen Teufel tun, hier die Pferde scheu zu machen, solange sie ihn noch nicht ganz abgeschrieben hat. Falls sie ihn aber das Rennen machen läßt, dann sollte sie für alle Zeit ausgesorgt haben.

IV

Selbstbestimmt, nicht fremdbestimmt

Erinnern Sie sich an den Medienrummel, als die Bundestagsfraktion der Grünen im Frühjahr 1984 ausschließlich Frauen zu Mitgliedern des Sprecherrats und der Fraktionsgeschäftsführung wählte, u. a. – wie es hieß – »die außerhalb der Grünen weithin unbekannten Antje Vollmer und Waltraud Schoppe«? Tenor: sensationell, abenteuerlich, gewagt, ein Gremium der Politik oder Wirtschaft mehrheitlich, in diesem Fall ausschließlich, mit Frauen zu besetzen. Frauen in der Politik waren bislang doch allenfalls Einzelerscheinungen. Oder dann: Vom März 1989 bis Januar 1991 gab es in Berlin (West) ein für Medien und allgemeine Öffentlichkeit besonders attraktives Gehege in der rot-grünen Regierung zu bewundern, darin acht Senatorinnen. Das Revier direkt nebenan, mit nur fünf Senatoren plus Regierendem Bürgermeister, war dagegen vergleichsweise uninteressant, obwohl sie die wichtigeren Ministerien okkupierten. Bestaunt wurde die weibliche Spezies wie weiland ein neu aus China eingeflogener Pandabär im Zoo von Washington. Was machen sie denn, die Hübschen? Was haben sie an, wie treten sie auf, mit wem? Ach, und sie frühstücken gemeinsam? Was sie da wohl bereden werden?

Anke Martiny, eines der berufenen exotischen Exemplare, hat die Art der hochgestimmten Erwartungen beschrieben, die den Senatorinnen allenthalben begegnete.[1] »Waren wir ›wie Männer‹, dann sprach eigentlich nichts fürs Feminat, denn dann konnte man ja beim Bewährten bleiben. Waren wir anders, dann mußten Mann wie Frau genau prüfen, ob die Andersartigkeit eine Verbesserung bedeutete und vor allem, ob die Verbesserung weit genug ging und wirklich wesentlich war.«

Frauen in größerer Zahl in höheren Positionen, das war und erscheint immer noch als anormal. Sie wurden und werden einem besonderen Härtetest unterworfen. Mit ihnen ist es auf keinen Fall business as usual. Das Maß und die Richtung an Aufmerksamkeit werden seltsam verschoben. Man/frau erwartet die andere Politik und richtet den Blick neugierig doch lieber auf gewisse äußerliche, possierliche Eigenheiten als auf das, was zum Beispiel an allgemein politischen und an frauenfördernden Maßnahmen von den einzelnen in Angriff genommen wurde. »Den Frauen gingen sie nicht weit genug, die Journalisten fanden nichts Spektakuläres daran.« Also wurde das, was die Senatorinnen von Amts wegen politisch in die Wege leiteten, auch nicht mit besonderer Beachtung gewürdigt. Schlagzeilen brauchen anderes Futter.

Mit der Wende wurde der Terminplan jeder einzelnen vollends hektisch, wie Anke Martiny schreibt. Es gab »keine Zeit für visionäre Zukunftsentwürfe«. Auch in Bonn oder Berlin suchte man vergebens danach. »Komischerweise aber wurden gerade wir Frauen in der Politik öfter nach Visionen und Konzeptionen gefragt.« Dahinter steckte wohl die unausgesprochene Erwartung, daß das andere Geschlecht, sobald man ihm großzügig die Teilnahme an politischer Macht einräumt, sozusagen aus dem Stand den ganz anderen Politikentwurf präsentieren, die Strukturen neu erfinden könne.

An derart exponierten Beispielen wie den Berliner Senatorinnen werden die selbstverständliche Norm und die Ausnahme deutlich: Es zeigt sich einmal mehr, welche Rarität Frauen im Rampenlicht der Macht noch immer darstellen. Insofern ist es auch gar nicht erstaunlich, daß – mit einer Ausnahme – keine der Senatorinnen über eine »Hausmacht« verfügte, wie Anke Martiny berichtet. Wie hätten sie die in der Kürze der Zeit auch etablieren sollen. Alle hatten wenig Verwaltungserfahrungen.

An die einzelne Alibifrau im Aufsichtsrat, im Kabinett, im Direktorium – an dieses Beweisstück für den Fortschritt, die Emanzipation – hat sich die Öffentlichkeit mittlerweile gewöhnt. Darüber läßt sich fast vergessen, daß sich die Gesamtstatistik in den Führungsetagen noch wenig verändert hat. Inzwischen muß schon etwas mehr »Masse« aufgeboten werden, um sich als Organisation, Partei etc. noch gleichermaßen als fortschrittlich auszeichnen zu können – wenn das denn die Absicht ist. Nur zeigt sich genau in solchem Fall, daß en gros weder Frau noch Mann in der Lage ist, weibliche Spitzenkräfte halbwegs neutral oder objektiv zu beurteilen. Die männlichen Kriterien allein können oder sollen es nicht sein, die weiblichen müssen sich erst noch deutlicher ausprägen. Gerade weil Frauen in den oberen (und oft genug auch den mittleren) Rängen noch Exotinnen sind, sind auch die auf sie angewandten Beurteilungskriterien entsprechend diffus.

Männern wird ohne weiteres eine Einarbeitungsphase zugestanden oder zugemutet, ohne daß sie dabei von vornherein mit Argusaugen beobachtet würden; die Toleranzphase von plus minus hundert Tage wird sogar in Ministerien und Managementpositionen zugebilligt – vorausgesetzt, gewisse (welche?) Grundbedingungen stimmen. Bei Frauen ist das anders. Zwar werden sie in vielen Bereichen des Arbeitsmarktes noch immer nicht ganz ernst genommen, aber ihre Leistung wird um so rigoroser beurteilt. Vom ersten Tage an. Frauen wollen und sollen möglichst perfekt sein. Es wird von ihnen erwartet. Sie erwarten es selbst von sich.

Un-Dank ihrer Geschichte verfügen Frauen nur über wenige weibliche Vorbilder. Sie können in einer männlich strukturierten Arbeitswelt nur auf wenige weibliche Präzedenzkarrieren zurückgreifen, an denen sie sich orientieren können. Und wenn sie nicht blindlings männliche Strukturen übernehmen, sondern eigene entwickeln wollen, so bedeutet das häufig ein *on the job training*. Die Hamburger Kommunikationstrainerin Barbara Berckhan spricht von einem noch nicht sehr ausgetretenen Pfad in den Dschungel, den Frauen zu gehen haben. Unsicherheiten oder gar Fehler sind sozusagen vorprogrammiert; erst in der Art, wie man sie bewältigt, wird sich die eigentliche Befähigung herausstellen.

Helga Stödter, eine Frau mit einer Bilderbuchkarriere, hat genau diesen Tatbestand erkannt. Sie ist den Weg durch den Dschungel bereits gegangen, kennt die verschlungenen Pfade gut und gibt nun unermüdlich ihre Erfahrungen an die Nachhut weiter.

Wir wissen: Ob das Glas Wein vor uns nun halbvoll oder halbleer ist, hängt ganz von der Perspektive ab und der eigenen Seelenlage. Helga Stödter jedenfalls bevorzugt es, ein Glas immer als halbvoll anzusehen. Denn mit der Litanei aller von Frauen erlittenen Niederlagen im Kopf ist schwerlich eine Kartographie für ihren Weg zum Erfolg zu entwickeln. Helga Stödter ist eine Frau, die ihre Aufgaben von der Zielperspektive her entwirft, streng nach den Methoden des Managements: Um die Situation von

Frauen im Erwerbsleben zu verbessern, um Frauen vor allem vermehrt in Führungspositionen zu bringen, hält sie es für vorteilhafter, in die Gegenwart und Zukunft zu schauen als in die Vergangenheit, die Frauen nur wenige Chancen geboten hat. Ihr Grundsatz ist: Es gibt keine Probleme, es gibt nur Vorurteile, die es zu erkennen und zu überwinden gilt. Klagen über ererbte Mißstände demotivieren nur. Die aktuelle Empörung aber aktiviert. Und nur unter diesem Aspekt ist ein Blick auf die Geschichte von Frauen motivierend.

Schon diese Zielperspektive wird den nötigen Zweckoptimismus in Gang gesetzt haben, als sie die »Helga Stödter-Stiftung zur Förderung von Frauen für Führungspositionen« gründete. Und auch gegen ein paar psychologisch fundierte, erfolgversprechende Tips aus der Werbebranche, wie Menschen von einer Sache einzunehmen, wie sie zu überzeugen sind, wird Helga Stödter nichts einzuwenden haben. Sie hat dem Erfolg gegenüber keine Berührungsängste.

Darüber hinaus ist es sehr bemerkenswert, wie eine Frau des Jahrgangs 1922 in der Lage ist, ständig gängige Klischeebeurteilungen in bezug auf Frauen auf ihren Wahrheitsgehalt hin abzuklopfen. Ihre Methode ist der Umkehrschluß. Beispielsweise sagt sie: »Wir sind falsch erzogen worden, wenn uns gesagt wurde: Wenn du Kinder kriegst, dann hast du einen Karriereknick.« Sowohl die Frau selbst wie auch die Gesellschaft muß in diesem Punkt ihre Perspektive revidieren. Ein Kind zu kriegen, so Helga Stödter, ist wie ein »schöpferisches sabbatical year«, ein Forschungsjahr, eine schöpferische Atempause. Denn Frauen, die nach der Kinderpause wieder in den Beruf zurückkehren, haben ja etwas dazugelernt. »Was Frauen in der Familienarbeitszeit lernen, sind Schlüsselqualifikationen. Wir müssen der Wirtschaft klarmachen, daß das, was sie von ihren Managern verlangen, nicht in Seminaren oder in der Karriere erworben wird, sondern aussschließlich im täglichen Leben und ganz besonders in der Familie.«

Daß Frauen nach der Kinderpause oft noch ein unausgefülltes Selbstbewußtsein haben, liegt laut Helga Stödter nicht zuletzt an dieser falschen Perspektive sowohl der Frauen als auch der Gesellschaft, aus deren Blickwinkel sich die Frauen beurteilen. »Es braucht die Anerkennung, daß in zwei, drei Jahren etwas gelernt wird, was andere nie lernen. Frauen müssen das entsprechende Selbstbewußtsein entwickeln. Sie haben etwas gewonnen, was Kollegen nicht haben.« Entsprechend beurteilt Helga Stödter auch die Doppelbelastung der Frauen in Familie und Beruf als Doppelqualifizierung. Das muß nur erst als eben dies dargestellt und erkannt werden.

Bei Bewerbungsgesprächen ist immer neben der Qualifikation die Ausstrahlung, die Persönlichkeit entscheidend. Frauen, so meint sie, müssen alles daransetzen, in dieser Situation das neuentstandene Selbstbewußtsein auszustellen und nicht das Heimchen am Herd spielen. »Ich behaupte und spreche darüber«, sagt die Mutter dreier Töchter, »daß nur ein Mensch, Mann oder Frau, der zumindest vorübergehend oder in Teilzeitarbeit Familienarbeit geleistet hat, nach dem Jahr 2000 Führungsaufgaben übernehmen kann. Meine Vision ist, daß die Führungspersönlichkeit eine sein muß, die sich aus verschiedenen Quellen entwickelt hat.«

Genau darin sieht Helga Stödter den großen Vorteil von Frauen. In deren Doppelbelastung, will sagen Doppelqualifikation, liegt zugleich deren Chance. Frauen leben nicht nur aus einer Identität heraus wie größtenteils die Männer. »Wer mit beiden Beinen im Erwerbsleben steht, steht unsicher«, sagt sie. Ein beruflicher Engpaß kann bei solcher Eingleisigkeit wirklich zur Sackgasse werden. Frauen dagegen leben heutzutage auf mehreren Ebenen. Sie sind vielfältiger durch soziale Netze und Kontakte abgesichert und haben damit auch mannigfaltigere Auffang- oder Ausweichmöglichkeiten. Arbeit, insistiert Helga Stödter, ist ja schließlich ein Oberbegriff für Erwerbsarbeit, Familienarbeit und ehrenamtliche Arbeit; erst wenn gesellschaftlich anerkannt ist, daß alle drei Systeme verbunden miteinander den umfassendsten Überblick ergeben, wird auch die vielfältige Qualifikation von Frauen richtig eingeschätzt werden.

Ein gutes Beispiel solch eines vielgleisigen Lebens bot mir einmal eine Nachbarin, eine Psychologin, Mutter von zwei Mädchen. Sie betreute zum einen ihre Patienten, machte auf Teilzeitbasis die Verwaltungsarbeit für eine Krankenhaus-Kinderstation und begann zusätzlich noch ein Studium der Neurologie. Von mir befragt, wie sie das alles auf einmal bewältige, sagte sie: »Wenn es mir in einer Rolle zuviel wird, ich unkontrolliert explodieren könnte, schwenke ich auf eine meiner anderen Identitäten um, lenke mich ab und beruhige mich gleichzeitig. Keine der Rollen schluckt mich ganz. Aber alles hat miteinander zu tun. Und das bin ich.«

Das Urteil, das wir über uns selbst haben, strahlt aus. »Wir selbst programmieren uns mit Minusvorzeichen, und wir programmieren uns mit positiven Vorzeichen«, resümiert Helga Stödter. An Leistungsfähigkeit mangelt es Frauen, die »in kürzerer Zeit Examen mit besseren Noten« machen, ohnehin nicht. Daß Frauen auch demgemäß einflußreichere Positionen einnehmen, ist Helga Stödters Anliegen. Um das allerdings zu erreichen, kommt es für Frauen darauf an, anderen klarzumachen, daß die eigenen Zielsetzungen, die eigene Aufgabenstellung eine sehr große Rolle spielen – fast so wie die berufliche Qualifikation. Insofern wird der positive Aspekt von Konkurrenz wichtig: Frauen müssen es wagen, ihr Können, ihr Potential, ihre Kompetenz voll einzusetzen. Sie müssen sich etwas zutrauen und den abschätzigen Blick konterkarieren lernen. Das heißt, zuallererst die eigene Perspektive zu verändern, die allzu lange im falschen Blickwinkel eingerastet war.

Dr. Helga Stödter hat schon zu Zeiten beruflichen Erfolg gehabt, als dies für eine Frau fast automatisch auch berufliche Einsamkeit bedeutete. Ihr Erfolg gründete sich auf ihrer bemerkenswerten persönlichen Leistung. Wohl deshalb hält sie auch heute noch nichts von der Quote, beurteilt sie als eher hinderlich und nicht notwendige Schutzzone. (Obwohl berufliches Fortkommen für Frauen keineswegs allein von deren Leistung abhängt.) Dabei hat sie während ihrer Karriere als Juristin und Diplomatin die Strukturen der männlichen Hierarchie am eigenen Leibe erfahren, sie hat das Hindernisrennen, Beruf und Familie vereinbaren zu wollen, selbst durchexerziert und sieht sich so imstande, die Nachrichten aus beiden Geschlechterwelten miteinander zu vergleichen und sie vor allem weiterzugeben.

Das Entweder/Oder vergangener Zeiten, heiraten oder einen Beruf ausüben, ist schon längst durch eine sehr viel größere Entscheidungsfreiheit der Frau abgelöst worden. Einen Partner zu haben und berufstätig zu sein, läßt sich inzwischen meist ohne Schwierigkeiten miteinander vereinbaren. »Lange Zeit mußten sich die Frauen den vorhandenen Strukturen anpassen, und sie waren dazu bereit. Jetzt sind Frauen selbstbewußter geworden.« Problematisch ist aber immer noch die Vereinbarkeit von Berufstätigkeit und Kinderkriegen. Da fehlt es zwar nicht mehr total an gesellschaftlicher Akzeptanz. Die Entscheidung zum Kind findet Zustimmung, aber es fehlt an sozialer Infrastruktur, an Mitarbeit und Kooperation.

Helga Stödter fordert und fördert in ihrer Stiftung vornehmlich Frauen, die sich beruflich bereits qualifiziert haben und die aus diesem oder jenem Grund vor der Frage stehen: »Was will ich? Was kann ich wollen? Und was muß ich tun, wenn ich weiß, was ich will?« Mögliche berufliche Zielperspektiven abzuchecken, vom jetzigen Standort anzuvisieren, was auf welche Weise in fünf Jahren erreichbar ist – das sind Fragen, die Helga Stödter mit ihren Klientinnen erarbeitet und weiterentwickelt.

Frauen, so Helga Stödters Feststellung, durchschauen die Strukturen und Mechanismen der Geschäftswelt manchmal noch nicht ganz ausreichend. Aber für sie gibt es auch noch nicht das Pendant des Old-Boys-Network, das den Nachwuchs beziehungsreich in die richtigen Positionen verschiebt. So greift ihre Stiftung manche von den Funktionen dieser Männer-Netzwerke auf, weist auf wiederkehrende Fehlhaltungen hin: Frauen erwarten etwa, wenn sie etwas Gutes geleistet haben, daß das nun automatisch durch Beförderung honoriert werde. Aber dafür muß jede selber sorgen, d. h. sie muß es äußern, auf ihre Leistung hinweisen und ihre Erwartung (der Beförderung) klarstellen.

Von den Voraussetzungen allerdings, die Frauen für jede berufliche Karriere mitbringen, ist Helga Stödter so überzeugt, daß frau sich fast wundern muß, wie jemals eine Firma nach einem Gespräch mit ihr noch einen Mann einstellen kann. Frauen, sagt sie, gehen von vornherein selbstkritischer an sich und die Arbeit heran, und »Selbstkritik hat was mit Intelligenz zu tun. Frauen stellen an ihre eigene Leistung von vornherein höhere Ansprüche«. Sie machen sich über die Problemstellung ausführlichere Gedanken und haben aus ihrer Sicht der Dinge andere Ideen, Ziele und Motive, sind somit innovativ. Frauen leisten sich vor allem die scheinbare Schwäche des Zweifels. Und geht etwas schief, dann suchen sie, Helga Stödters Erfahrung nach, meist die Verantwortung erst mal bei sich selbst; wohingegen ein Mann dazu tendiert, eher anderen die Schuld zu geben. Angesichts eines Problems Zweifel zu äußern und damit dem anderen goldene Brücken zu bauen, sieht Helga Stödter vor allem als eine Stärke an, die Bindungswirkung hat. Die karriereorientierte Reaktion der meisten Männer aber sei auf Statuswahrung ausgerichtet, eine Schwäche und obendrein vollkommen ohne Bindungswirkung. Darin vor allem sieht sie das große Plus der Frauen gegenüber den Männern: Sie arbeiten aufgabenorientiert, Männer dagegen karriereorientiert, »im olympischen Sinne von schneller, höher, weiter«.

Zum Thema Konkurrenz im negativen Sinne – des Seine-MitstreiterInnen-siegreich-an-die-Wand-spielens – glaubt Helga Stödter gleich zwei für Frauen positive Anmerkungen machen zu können: Zum einen liegt für sie in dieser Art Konkurrenz für Frauen nicht deren Schwierigkeit (allenfalls die seltenen »Queenbee«-Exemplare passen ihrer Meinung nach in diese Kategorie); zum anderen verberge diese Spielart männlichen Konkurrenzdenkens eine große Unsicherheit, mit der Frauen somit nicht belastet sind. Jemand, der seine Karriere nach diesem Maßstab gestalte, sei ständig auf die Wahrung seines Status', seiner Position nach außen hin bedacht (das heißt, er ist nicht bei der eigentlichen Sache). Und das mache noch immer die typische männliche Karriere aus, sie sei außen-, fremdbestimmt. Die weibliche Karriere sei dagegen viel eher eine selbstbestimmte, die sich wenig oder gar nicht vom Statusdenken leiten lasse, sondern sich eben mehr an der Aufgabe orientiere.

Lediglich der gar nicht so geringe Prozentsatz von männlichen Aus- oder Umsteigern, die zum Entsetzen vieler großer Firmen selbst bestimmen, was sie als ihre Karriere leben wollen, und die sich nichts von anderen aufoktroyieren lassen, kann auch für Frauen beispielhaft sein. »Da gibt es schon gute Leitbilder für Männer. Das macht es aber auch für Frauen leichter, sich so zu entscheiden. Der selbstbestimmte Berufserfolg verbindet beide Geschlechter. Es wird sich gesellschaftlich auswirken, wenn solche Leute mit Selbstbewußtsein ihren Weg gehen, wenn sie Anerkennung gewinnen. Das wird prägen.«

»Viele Frauen heiraten einen Traummann und leben mit einem Alptraum«, ist eine von Helga Stödter in Wien mehrfach entdeckte, dort an die Wände gesprühte Parole. So muß es zwar nicht kommen, aber es ist zumindest eine zu beherzigende Parole gegen gefährliche Sorglosigkeit und gegen »törichte Märchenprinzenträume«. Unmißverständlich formuliert sie daher: »Wer Lebenserfolg haben will, darf nicht in den Tag hineinleben. Ich erwarte von jeder Frau, die eine Ausbildung hat, daß sie am Ball bleibt, im eigenen Beruf – oder daß sie sich auf einen anderen vorbereitet.«

Frauen-Projekte

Eine Spielwiese, ein Experimentierfeld, auf dem sich Frauen bis zu einem gewissen Grade erst einmal unter Ausschluß der zweigeschlechtlichen Öffentlichkeit testen konnten und können, sind die Frauenprojekte. In den geschaffenen Freiräumen dieser Projekte ging es zunächst darum, abseits von männlicher Macht und Konkurrenz eigene Prioritäten genauer zu erkennen, zu formulieren und umzusetzen.

In Verkennung der Realität glaubte frau zunächst sogar an die Utopie, ohne Konkurrenz auskommen zu können. Ein Wunschtraum, den auch schon Wilhelm Busch für beide Geschlechter kurz hat aufleben lassen, als er in EDUARDS TRAUM den Gedanken durchspielte, die Konkurrenz sitze in einer Drüse, die nur herausoperiert werden müsse. Dazu ein Gewährsmann:

»Man gönnte jedem seine Schönheit und seine Gescheitheit und seine Frau auch, sie mochte so verlockend sein, wie sie wollte, und ob die Grete den Hans kriegte oder den Jochen oder den alten Nepomuk, das war ihr und überhaupt jedem egal.

So lebten denn da herum die Leute in einer solch wöhnlichen und wohldurchdachten Gemeinschaft, daß sie unsern Herrgott und seine zehn Gebote nicht mehr nötig hatten.«

Wenn auch viele der Projekte mit großem Elan, einem gewissen Forscher- und Pioniergeist und vor allem bemerkenswerter Solidarität ihre Arbeit begonnen haben – daß die Konkurrenzdrüse auch bei ihnen noch nicht herausoperiert sein konnte, nahmen die meisten bald mit Argwohn wahr.

Die Palette der Frauenprojekte ist inzwischen sehr bunt geworden: Cafés, Mitfahrzentralen, Frauenhäuser, Kneipen, Buchhandlungen, Bibliotheken, alternative Zentren zur Selbsthilfe in Gesundheitsfragen und beim Auto, Beratungs- und Weiterbildungsprojekte. Die Szene ist lebendig, auch wenn sie öffentlich nicht sehr in Erscheinung tritt, auch wenn sie meist in Geldnot steckt. Das mittlerweile dicht gewordene Netz von unterschiedlichsten

Gruppen und Organisationen gibt Aufschluß darüber, wo Frauen in ihrem Alltag Defizite feststellen: politische Themen wie beispielsweise die Schule, Gentechnologie, der §218, Friedensgruppen, Gewalt und Sucht etc. werden in den Projekten diskutiert. Es gibt Zentren zur beruflichen Weiterbildung und Kultur. Parallel zu den berufsständischen Organisationen der Männer entwickeln sich mit zunehmender Geschwindigkeit ähnliche Verbände für Frauen. Der Hausfrauen-Bund ist längst nicht mehr allein auf weiter Flur, Sekretärinnen, Ärztinnen, Juristinnen, Landfrauen, Designerinnen, Kosmetikerinnen, Künstlerinnen, Frauen aus dem Baufach, den Naturwissenschaften und vielen anderen Bereichen sind dabei herauszufinden, inwieweit ihren Belangen in ihren Berufen Rechnung getragen wird, und sich miteinander auszutauschen. Für Mädchen und Frauen, Lesben, Heteros und Prostituierte, Mütter und Nichtmütter, Alleinerziehende, Berufstätige, Arbeitslose, Alte und Junge – für alle gibt es, zumindest in größeren Städten, Anlaufstellen.

Zur Planung des Lebens – die traditionellen Lebensziele scheinen nicht mehr ausreichend, aber was soll an ihre Stelle treten? – werden viele unterstützende Kurse angeboten. Sie spiegeln die Widersprüchlichkeit unserer Gesellschaft wider, nicht nur die der weiblichen. Dementsprechend hat sich eine ganze Branche von Beraterinnen, Trainerinnen, Seminarleiterinnen etc. auf diesem Neuland etabliert, die sich vornehmlich mit manchen noch ungewohnten psychischen und physischen Weichenstellungen beschäftigen, das *on the job training* außerhalb etwas abfedern. Sie unterrichten Selbstverteidigung, Rhetorik, Durchsetzungsvermögen und Entspannung usw.

Die Defizite, die Frauen im Berufsleben noch bremsen, sind mittlerweile selten durch mangelhafte Ausbildung oder gar ein zu geringes Fachwissen verursacht, sondern wenn es hapert, dann an der praktischen Umsetzung. Auch müssen sich Frauen bei den Examensabschlüssen nicht hinter den Männern verstecken. Im Gegenteil, sie schneiden oft besser ab.

»Selbstbehauptungskurse« veranstaltet die Kommunikationstrainerin Barbara Berckhan aber nur für Frauen. Sie kämpft gegen

Sozialisationsfolgen, die sich bis ins Erwachsenenalter lästig bemerkbar machen. Denn während des Heranwachsens werden Mädchen und jungen Frauen die Fähigkeiten, die sie für das heutige Berufsleben brauchen, oft regelrecht aberzogen (siehe das Kapitel DAS WEIBLICHE ROLLENFACH). Eine dieser Fähigkeiten ist, sich im Leistungsbereich gut darzustellen, »gut über sich zu sprechen, das so rüberzubringen, daß sie selbst davon überzeugt sind und daß andere ihnen das abnehmen und glauben«. Wie soll in einem Bewerbungsgespräch das Gegenüber die Qualifikation einer Person richtig einschätzen können, wenn diese nichts Gutes über sich zu sagen weiß? Frauen scheuen sich aber oft, das zu tun, weil sie befürchten, dann als »Hochstaplerinnen« eingestuft zu werden.

Das früh in der Erziehung einsetzende generelle Konkurrenzverbot läßt eine »heimliche« Konkurrenz in bezug auf Aussehen und Beliebtheit eben noch zu, greift aber im Leistungsbereich rigoros, so Barbara Berckhan. »Dieselbe Frau, die es vielleicht heimlich ganz in Ordnung findet, daß sie unter den Freundinnen die schönste Figur hat, die Schlankste ist, hat Schwierigkeiten, wenn sie merkt, daß sie im Vergleich zu ihren Freundinnen die beste berufliche Position erwischt hat.« Denn das kann sie eventuell Anerkennung kosten, unter Umständen muß sie sowohl bei Männern wie bei Frauen mit Ablehnung rechnen. Diesem Muster entsprechend, hielt die Freundschaft zwischen drei gleichrangigen Richterinnen, bis eine von ihnen befördert wurde. Von dem Zeitpunkt an ließen sie ihre Beziehung abkühlen, vermieden Vertraulichkeiten.

Sich unbeliebt zu machen, fällt Frauen sicher schwerer als Männern. Also werden viele Frauen, auf ihre besonderen Begabungen angesprochen, lieber tiefstapeln und Dinge sagen wie: »Ja, da habe ich Glück gehabt, das ist mir in den Schoß gefallen, das war in meiner Familie schon immer so.« Die Angst vor Sanktionen ist so groß, daß Barbara Berckhan die Situation so zusammenfaßt: »Sehr viele Frauen leben unter ihrem Niveau. Sehr viele Frauen haben sehr viel mehr Können, sehr viel mehr Talent, Fähigkeiten, als sie real in ihrem Leben verwirklichen.«

Zum anderen, so Barbara Berckhan, überblicken Frauen oft nicht die Kommunikationsmuster, das »feine System unterm Tisch«, das Männer über die Jahre des Unter-sich-Seins austariert haben, und wundern sich, warum sie trotz sichtbarer Leistung nichts werden. Beispielsweise wissen Männer, »daß sie ein Team sind und als Mannschaft spielen, auch spielen müssen. Sie konkurrieren trotzdem miteinander und wissen, daß sie nur alle miteinander das Spiel gewinnen können. Sie haben Regeln eingeübt, zu kooperieren und zu konkurrieren.« Beides zu gleichen Teilen tun zu können, ist Frauen ziemlich unverständlich. »Frauen sehen nicht, wie es läuft, und es wird ihnen nicht gesagt. Weil sie es nicht merken, kümmert sich auch niemand drum. Und das Spiel geht so weiter, als wären sie gar nicht vorhanden. Sie werden nicht aktiv ausgeschlossen, sie schließen sich auch nicht selber aus. Sie haben keinen Riecher für das, was da läuft. Wenn sie ihn kriegen, dann nur sehr ausschnitthaft und partiell.«

Daß ausgerechnet Frauen kein Gespür für die Feinheiten eines ihnen fremden Kommunikationssystems entwickeln sollen, sie, die Einfühlungsvermögen schließlich von klein auf entfalten, erstaunt. Allerdings gehört das Konkurrenzverbot für Frauen, d. h. sich im Leistungsbereich nicht hervortun zu dürfen, regelrecht zum rollentypischen Erziehungsmuster. Derartige Tabuschranken sind daher schwer zu überwinden. Nur langsam werden sie durchlässiger. »Der Weg für Frauen ist, sich von Konventionen zu lösen, und zwar von Konventionen des eigenen Geschlechts und der eigenen Sozialisation, nicht so zu sein, wie unsere Mütter das gerne hätten, sich auch von den Konventionen der Männerwelt zu lösen. Also auch nicht so zu sein, wie die Männer uns gerne hätten. Und auch nicht so zu sein, wie es vielleicht der Karriereweg erforderlich macht. Der Weg ist noch nicht ausgetreten, den Frauen sich gerade in diesen Dschungel bahnen. Sie gehen auch nicht gerade mit viel Rüstzeug, um einen Pfad zu finden, ihren eigenen Weg.«

Dieser Anspruch ist hochgehängt. Doch gleich, was kommen wird: Frauen müssen von den gegebenen Strukturen und Tatsachen ausgehen, müssen sie vor allem durchschauen, um sie verändern zu können. Die Welt, auch die Arbeitswelt, läßt sich nicht aus dem Nichts neu erfinden. Um zu wissen, was Frauen gerne ändern möchten, sollten sie wissen, mit welchem Spielmaterial sie es zu tun haben. Seit circa zwanzig Jahren beteiligen sich die Frauen nach Jahrzehnten der Flaute wieder in größerer Zahl am Erwerbsleben. Im Vergleich zu dem Zeitraum, in dem die Arbeitsstrukturen in ihren gegenwärtigen patriarchalisch-hierarchischen Mustern verkrusteten, nämlich über Jahrhunderte hinweg, sind zwanzig Jahre nichts. Aber Frauen haben immerhin ein Fundament geschaffen, um männliche Normen kritisieren zu können, um die unfreiwilligen Defizite der Frauen zu erkennen und um sich Strukturen, die nicht übernommen werden sollen, bewußter zu machen.

Das Frauen-Projekt »Frau und Arbeit« in Hamburg widmet sich eher den unfreiwilligen Defiziten, dem noch nicht Durchschauten, weil noch nie Praktizierten. Hier werden Kurse, Seminare und Vorträge angeboten zu Komplexen wie: Existenz- und Projektgründung, Berufsorientierung, Arbeitsmarktpolitik, Presse- und Öffentlichkeitsarbeit usw. Ein wichtiger Grund, sich in einem Frauenprojekt zu engagieren, ist schon allein der, ohne Rechtfertigungsdruck von außen eine klarere Bestandsaufnahme zu machen, offener und freier miteinander umgehen zu können. Und sich beispielsweise zu fragen, was von der von Männern gelebten und von Frauen vielfach als richtig befundenen These zu halten ist: »Arbeit ist Arbeit, und privat ist privat.«

Petra Beyer und Rita Lassen, zwei in dem Projekt arbeitende Frauen, erzählen, daß auch sie anfangs der Meinung waren, daß es beispielsweise nicht in eine Besprechung gehöre, den anderen mitzuteilen, daß man schlecht geschlafen habe. In der Supervision wurde dieses Problem schließlich angesprochen. Bis zu diesem Zeitpunkt hatte Rita Lassen auf eine derartige Unsachlichkeit nur wütend reagiert. Doch im Gespräch kamen alle zu der Ansicht, daß sich keine für den Arbeitsplatz in einen anderen Menschen verwandeln kann; daß es außerdem nicht zu leugnen ist, wie sehr persönliche Probleme sowohl die Stimmung als auch die Leistung beeinflussen können. Jetzt gehören daher solche, auf fünf Minuten begrenzten Abschweifungen nach Bedarf zu den gemeinsamen Besprechungen: »Die Kolleginnen wissen dann, daß frau in eben dieser und nicht irgend 'ner anderen Verfassung ist. Das wird nicht ausgenutzt. Dauert es zu lange, sagt eine, laß uns weitermachen. Das kann jede tun.« Alle zusammen versuchen sie, daß sowohl die einzelne wie auch ihre gemeinsame Sache genug Entfaltungsmöglichkeit bekommt. Wo es um Arbeit geht, muß es auch professionell zugehen.

Gerade weil über persönliche Befindlichkeiten auch geredet werden darf, haben sie, wie Petra Beyer meint, ein Stück Trennung zwischen der Beziehungs- und Sachebene erreicht – so paradox das anmutet: »Wenn eine immer meine Grenzen überschreitet, bin ich total sauer darüber. Wenn ich aber weiß, warum sie das macht, von ihrer Geschichte was begreife, dann rege ich mich zwar noch immer darüber auf, daß sie meine Grenzen überschreitet, aber ich kann gleichzeitig sehen, daß sie selber nicht zu Rande kommen kann, daß sie ein Defizit hat, mit dem sie leben muß.« Auf diese Art lasse sich mit den etwaigen Macken der einzelnen besser leben, ohne daß gegenseitig die Messer gewetzt werden müßten. »Wenn ich weiß, was ist, kann ich auch sagen, halt, stopp, jetzt nicht mehr«, bestätigt Rita Lassen. Allerdings sollte die Bereitschaft, sich zu ändern, erkennbar sein.

Grenzüberschreitungen werden ihrer Erfahrung nach ohnehin sehr viel häufiger bzw. »permanent« von Männern begangen, »indem sie über die Schulter gucken, um zu kontrollieren, was wir da machen«.

Auch bei diesen beiden selbstbewußten Frauen (um die vierzig) fällt auf, wie sehr sie über Spiegelungen im eigenen und mehr noch im anderen Geschlecht zu denen wurden, die sie heute sind. Petra Beyer, Jüngste von drei Schwestern, wollte bis in die Pubertät hinein ein Junge sein, sah als Kind auch so aus und war stolz darauf, oft dafür gehalten zu werden. Sie versuchte immer, mit den Jungen mitzuhalten, im Klettern, im Ringkämpfe austragen, Skat spielen, kundig über Fußballergebnisse reden. Außerdem war ihr aber »ganz klar«, daß sie einmal Lehrerin werden, heiraten und viele Kinder haben wollte. Für unvereinbar hielt sie das nicht. Der eine Wunsch hatte mit dem anderen nichts zu tun. Von ihren »zweigleisigen« Plänen hat sie das meiste realisieren können, es allerdings bei zwei Kindern belassen. Lediglich, daß sie mittlerweile Lehrerin von Erwachsenen, nicht von Kindern ist, stimmt sie manchmal traurig.

Auch Rita Lassen war als Kind mehr Junge als Mädchen, spielte, machte sich dreckig wie ein Junge. Vielleicht war ein Grund dafür, daß die Mutter ihren Bruder vorzog und sie deshalb ihm ähnlich zu werden trachtete. Jedenfalls war die Mutter für sie als Frau »kein Vorbild«, sie war »kratzbürstig, streng, dominant«, ganz im Gegensatz zu ihrem »netten, wohligen« Vater. Die Mutter, um deren Anerkennung sie kämpfte, war eindeutig die Stärkere von beiden. Prägend für das Kind aber war, daß sie immer diejenige zu sein hatte, die die Ideen ihres Bruders ausführen sollte. Das stachelte ihren Ehrgeiz an, beweisen zu wollen, daß auch sie genug Phantasie besaß, um Ideen zu entwickeln, daß auch sie einen Männerberuf ausfüllen könnte. Kinder wollte sie dermaleinst adoptieren, »bunte« Kinder, die ihr Mann dann hüten sollte, denn sie beabsichtigte die volle Berufstätigkeit. Desungeachtet sah die Berufsplanung der Mutter für die Tochter lediglich einen Halbtagsjob vor. Ein Abitur war dafür nicht nötig. Also mußte sich Rita Lassen später alles auf dem zweiten Bildungsweg in doppelter Anstrengung erarbeiten: das Abitur und ein Studium der Betriebswirtschaft.

Rita Lassen arbeitet inzwischen selbständig, sowohl im Frauenprojekt wie auch in ihrer eigenen Firma, und sie verfolgt noch immer den Ehrgeiz ihrer Kindertage: in gleicher Weise wie ihr Bruder anerkannt zu werden. Die Konkurrenz zu ihm ist nicht ausgestanden. »Ein Traum von mir wäre, daß mit meinem Namen etwas verbunden wird, daß man mich kennt, daß ich gut bin in meiner Arbeit; daß man auf mich zukommt, weil ich gut bin.« Das ist bislang zwar ein eher von Männern geträumter Traum, aber allein deshalb sollte er von Frauen nicht mißachtet werden.

Wenn Frauen meinen, ohne konkurrentes Denken beruflich etwas werden zu können, dann »lügen sie sich in die Tasche«. Davon ist Rita Lassen überzeugt. »Ich habe zwei Kolleginnen, beide machen das gleiche. Beide betonen sie, ›aber wir werden uns nicht gegenseitig ausbooten‹. Da hab ich so gedacht, haha, das geht doch gar nicht, wenn ihr ganz identisch das gleiche macht. Man kann höchstens sagen, Hamburg ist so groß, wir können uns irgendwie aus dem Weg gehen. Aber im Grunde genommen kämpfen wir um denselben Markt.« Eine derartige Konkurrenzsituation aber ist für Rita Lassen erschreckend, denn sie würde ihre Existenzsicherung tangieren.

»Wenn jemand genau das gleiche machen würde wie ich, wäre das für mich angstbesetzt. Ich bin immer schon froh, wenn ich Sachen herausfiltern kann, wenn ich sagen kann, also das mache nur ich, sie macht was anderes.« Insofern war ihre Position als Abteilungsleiterin im Rechnungswesen bei Greenpeace unangefochten. Keine konnte ihre Kompetenz bestreiten. Ansätze zu konkurrentem Verhalten habe es allenfalls unterschwellig zwischen ihr und zwei ranggleichen Abteilungsleiterinnen gegeben, nach dem Motto, wer hat die interessanteste, attraktivste Abteilung.

Nach zwei Jahren im Landesvorstand bei der GAL, meint Petra Beyer, fühlt sie sich jetzt bei »Frau und Arbeit« ausgesprochen wohl. »Die Männer fehlen mir überhaupt nicht. Ich finde es angenehm, mit Frauen zu arbeiten, weil die Art der Auseinandersetzung mir näher ist als die mit Männern. Männer sind oft so profilneurotisch. Oft geht es darum, darzustellen, wie toll sie sind. Es nervt mich, wenn die sich ausbreiten und genau das wiederholen, was eine Frau vorher in einem Satz gesagt hat.« Vergleichsweise ist die Kommunikation unter Frauen knapp, präzise und mehr an der Sache orientiert. Bei der GAL fand Petra Beyer die Art des Umgangs »unmöglich«. »Es war immer eine Orientierung an: Wer kann sich am besten darstellen, wer nimmt den meisten Raum ein? Es gab auch Frauen, die so waren.«

Rita Lassen findet allerdings selbst in Frauenprojekten wie dem ihren die Kommunikation untereinander nicht unbedingt optimal: »Manchmal ist es haarsträubend, wie Frauen miteinander umgehen.« Manche Seminarteilnehmerinnen nehmen das Projekt nur als günstigen Dienstleistungsbetrieb in Anspruch, wie etwa zwei Betriebswirtinnen, die im Anschluß an einen Kurs sagten, daß sie lieber mit Männern zusammenarbeiten, sich aber trotzdem mal eben billig Rat geholt hatten.

Eines der undurchschauten Defizite im beruflichen Konkurrenzkampf, dem sie in ihren Kursen immer wieder begegnen, sind die unklaren Zielsetzungen von Frauen. Frauen belegen zwar einen bestimmten Kurs, wissen aber dennoch häufig nicht, warum sie gekommen sind. Wie sonst kann es passieren, daß die eine oder andere zum Schluß geht und sagt, »das war es aber nicht!«, ohne in der Lage zu sein, einen Verbesserungsvorschlag zu machen. »Letztens hatten wir eine Frau, die blieb bis zum Schluß und sagte als einzige, das hätte sie alles schon gewußt. Aber während des ganzen Tages hat sie nicht ein einziges Mal korrigierend eingegriffen.« Wenn sie gewußt hätte, was sie will, dann hätte sie produktiv einhaken können, meint Rita Lassen.

Für eine Ursache dieser unklaren Zielsetzungen hält Rita Lassen die noch immer bestehende Ambivalenz dem Beruf gegenüber, der bei vielen Frauen noch ganz traditionell die Warteschleife bis zum Heiraten und Kinderkriegen ausfüllen soll. Als Beispiel nennt sie eine Dreißigjährige, die, nachdem sie ihr Ziel erreicht hatte und bereits Mutter war, feststellte, »daß es das nicht war«. Aber bis dahin lebte und äußerte diese Frau »genau das gleiche, was meine Mutter auch hätte sagen können«.

Viele der in Frauenprojekten Aktiven hat in der Zeit des Aufbruchs zu einem selbstbestimmten Leben vor allem der gemeinsame Wunsch beflügelt, Fehler der Männer nicht zu wiederholen oder zu imitieren, es anders und selbstverständlich besser zu machen. Mit dem Konkurrenzverhalten der Männer, deren Ellbogenmentalität, die sich rücksichtslos über alle Hindernisse hinwegsetzt, wollte frau nichts zu tun haben. Auf dieses Indiz patriarchaler Verhaltensmuster hofften die Frauen verzichten zu können. Das war eine der Zielsetzungen, die noch nicht einmal diskutiert werden mußte, weil sie so klar war.

Bis in nicht wenigen Projekten die Fetzen anfingen zu fliegen, oft zur Verzweiflung aller Beteiligten. Die Soziologin Bernhild Schrand wurde von einer Gruppe von sieben Seminarleiterinnen, die Fortbildungskurse veranstalteten, als Frau von außen dazugebeten, um eine total festgefahrene Situation wieder in Gang zu bringen. Als sie den Frauen die Frage stellte, ob sie vielleicht miteinander konkurrierten, bejahten sie das schließlich in dieser Allgemeinheit, mochten aber nicht aussprechen, um was es ging. Es trat Schweigen ein.

Bei dem dann nur mühsam zustande kommenden Gespräch gestanden endlich alle, so Bernhild Schrand, wieviel Angst sie hätten, sich zu äußern; daß sie sich von der Angst blockiert fühlten. Deshalb mußte es zunächst einmal darum gehen, »die Angst faßbarer zu machen«. »Die Frauen fürchteten, auf der persönlichen, emotionalen Ebene Angriffen der anderen Frauen ausgesetzt zu sein, denen sie sich nicht gewachsen fühlten. Sie hatten aber noch gar keine konkreten Erfahrungen miteinander gemacht, sondern hatten zunächst einmal nur viel Angst. Die Angst ist dann kleiner geworden«, erzählt Bernhild Schrand, »aber es dauerte fast einen ganzen Tag, bis ganz konkrete Konkurrenzsituationen benannt wurden.«

Zwei der Frauen leiteten gemeinsam ein Seminar und stellten in der Seminararbeit fest, daß sie sich aneinander maßen und daß es schon darum ging: »Welche Frau hat jetzt den besten Kontakt zu den Teilnehmerinnen, bekommt die positivsten Rückmeldungen, steht im Vordergrund?« Die uneingestandene Konkurrenzsituation der beiden Kursleiterinnen wurde noch dadurch verschärft, daß eine Praktikantin von außen dazukam. »Es ging um Beliebtheit, und es ging auch um Erfolg, Erfolg durch Beliebtheit. Wie viele Teilnehmerinnen mögen nun welche Kursleiterin am liebsten?«

Damit ist das Kernproblem vieler brisanter Konkurrenzsituationen unter Frauen ziemlich genau umschrieben. Anders als Männern geht es Frauen in Konkurrenzsituationen nicht allein um Status und um Positionen. Es geht auch und vor allem um Anerkennung im Emotionalen, darum, schöner und attraktiver, netter, geistreicher gefunden zu werden.

Bernhild Schrand konnte diesem Problem auch deswegen rasch auf die Spur kommen, weil sie in ihrer eigenen Seminararbeit bereits eine ähnliche Erfahrung gemacht hatte. »Mit Männern habe ich mir ein ganz gewisses Verhaltensrepertoire angeeignet. Ich weiß, daß da Konkurrenzsituationen auftreten. Ich weiß, daß es notwendig ist, daß ich mir in der Zusammenarbeit mit einem Mann die Situation nicht aus der Hand nehmen lasse. Ich achte ganz bewußt darauf, daß ich das Seminar eröffne und nicht er, damit ich nicht so ins Hintertreffen gerate; was dann auch feststellbar ist bei den Rückmeldungen der Teilnehmerinnen und Teilnehmer, die häufig noch immer eher den Mann in der Rolle des Seminarleiters wahrnehmen als mich. Ich bin also bei einem Mann darauf eingestellt, daß es diese Art Situationen gibt. Ich mußte es richtig lernen, daß diese Probleme natürlich auch in der Zusammenarbeit mit Frauen auftreten, und hatte da zunächst auf Grund meines politischen Standorts von wegen Frauensolidarität und Frauen kämpfen gemeinsam, so schwarze Flecken. Ich hatte das in Zusammenarbeit mit einer Frau gar nicht als Problem realisiert. Bis ich dann ganz konkret darauf gestoßen wurde.«

Es ging um ein Rhetorikseminar für Frauen, das Bernhild Schrand mit einer anderen Frau zusammen machen wollte, die als Seminarleiterin sehr bekannt und erfolgreich war. »Ich habe mich gefreut, mit ihr arbeiten zu können, bin da sehr offen rangegangen.« Schon bei der Vorabsprache zu dem Seminar stellte sie allerdings fest, daß es schwierig werden würde. »Ich hatte Seminare zu diesem Thema häufiger gemacht, für sie war es das erste Mal. Aber sie hatte in dem Bereich Bildungsarbeit sehr viel Erfahrung. Sie fragte mich, wie ich in meinem Seminar gearbeitet hätte, und ich erläuterte es ihr. Worauf sie erklärte, sie könne sich ohne weiteres vorstellen, dazu ein Seminar zu machen, denn sie könne zu allen Themen Seminare machen. Ihr Ton signalisierte ein Stück Kampfansage. Wir verabschiedeten uns damit, das werde ich nie vergessen, daß sie mich fragte: ›In welche Richtung gehst du denn jetzt?‹ Und ich sagte, ›ich geh' nach rechts, und in welche gehst du?‹ Und sie sagte, ›ich weiß es nicht...!‹ Diese Situation war für mich sehr bezeichnend.«

»Am ersten Abend, beim Vorbereitungstreffen mit den Teilnehmerinnen, stellte ich fest, daß sie, ohne daß wir es vorbesprochen hatten, das Seminar eröffnete, daß sie redete und redete. Und mir wurde klar, ich mußte jetzt gegenhalten, um mitzukommen. Sonst würden wir so eine Rollenverteilung Leiterin und Assistentin haben. Es fiel mir sehr schwer. Ich mußte mich richtig überwinden. Und ich war zwei Tage lang wirklich daneben, weil die Situation so anders war, als ich sie mir vorgestellt hatte.«

Die Kollegin auf diese Schwierigkeiten in der Zusammenarbeit anzusprechen, schien Bernhild Schrand eine Lösungsmöglichkeit. Doch die Dame gab vor, keine Probleme zu sehen. »Wir haben dann – das war offensichtlich schon ein Eingeständnis von Schwierigkeiten – mit getrennten Gruppen weitergearbeitet. Und eine der Seminarteilnehmerinnen sagte mir auch, ich müsse mich mal stärker durchsetzen gegen meine Kollegin. Das fand ich sehr wichtig als Rückmeldung für mich. Auch Teilnehmerinnen nehmen das wahr, was zwischen den Seminarleiterinnen abläuft. Durch die Trennung sind wir den Problemen aus dem Wege gegangen. Am Ende der Woche meinte die Kollegin dann, das Seminar sei ja doch sehr gut abgelaufen, so ohne Schwierigkeiten. Und sie sei auch sehr erleichtert, frau könne ja vorher nicht immer wissen... Also hatte sie offensichtlich doch Probleme gesehen, dies aber nicht zugegeben.«

Insofern war die Abfolge der Ereignisse für Bernhild Schrand durchaus typisch für ein sich wiederholendes Muster: »Wenn ich frage, haben diese Schwierigkeiten, die ihr habt, was mit Konkurrenz zu tun, dann sind viele Frauen erst mal sprachlos, denn auf die Idee, daß sie mit einer anderen Frau konkurrieren, sind sie bisher überhaupt nicht gekommen.«

Es ist eine gewisse Blauäugigkeit, um nicht zu sagen eine anerzogene Friedfertigkeit, die den Blick auf die Realität so sehr verstellt, daß frau oft noch nicht einmal dann den Stolperstein richtig wahrnimmt, wenn sie schon über ihn gestolpert ist. Das Verbot, in Konkurrenz zueinander zu treten, ist so mächtig, daß die Situation, ist sie einmal da, oft nicht durchschaut, die Konkurrenz nicht zugegeben und deshalb als desto unerträglicher empfunden wird.

Die Hemmungen, offen mit dem Thema Konkurrenz umzugehen, sind noch immer sehr groß, meint Bernhild Schrand. Unterschwellig sind die entsprechenden Gefühle zwar vorhanden, aber die wenigsten würden sie benennen können. Sie sagen eher, »ich habe Schwierigkeiten mit dieser Frau, die Frau bewältigt Aufgaben schlechter als ich, die Frau ist zickig, verhält sich bescheuert, ist unsympathisch, ich mag sie nicht«. Seltsamerweise spielen Frauen in diesen unerkannten Konkurrenzsituationen ihr ganzes erlerntes Konkurrenzarsenal aus der Rivalitätsschule durch, beschimpfen die Gegnerin emotional auf eine häufig sehr üble Weise und bestreiten dennoch jedwede Konkurrenz. So vieles gibt es da eventuell an der anderen auszusetzen, so viele unausgelotete Ressentiments haben sich mittlerweile gegen die andere aufgebaut, »daß frau wirklich vorher nicht wissen kann...«, wo sie mit ihren eigenen Anschuldigungen letztlich landet oder wie sehr sie selbst durch ihre Kontrahentin verletzt werden könnte.

Das unvermutete Waffenarsenal, das Frauen gegeneinander im Hinterhalt bereithalten können, wurde in einem anderen Seminar zum Thema FRAUENFREUNDSCHAFTEN – FRAUENFEINDSCHAFTEN offenkundig. Bernhild Schrand hatte gemeinsam mit ihrer Kollegin angenommen, den »Komplex Mann« bei dieser Thematik ausklammern zu können. Doch dann stellte sich heraus, daß bei den Teilnehmerinnen das Thema Feindschaft im Vordergrund stand, und zwar die Feindschaft gegenüber einer einst nahestehenden anderen Frau – einer Freundin, Schwester, der Mutter –, die sich eines Mannes wegen in Konkurrenz zu ihnen begeben hatte, die ihnen den Freund, den Geliebten weggenommen und sie damit zutiefst verletzt hatte.

»Die Frauen fühlten sich sehr verlassen, nicht nur vom Mann, auch von der Freundin.« Sie hatten diese bittere Erfahrung mit der betreffenden befreundeten oder verwandten Frau nie besprechen können. Noch Jahre nach diesem Vertrauensbruch mußte eine Frau, als sie davon erzählte, weinen. »Eine andere Frau berichtete von solch einem ›Verrat‹, bezogen auf ihre Mutter, die relativ jung war. Die Mutter hatte ihr den Freund ausgespannt und mit ihm wirklich auch ein Verhältnis begonnen. Brutal, wirklich sehr brutal.« Da Frauen von Frauen wissen, daß Beziehungen für sie von zentraler Bedeutung sind, daß jede über ihr wichtige Beziehungen äußerst verletzbar ist, zielt ein solcher »Verrat« auf das Zentrum einer Person und zeugt von einem ungezügelten und rücksichtslosen Siegeswillen.

Im privaten Bereich pflegen sich Frauen von Frauen, die ihnen nicht besonders sympathisch sind, fernzuhalten. Im beruflichen Sektor geht das nicht. Man muß zusammenarbeiten. Aber das Mißtrauen ist wach: Was ist von der Person zu erwarten? Vielleicht ist allein schon die Möglichkeit, durch sie eine persönliche Niederlage beigebracht zu bekommen, Ursache genug, gleich das Schlimmste zu befürchten und präventiv vorzubauen. In solchen dissonanten Situationen am Arbeitsplatz sehen die meisten Frauen nicht genau genug hin, um ihre Differenzen zu erkennen und um wirklich zu wissen, worum sie konkurrieren. Weil nicht sein kann, was nicht sein darf. Der Kampf findet verdeckt statt. Die Auseinandersetzungen werden deshalb nur bedingt zur Sache, sondern im wesentlichen über Ersatzthemen geführt. Bernhild Schrands Erfahrung: »Es ist häufig so ein Mischmasch aus allem«, was eine der anderen auf den Tisch knallt. Das kann von einer kleinen, boshaften Stichelei bis zur ausgewachsenen Gemeinheit, bis zum massiven Tiefschlag reichen.

Der Konflikt ist unleugbar da, aber die Ursachen lassen sich schwer benennen. »Wichtig fände ich«, meint Bernhild Schrand, »es zu schaffen, auch darüber sprechen zu können. Sprechen zu können, ohne immer diese Angst zu haben, es könnte hinterher die Beziehung beendet sein. Oder wir sind hinterher gar nicht mehr zur Zusammenarbeit fähig.«

Es sind verschiedene Komponenten, die eine Konkurrenzsituation zwischen Frauen beeinflussen; abgesehen davon, daß sie als solche erst einmal erkannt werden muß. Zum einen fällt es Frauen häufig sehr schwer, die Kompetenz einer anderen zu akzeptieren und anzuerkennen. Oder es geschieht umgekehrt, daß eine Frau selber Schwierigkeiten hat, mit ihrer eigenen Kompetenz umzugehen. Denn damit hält sich frau ja nicht an das vermeintlich für Frauen typische egalitäre Prinzip. Sie verläßt die gemeinsame Ebene, beansprucht, etwas besser als andere zu können. Sie ist unbescheiden.

Das widerspricht der traditionellen Geschlechterhierarchie, die auch das Gros der Frauen nach wie vor so sehr verinnerlicht hat, daß sie dem Mann schlechthin mehr Autorität zugestehen. Bei einer Frau aber sträuben sie sich unter Umständen, deren Autorität zu akzeptieren, besonders dann, wenn der hierarchische Abstand nicht sehr groß ist. Entsprechend ist der Eindruck von Bernhild Schrand, daß die Beziehungen unter Frauen in den traditionellen weiblichen Arbeitsfeldern sehr viel stärker von Konkurrenz gekennzeichnet sind. Jede, die was von einer Sache versteht, möchte sich nicht dreinreden lassen; nimmt es übel, wenn eine andere das tut. Das Paket Anerkennung enthält nicht genug für alle, sowohl in beruflicher wie persönlicher Hinsicht. Eine neidet der anderen den Vorsprung, was Aussehen, Beliebtheit oder Leistung angeht, sieht sie doch manchmal keine Möglichkeit, diesen Vorsprung je aufholen zu können.

Das Verhältnis von Frauen zur Macht, zu den Strukturen der Macht, ist noch ungeklärt und für die meisten kompliziert. So wissen es Frauen zwar zu schätzen, wenn sie Einfluß haben, aber sie sehen dennoch nicht unbedingt die Notwendigkeit, dafür in entsprechende berufliche Positionen zu gehen. Die Erfahrung indirekter Einflußnahme ohne Machtinsignien scheint vielen immer noch in den Knochen zu stecken (Josephine Beauharnais läßt grüßen!). Mit geborgter Macht, mit dem Status des Mannes, hantiert manche Frau selbstbewußter als mit eigener. So berichtet Bernhild Schrand von der Gattin eines Managers in einem ihrer Rhetorikkurse. Die Gattin kann überhaupt nicht verstehen, warum ausgerechnet eine einfache Krankenschwester an solch einem Kurs teilnimmt. Die kann doch gar nicht mit so wichtigen Leuten zu reden haben, daß sich das lohnte?

V

Um Kragen und Kopf

»Ja, es ist aus, Lady Maria. Ihr verführt mir keinen mehr. Die Welt hat andre Sorgen. Es lüstet keinen Euer – vierter Mann zu werden, denn Ihr tötet Eure Freier wie Eure Männer!«

Das sind Worte, die treffen sollen – in einem weiteren Streit unter Königinnen. Es geht der einen offensichtlich um die Moral, die sie gepachtet hat (und um das Überleben unschuldiger Männer). Die andere dagegen, Lady Maria, ist nicht willens, die Anschuldigungen so stehenzulassen: »Ich bin besser als mein Ruf.« Und, schlägt sie zurück: »Nicht Ehrbarkeit habt Ihr von Eurer Mutter geerbt, man weiß, um welcher Tugend willen Anna von Boleyn das Schafott bestiegen.«

Die Kontrahentinnen sind vorzustellen: Maria Stuart, einstige Königin Schottlands, und Elisabeth I., Königin von England. Diese beiden Damen sind schon um einige Emanzipationsstufen weiter als Kriemhild und Brünhild. Sie streiten sich immerhin nicht mehr darum, wer den besseren Gatten für sich gewonnen hat und deshalb als ranghöher anzusehen ist, sondern es geht ihnen zwar auch um persönliche Macht und Moral, eigentlich aber geht es ihnen um die absolute Spitzenposition. Der Konflikt schwelt schon jahrelang. Daß die beiden Königinnen sich endlich Aug in Aug gegenüberstehen, hat Friedrich Schiller zu guter Letzt ermöglicht; in einem Trauerspiel, das 1800 in Weimar uraufgeführt wurde.

Somit Ring frei für die zweite Kampfesrunde hochstehender Frauen, ein paar Jahrhunderte später, genauer im Jahre 1587, im Schloß zu Fotheringhay in England. Zwar sind die Begegnung der beiden Königinnen und einige Handlungsdetails von Schiller frei erfunden, doch der Ausgang des Konflikts, die Hinrichtung Marias, ist es nicht. Und Schillers Fassung von der Auseinandersetzung zwischen den Königinnen verfolgt selbstverständlich nicht nur die Absicht, uns über die historischen Gestalten ins Bild zu setzen, sondern uns zugleich auch seine Beurteilungskriterien und die seiner Zeit an die Hand zu geben. Obendrein sagt er aus männlicher Sicht etwas zum Thema: *Frauen als Konkurrentinnen.*

Das Vorspiel: Maria Stuart ist Enkelin der Schwester Heinrich VIII., also eigentlich die rechtmäßige englische Thronerbin, und wird deshalb von der herrschenden englischen Königin, Elisabeth I., als Konkurrentin angesehen. Außerdem auch als Rivalin wegen ihrer Erfolge bei Männern. Denn Maria, in Frankreich erzogen, wird gerühmt wegen ihrer Schönheit und Herzensgüte. Mit 19 Jahren, bereits das erste Mal verwitwet, wird sie Regentin von Schottland und ist schon mit dieser Aufgabe, nämlich Herrscherin eines Landes zu sein, überfordert. Gleich mehrere schottische Adelige bieten sich mehr oder wenig heftig an, ihr beizustehen. So sitzt sie binnen kurzem in einem Intrigennetz, privat und politisch ohne glückliche Hand. Mit der Idee, ein zweites Mal zu heiraten, hofft Maria, alle ihre Probleme in den Griff zu kriegen. Sie erwischt natürlich den Falschen. Also schenkt sie ihre Gunst auch noch einem anderen, einem italienischen Emporkömmling, der vor ihren Augen ermordet wird. Es sind rauhe Zeiten. Der zweite Gemahl fällt schließlich ebenfalls einem Attentat zum Opfer. Und sie läßt sich vom Attentäter zwingen, ihn zu ehelichen.

Das wird dem schottischen Volk zuviel. Obwohl Maria an den Bluttaten keinen Anteil hat, bleibt etwas davon an ihr hängen. Sie muß schließlich fliehen. Wohin? Als Zufluchtsort fällt ihr nur das Land Elisabeths ein. Sicher wird ihr einer der intriganten schottischen Adeligen abgeraten haben, ausgerechnet in das Land jener Frau zu gehen, die den Job ausübt, der rechtlich eigentlich ihr, Maria, zusteht. Aber, wird sie hochgemut und etwas hektisch gesagt haben, Frauen sind doch keine Konkurrentinnen.

Elisabeth freut sich denn auch über soviel Entgegenkommen und läßt Maria sofort gefangensetzen. Freiwillig ist die Thron-Rivalin in die Falle gegangen. Denn im Gegensatz zu Maria hat Elisabeth ein Gespür für Macht. Die Galane und Höflinge, die auch ihr gerne beim Regieren behilflich wären, weiß sie auf Distanz zu halten, ein Leben lang. Je nach Bedarf aber scheut sie sich auch nicht, sich ihrer zu bedienen. Ein Geschichtsbuch aus der Mitte des letzten Jahrhunderts beschreibt ihren Charakter als ein »sonderbares Gemisch von Tugenden und Fehlern. Ohne schön zu sein (denn sie war etwas breitschultrig und hatte eine zu große Nase), war sie doch sehr liebenswürdig und freundlich«. Gegen das gemeine Volk zeigte sie sich »äußerst herablassend und leutselig«, »gegen die Großen des Reichs aber trat sie mit stolzer Würde auf«.

Im Jahr 1568 bittet Maria Stuart um den Schutz der englischen Königin. Ihre Hinrichtung wird im Jahr 1587 vollstreckt. Diese Zeitspanne allein deutet darauf hin, daß die Angelegenheit auch für Elisabeth kein leicht zu lösendes Problem darstellt. Der Anschein der Rechtmäßigkeit soll gewahrt werden. Die Differenz der beiden muß sachlich begründet ausgetragen werden. Ihr geht es um den Thron, auch wenn Maria den gar nicht will. Frau kann ja nie wissen. Privates soll offiziell keine Rolle spielen. Elisabeth, die erfolgreiche Herrscherin, kennt sich da aus, ist in Sachen Konkurrenz gut trainiert.

Bei Schiller dreht Elisabeth die Sache so: Auf Grund von zweifelhaften Zeugenaussagen kommt ein Todesurteil gegen Maria zustande: Sie soll sich an einem Mordanschlag auf Elisabeth beteiligt haben. D. h. Elisabeth hat ihr Problem mit der Konkurrentin neu definiert. Es geht nicht mehr um die Konkurrenz, sondern um Rechtsstaatlichkeit, also um die Sache. Das Urteil muß nur noch unterschrieben werden. Ihres guten Rufes wegen zögert Elisabeth, will ihr Gesicht wahren. Sie möchte die Rivalin zwar loswerden, sich dabei aber doch keine schmutzigen Hände machen. Also wendet sich Elisabeth – von Schiller geschickt arrangiert – mit dem heimlichen Plan, Maria ermorden zu lassen, an Mortimer; an jenen Mann, der beschlossen hatte, Maria zu befreien.

Der junge Mortimer glaubt an das Gute im Menschen. Der Zwist kann nur ein Mißverständnis sein. Bei einem zufälligen Zusammentreffen sollten die beiden in der Lage sein, ihre Kommunikationsirrtümer rational auszuräumen.

Die Frauen sehen das weniger naiv. Maria ist auf die Begegnung vorbereitet. Sie weiß, daß sie die Macht nicht hat, und will den Zorn über die lange, grausame und unwürdige Haft unterdrücken, die Situation strategisch für sich nutzen, um aus ihrer elenden Lage freizukommen. Sie spielt die Demütige. Für Elisa-

beth dagegen ist die Begegnung unerwartet, und sie sieht auch keine Notwendigkeit, den Groll, den sie schon immer gegen ihre schöne Rivalin hegte, zu unterdrücken. Entsprechend tritt sie auf, zieht alle Register – »*sieht sie lange mit einem Blick stolzer Verachtung an: Das also sind die Reizungen, Lord Leicester, die ungestraft kein Mann erblickt, daneben kein andres Weib sich wagen darf zu stellen! Fürwahr! Der Ruhm war wohlfeil zu erlangen, es kostet nichts, die* allgemeine *Schönheit zu sein, als die* gemeine *sein für alle!*«

Das ist eindeutig ein Tiefschlag, von Elisabeth aus der Position überlegener Macht heraus ausgeteilt. Nicht die Konkurrentin um den Thron, sondern die Rivalin in der Liebe (es geht um Lord Leicester), die Frau soll der Hieb treffen. Das ist schmerzhafter. Touché.

Erst diese Kränkung macht die Mäßigung Maria Stuarts zunichte. Jetzt sollen Worte töten. Sie schießt nun – jede Strategie vergessend – mit gleichem Kaliber zurück, nennt Elisabeth einen »*Bastard*« *und eine* »*listige Gauklerin*«.

Im Streit der Königinnen lag noch nicht das tödliche Gift, sondern im Streit der Frauen. Sie wollen sich beide gegenseitig bis ins Mark treffen, vernichten; gleichgültig, wie mächtig oder schwach sie sind. Das Prinzip ist das gleiche wie bei Kriemhild und Brünhild.

Ringrichter Schiller läßt Maria in dieser Runde zwar mit einem momentanen Punktsieg davonkommen, aber moralisch steht sie mit Elisabeth noch auf gleicher Ebene. Die innere entspricht nicht der äußeren Schönheit. Siegerin ist sie erst im Tod.

Vorgesetzte Frauen

Der Druck von Frauen auf andere Frauen, sich nicht hervorzutun, die vermeintlich gemeinsame Ebene nicht zu verlassen, kann sehr massiv werden. Wie sehr Kolleginnen einen solchen Schritt übelnehmen, hat Britta Schmidt erfahren. Sie hatte als Übergangslösung nach dem Abitur nur kurzfristig in einer Schokoladenfabrik mit etwa 800 Betriebsangehörigen jobben wollen. Aber schon nach zwei Wochen bekam sie dort vom Produktionsleiter eine Stelle angeboten, mit der sie in eine etwas höhere Lohngruppe aufgestiegen wäre. Ihre Aufgabe sollte sein, Verpackungsmaterial zu bestellen und Ware abzurechnen. In der Abteilung hätte das einen gewissen Aufstieg bedeutet. Sie zögerte, vor allem weil sie mit den Abläufen in der Fabrik noch nicht vertraut war, und fragte die neuen Kolleginnen nach ihrer Meinung. Die rieten ihr zu und unterstützten sie zunächst. Also entschloß sie sich, das Angebot anzunehmen, blieb in der Firma. Doch binnen kurzem kehrte sich die Stimmung um. »Die Kolleginnen beobachteten mich scharf und reagierten bei Fehlern meinerseits ziemlich aggressiv, nach dem Motto: Wenn du das schon machst, dann tu das so, daß wir mit dir arbeiten können.«

Erst mit der Zeit wurde Britta Schmidt klar, gegen welche ungeschriebenen Regeln sie verstoßen, welche Ängste sie in den Kolleginnen wachgerufen hatte. Die Organisationsstruktur des Unternehmens war, wie gemeinhin üblich, streng hierarchisch, ohne daß das allerdings Außenstehenden oder einem Neuling wie ihr sofort in die Augen gesprungen wäre. Aber: »Allein schon der Wechsel von einem blauen Kittel zu einem weißen Kittel bedeutete automatisch für die anderen, aha, jetzt ist sie etwas Besseres.« Daß das auch ihre Kolleginnen, obwohl sie ihr zugeraten hatten, nur so und nicht anders sehen würden, wurde ihr erst allmählich deutlich.

Sowie Britta Schmidt die besser dotierte Stelle angetreten hatte, wurde ihr Auftreten von den Kolleginnen anders beurteilt. Wenn sie etwa aus Verschlafenheit morgens nicht gleich grüßte, war das nun ein Indiz für Arroganz: »Du sprichst wohl nicht mehr mit jeder.« Der eigentlich angeratene, aber dann doch verurteilte Sündenfall bestand darin, daß Britta Schmidt mit der neuen Funktion auch weisungsberechtigt wurde. Damit war, zumindest in den Augen der Kolleginnen, selbst die Fiktion einer gemeinsamen Ebene verlassen; Grund genug, sie nun auch ihrerseits auszugrenzen.

In einem Betrieb, der nach traditionellem Muster noch so strukturiert ist, daß die Vorgesetzten meist Männer sind, während die Frauen in den unteren Lohngruppen arbeiten, ist auch die Befehlsgewalt wie ehedem nach Geschlechtern aufgeteilt. Daran haben sich nicht nur die Männer gewöhnt. »Es ist so, daß ein Mann, speziell hier in der Firma, immer noch sofort als Autorität akzeptiert wird, während eine Frau sich diesen Respekt erst einmal verschaffen muß; und das ist erst recht so, wenn eine zunächst gleichgestellte Kollegin in eine höhere Position kommt, wo sie den Frauen Anleitung geben muß.«

Von den Männern Anweisungen zu bekommen, ist für die Arbeiterinnen eine alltägliche Angelegenheit. Männer als Vorgesetzte zu sehen – das war schließlich schon immer so. Daher nehmen sie deren Befehle auch mehr oder weniger widerspruchslos hin. Aber wenn eine aus ihren Reihen plötzlich Anweisungen erteilt, wird das als Anmaßung empfunden, und die Frauen können es kaum akzeptieren. Mit gewisser Resignation konstatiert Britta Schmidt: »Wenn ein Meister das gleiche tut wie ich und sagt, ›das muß schneller gehen‹, oder ›achten Sie darauf, daß…‹, dann nimmt man das entgegen und sagt vielleicht noch, das sei nicht zu schaffen. Aber es wird akzeptiert.« Sie selbst dagegen, die dieses autoritäre Verhalten nicht übernehmen möchte, die für eine Anordnung lieber Zustimmung sucht und deshalb erklärt, warum etwas anders organisiert werden muß, sie, die auf Einsicht in den geänderten Arbeitsverlauf hofft, stößt auf Widerstand.

Britta Schmidt kennt die Arbeitssituation schließlich aus eigener, wenn auch kurzer Erfahrung. Sie hat deren Belastung, die Unzufriedenheit der Arbeiterinnen noch nicht vergessen: »Dadurch, daß die Tätigkeiten sehr monoton sind, man den ganzen Tag auf einem Platz steht, schmerzende Beine hat oder einen schmerzenden Rücken, weil die Tätigkeiten körperlich sehr belastend sind, muß man sich irgendwie Luft verschaffen. Wenn man verspannt ist und geladen und dann noch Druck bekommt, dann reagiert man natürlich aggressiv.« Also hat sie sich diese Arbeitsbedingungen genau angeschaut, um sie vielleicht ändern zu können. Ihr liegt daran, ein Gespräch in Gang zu bringen, und so fragt sie, »wo ist das Problem, wie können wir das ändern«. Sie fordert das Mitdenken der Kolleginnen heraus. Eine solche Nachfrage aber ist für diese ganz ungewohnt und wird, wie Britta Schmidt sagt, allzu leicht als Schwäche mißverstanden und teilweise sogar ausgenutzt. Froh darüber, überhaupt eine Ansprechpartnerin gefunden zu haben, wird sie sogleich mit deren angestautem Unmut überschüttet. Es ist ein solcher Schwall, daß Lösungen jenseits ihrer Möglichkeiten liegen.

So hat Britta Schmidt feststellen müssen, daß all ihr Verständnis für die psychische und physische Situation der Arbeiterinnen zunächst einmal das Gegenteil dessen bewirkt, was sie erreichen will. Nicht nur das jeweilige »Problem« wird nicht gelöst, sondern sie hat obendrein den persönlichen Ärger, wird fast so behandelt, als habe sie ihn verursacht. Und am Gesamtablauf der Produktion kann sie schließlich, wie sie mit gewisser Resignation feststellt, sowieso nichts ändern. Obendrein fühlen sich die Arbeiterinnen bei solchen Vorhaben, bei denen der Arbeitsablauf verändert werden soll, schnell persönlich angegriffen – zumindest dann, wenn das durch eine andere Frau geschieht.

Wenn Britta Schmidt einen entsprechenden Konfliktfall mit Männern ansprechen muß, reagieren diese anders: »Das ist eine andere Art. Da wird wirklich konkreter kritisiert. Da wird gesagt, das und das ist falsch.« Und gemeinsam versucht man, das Problem zu lösen. Bei denen geht es in erster Linie um die Sache, urteilt Britta Schmidt, nicht um die Person. Die Zusammenarbeit zwischen Mann und Frau wird so lange relativ komplikationsfrei verlaufen, als sich der Mann durch Status und Qualifikation der Frau nicht bedroht fühlt.

Männer lernen in der Tat, mit größerer persönlicher Distanz an eine Aufgabe heranzugehen, sich sozusagen in ihrem Leistungsnachweis in die Sache zu übersetzen. Daran, wie ihnen das gelingt, erkennen sie ihren Status, um den es ihnen vor allem geht. Den meisten Frauen fehlt auf Grund ihrer Sozialisation diese Übertragungsfähigkeit. Für sie war und ist Anerkennung weniger über die Leistung als über ihre gelungenen Beziehungen zu erreichen; daher tendieren Frauen dazu, auch sachliche Kritik persönlich auf sich zu beziehen.

Wenn in der Zusammenarbeit mit Männern ein Problem zu diskutieren ist, so Britta Schmidts Erfahrung, gibt es weniger Schwierigkeiten. Mit Männern, einem Maschinenführer etwa, kann sie sich aber auch deshalb sachlich austauschen, weil der was von den arbeitstechnischen Zusammenhängen versteht. In den unteren Lohngruppen, in denen die meisten Frauen beschäftigt sind, fehlt dieser Überblick jedoch oft. Da hat sich, abgesehen von der unmittelbaren Einweisung in die Arbeitsstelle, nie jemand die Mühe gemacht, die darüber hinausgehende Technik zu erklären. Und wenn die Frauen in ihrer einfachen Tätigkeit, die weder durch sich selbst noch durch die Entlohnung befriedigt, auch noch kritisiert werden, trifft es sie um so mehr.

Etwas anderes kommt hinzu: Ihresgleichen, eine des eigenen Geschlechts, eine mit ähnlichen beruflichen Voraussetzungen, kritisiert sie. Sie vergleichen sich und scheinen schlechter abzuschneiden. Das wollen sie nicht auf sich sitzenlassen. Genau dies konstatiert die Soziologin Bernhild Schrand: Besonders dann, wenn Frauen in verwandten Berufsfeldern arbeiten, haben sie Schwierigkeiten, die Kompetenzen einer anderen zu akzeptieren, denn sie fühlen sofort die eigene Kompetenz angezweifelt.

Britta Schmidt sollte zu einem bestimmten Zeitpunkt an einer Anlage von einer Kollegin angelernt werden, die dort schon viele Jahre gearbeitet hatte. Anschließend sollte sie sie ersetzen. Die Kollegin mußte nicht nur den seit langem vertrauten Arbeitsplatz, sondern auch ihre Crew aufgeben. Das Notwendigste, erzählt Britta Schmidt, habe die ihr noch eben barsch mitgeteilt, sie aber ansonsten derart kritisiert, »daß ein normaler Mensch seine Sachen genommen hätte und nach Hause gegangen wäre«. Die Anleitung durch diese Frau war von etwas geprägt, das ich unter »Hausfrauen-Syndrom« subsummiere – die absolute Kontrolle im eigenen kleinen Reich, ein Gestus, den sehr viele Frauen an sich haben: Britta Schmidt sollte alle 250 Handgriffe genauso wiederholen, wie die Kollegin das die letzten zwanzig Jahre mit Routine praktiziert hatte. Abweichungen waren nicht erlaubt, eigenes Ausprobieren auch nicht. Unerträglich waren diese Lehrstunden vor allem auch vor den anderen Mitarbeiterinnen, die sie ja künftig anleiten sollte. (Undenkbar ist es übrigens, daß sich Frauen nach derartigen Zwistigkeiten anschließend zu einem Bier oder Wein zusammensetzen können, wie das bei Männern durchaus des öfteren vorkommt.)

Vermeintlich reibungsloser funktioniert die betriebliche Befehlsstruktur, wenn sie sich in klassischer Manier, d. h. nach autoritärem Muster richtet: »Wenn einer (ein Mann) kommt und das Ganze einfach plattmacht, indem er sagt, Sie (eine Frau) machen das und das, peng, und weiter auf nichts eingeht, dann kann man nichts mehr machen. Dann kann man nur noch mit der Kollegin drüber reden«, und muß ansonsten versuchen, den Job so gut wie möglich zu erledigen, um ihn nicht zu verlieren.

»Hierarchien«, sagt Britta Schmidt, »sind bequemer. Ich bekomme genau gesagt, was ich tun muß, ich führe das aus. Solange es keine Probleme gibt, läßt man mich in Ruhe.« Die Verantwortlichkeit liegt ja bei dem Vorgesetzten. Sich da einfach einzufügen, sei die Mentalität vieler, besonders dann, wenn die Hierarchie eine schon seit langem bestehende, etablierte ist. Frauen wie sie werden in dem Gefüge noch immer als störendes Element empfunden, gerade von Frauen. Der Blick über den Tellerrand des eigenen Arbeitsplatzes kann die gewohnte Ruhe nur stören. »Wahrscheinlich wäre dies Haus aber nicht funktionsfähig, wenn es diese Hierarchie nicht gäbe.«

Wobei Britta Schmidt den Hierarchien durchaus eine wichtige Funktion einräumt: Sie sind so lange eine wichtige »Krücke«, solange sich noch kein Teamgeist entwickelt hat, der von allen gelebt und akzeptiert wird, innerhalb dessen sich jede und jeder der eigenen Fähigkeiten und Position bewußt wird und zur Zusammenarbeit bereit ist. Trotz gewisser Ansätze zur Mitbestimmung sei es bis zu ihrer Realisierung noch ein langer Weg. Mit der Krücke Hierarchie baue man derweil Stufen auf, grenze Bereiche ein, so daß man Anweisungen erteilen könne, die dann ausgeführt werden müssen. »Es würde wesentlich mehr Schwierigkeiten machen, wenn man so lange warten würde, bis jemand von selbst drauf kommt«, den an dieser Stelle notwendigen Schritt aus eigenen Stücken auszuführen.

Viele Menschen kämen bestimmt ohne diese Hierarchien besser klar, meint Britta Schmidt. Aber für andere hält sie sie unbedingt für nötig. Nach Geschlecht möchte sie die Grenze allerdings nicht ziehen. – Mit Teamgeist jedenfalls lasse sich mehr bewerkstelligen, denn »wenn in dieser hierarchischen Ordnung eine übergeordnete Person einer untergeordneten einen Befehl gibt, dann hat sie die Situation nur kurzfristig gemeistert. Dann wird dieser Untergebene selber nicht die Fähigkeit bekommen, sich weiterzuentwickeln, sondern er wird auf diesem Punkt stehenbleiben. Und er wird dessen irgendwann überdrüssig.« Und ein Organisationsprinzip, das langfristig Überdruß und Frust produziert, hält Britta Schmidt für kurzsichtig, abgesehen davon, daß es auch langweilig ist.

Für Frauen steht bei einer Beförderung oder einer mißlungenen Auseinandersetzung gleich viel auf dem Spiel. Es geht um den möglichen Verlust von Sympathie und Anerkennung, wie es Britta Schmidt am eigenen Leibe erfahren hat. Und insofern erstaunt sie die Angst von Frauen vor einer Beförderung nicht: »Teilweise ist es so, daß Kolleginnen sich nicht trauen, wenn sie eine Position angeboten bekommen. Es gibt sehr oft die Möglichkeit, so eine Position besetzen zu können. Aber viele lehnen aus Angst ab. Einmal aus der Angst, es nicht zu schaffen, und zweitens, weil sie diese Konkurrenzsituation fürchten, daß sie etwa einer Kollegin, die seit zwanzig Jahren im Betrieb ist, viel Erfahrung hat und sich gut auskennt, sagen müßten: Was du machst ist falsch. Bitte mach das so und so.«

Frauen beziehen ihre Stärke aus einem Gemeinsamkeits-, aus einem Gemeinschaftsgefühl mit anderen, mit anderen Frauen, wie die Kommunikationsforscherin Deborah Tannen schreibt. Auch in etablierten Machtstrukturen wie dieser Fabrik ist das so. Frauen fürchten daher, falls sie ihr Beziehungsnetz und die Solidarität der anderen verlieren, dann mit ihrem Selbstbewußtsein vollends auf tönernen Füßen zu stehen. Eine Frau aber, die Selbstbewußtsein hat und es wagt, sich hervorzutun, die ihre Fähigkeiten ausprobiert und ihre Kompetenz einsetzt, macht den anderen, die sich das gleiche nicht zutrauen, sich noch im alten weiblichen Rollenmuster befinden, Angst.

Es ist eine »berechtigte Angst«, urteilt Britta Schmidt, die in ihrer Firma mittlerweile die Produktion verlassen hat und als Betriebsrätin freigestellt ist. Die Isolierung, die Ablehnung durch die Kolleginnen und Kollegen in den beschriebenen Auseinandersetzungen, die als Konkurrenzsituationen eingestuft wurden, fällt so harsch aus, daß eben viele Frauen lieber in den akzeptierten Positionen verharren, als befördert werden zu wollen.

Britta Schmidt hat inzwischen in mancher Hinsicht zurückgesteckt, wie sie sagt, gibt mittlerweile gewisse Probleme an den Meister weiter, was ihr in der ersten Zeit noch unmöglich erschien. »Ich dachte am Anfang, ich muß das mit mir und den Frauen klären und alle zu einem Team zusammenführen.« Diese Erwartung war zu hoch. Eine gleichaltrige Kollegin mit ähnlichem Werdegang umging die Abstürze in der Gunst der Kolleginnen, indem sie von vornherein keinen engeren Kontakt zu den Arbeitskollegen suchte. Sie schien sich im klaren darüber zu sein, daß sie die Situation ansonsten nicht ohne große Kraftanstrengung klären konnte. »Sie ließ sich siezen, achtete auf Abstand, Distanz, und konnte sich damit Dinge vom Leibe halten, die sie später sehr belastet hätten, während ich das am Anfang nicht konnte.«

Trotz jener unerfreulichen Erlebnisse aus ihrer Anfangszeit in dem Werk hat Britta Schmidt ihre Vorstellung von guter Zusammenarbeit, zu der durchaus auch Auseinandersetzungen gehören müssen, nicht aus den Augen verloren. Ganz im Gegenteil. Mittlerweile hat sie sie präzisiert und sich einige Strategien erarbeitet. Sie, die als kleines Mädchen dazu angehalten wurde, sich doch »vernünftig« zu verhalten und sich nicht zu streiten – »du bist die Größere, das mußt du doch anders regeln können. Du mußt dich doch nicht schlagen, kannst dich auch anders wehren« –, hat beispielsweise dieses Handicap inzwischen abgelegt. Nicht, daß sie sich schlagen würde. Aber, so ihre Meinung, nur in Auseinandersetzungen läßt sich klären, wie ein Mißstand zur Zufriedenheit aller zu beseitigen ist. Auch die Angst, nur ja keine Fehler machen zu dürfen, hat sie als perfektionistische Überforderung erkannt.

Als Betriebsrätin ist Britta Schmidt häufig mit Problemen konfrontiert, bei denen ihr solche neu gewonnenen Fähigkeiten zugute kommen: »Es ist manchmal schwierig, ein Gespräch darüber zu führen. Es passiert sehr oft, daß man sich gegenseitig die Vorwürfe auf den Tisch knallt. Das bringt nichts. Nur wenn man keine Mauern aufbaut, sondern das immer wieder abkratzt und fragt, versucht, über den konkreten Streitfall zu sprechen, dann sehe ich darin eine Möglichkeit – die einzige –, das Ganze zu ändern. Sonst wird da nichts draus. Ich versuche beide Situationen zu sehen, die Sachebene und die Beziehungsebene. Ich versuche einen Streit so zu regeln, daß beides damit geklärt ist.«

Es geht nicht an, meint sie, den Menschen nur für die Arbeitsebene funktionalisieren zu wollen und seine Person außer acht zu lassen. Auf der anderen Seite geht auch der Anspruch mancher Arbeiterinnen zu weit, daß diejenige, die sich überhaupt ihre Probleme anhört, dann auch gleich für den ganzen angesammelten sonstigen Frust dieser Person zuständig sein soll.

Das Wunschziel von Britta Schmidt ist, sowohl mit einem Menschen klarzukommen, als auch den Arbeitsprozeß zu gewährleisten. Ist eine Ebene gestört, klappt das Ganze nicht mehr.

Nicht ganz entspannt im Supermarkt

Im Supermarkt mit vollbepacktem Wagen vor einer der Kassen am Freitag abend, und nichts bewegt sich. Die eigene Schlange kommt nicht vom Fleck, die Kunden rechts und links überholen zügig. Ein verdrossener Blick auf die Fehlbesetzung an der eigenen Kasse und der Gedanke, na, die überläßt die Arbeit auch lieber ihren Kolleginnen, so tranig wie sie ist.

Ich frage Manuela Carstens, die mit kurzen Unterbrechungen seit acht Jahren als Kassiererin in einem Supermarkt arbeitet, ob sie solche unterschiedlichen Arbeitsgeschwindigkeiten nicht noch viel wütender machen. Denn sie ist so eine Schnelle, bei der an einem hektischen Tag manchmal sechshundert bis siebenhundert Kunden vorbeidefilieren. Aber nein, sagt sie, das ärgert sie nicht, wenn sie rascher ist als andere und damit mehr arbeitet, das freut sie eher. So schnell ist sie ja erst durch lange Übung geworden. Sie beugt lediglich ein bißchen vor, wenn sie aus irgendeinem Grund kurz die Kasse verlassen muß, denn dann empfiehlt sie eventuell einer langsameren Kollegin, »nun hau mal in die Tasten«, damit die Schlangen während ihrer Abwesenheit nicht zu endlos geraten. Aber ansonsten sei in dieser Hinsicht keine große Konkurrenz untereinander im Gange. Schon deswegen nicht, weil sie niemandem etwas zusätzlich zu ihrer Arbeit an der Kasse beweisen müßten. Denn was sie in die Kasse eintippten, sei ja sozusagen ein Arbeitsbericht, für die Geschäftsleitung ablesbar. Diese sehe daran, wie viele Kunden von der einzelnen abgefertigt wurden, wie viele Fehlbons sie hatte, welche Leistung sie insgesamt erbracht habe.

Allerdings kann man sich mit zuviel Leistung auch ins eigene Fleisch schneiden, weiß Manuela Carstens. Beispielsweise seien sie zur Zeit am Sonnabend nur drei Kassiererinnen, erledigten aber die Arbeit von fünf. Zwei Stellen sind unbesetzt, da wegen der Arbeitszeit am Wochenende Aushilfs- oder Nachwuchskräfte im Einzelhandel nur sehr schwer zu bekommen sind. Wenn die drei sich aber jetzt so einsatzbereit zeigen, kann das für die Geschäftsleitung Veranlassung sein, es auch in Zukunft bei nur drei Leuten zu belassen, Arbeitskräfte zu sparen und die vorhandenen damit ständig zu überlasten. Und wer so fix ist wie Manuela Carstens, wird obendrein auch noch besonders gern zu Hauptgeschäftszeiten eingesetzt.

Manuela Carstens arbeitet auf Teilzeitbasis 33 Stunden in der Woche. Überstunden sollen eigentlich nicht gemacht werden. Aber wenn ihr Chef sie beispielsweise fragt, ob sie den ganzen Tag arbeiten könne, sagt sie nicht seinetwegen, sondern der Kolleginnen wegen zu, »weil die sonst keine Pause machen können«. Aber obwohl sie damit ja auch dem Chef entgegenkomme, würde der auf Sonderwünsche ihrerseits nie eingehen. Und obendrein ändert sich an der grundsätzlichen Überlastung damit, wie sie weiß, nichts.

Reibereien unter den Kassiererinnen gibt es eher aus anderem Anlaß: »Wir haben uns an den Kassen auch schon dermaßen in die Wolle gekriegt, daß keine mit der anderen gesprochen hat.« Die Ursache für diese Streiterei war eine »absolute Lappalie«, nämlich wer zuerst zur Pause geht. Die Lappalie ist dennoch eine hochkomplizierte Angelegenheit, weil in der Pausen-Regelung persönliche Bedürfnisse gar nicht berücksichtigt werden können. Pausen müssen gemacht werden, wenn es einem gesagt wird, nicht nach der Uhr oder wenn sich eine danach fühlt.

Die Geschäftsleitung bestimmt den zeitlichen Rahmen, innerhalb dessen die Kassiererinnen ihr Recht auf Pause wahrzunehmen haben. Die Frühstückspause etwa beginnt schon, wenn der Laden öffnet. Das Problem haben die Beteiligten gelöst, indem die erste Anwärterin morgens gleich später zur Arbeit kommt. Ab elf Uhr fängt bereits die Mittagspause an. Zu früh für einen noch nicht hungrigen Magen. »Die Mittagspause liegt so früh, weil bis vier Uhr die Kaffeepause beendet sein muß, weil dann alle wegen des Kundenandrangs an die Kasse müssen. Da fangen die Rivalitäten an.«

Die Kassenaufsicht, also eine von ihnen, sagt an, wer wann in die Pause gehen soll. Die Kassiererinnen selbst ernennen sie einstimmig für dieses Amt. Sie wählen sich somit ihre Königin, unterwerfen sich deren Regentschaft und setzen sie allerdings auch wieder ab, wenn sie nicht ihren Anforderungen entspricht. »Zuerst war das nämlich eine Kollegin«, erzählt Manuela Carstens, »die ein bißchen hektisch ist, voller Hemmungen steckt.« Mit ihr in dieser Funktion gab es »handfeste Auseinandersetzungen«. Denn dieses Amt der Kassenaufsicht zu haben, hält Manuela Carstens für einen »sehr verantwortungsvollen Job«, den sie für anderthalb Jahre auch mal selber gemacht hat, den sie aber nicht noch einmal übernehmen würde: Die Kassenaufsicht muß morgens das Geld rausgeben und muß der Bank gegenüber den Umsatz nachweisen. Die Kasse muß auf Heller und Pfennig stimmen. Wenn die Summe im Tresor nicht stimmt, muß sie selbst dafür geradestehen. Sie hat als einzige den Schlüssel zum Tresor, dessen Inhalt alle zwei Tage gezählt wird. (Wenn übrigens einzelne Kassen mal nicht stimmen, brauchen nicht die einzelnen das zu zahlen.)

Diese Kollegin nun, eine Perfektionistin, war als Kassenaufsicht gut, es stimmte alles. »Bei uns heißt sie der kleine Saubermann, ist nur am Putzen. Aber wir lassen sie. Das ist schon so ihr Fimmel. Man kriegt sie da sowieso nicht mehr von ab.« Das Problem lag woanders, sie »behandelte uns, als ob wir kleine, dumme Vorschulkinder wären«, erklärte ihnen Rechenvorgänge, die sie schon wer weiß wie oft gemacht hatten. Eine Frau, mit deren Schwächen sie wohlvertraut waren, spielte sich ihnen gegenüber auf, benutzte die Vorrangstellung, die die Kolleginnen ihr ja erst eingeräumt hatten, um sie kleinzumachen. Das konnten sie nicht akzeptieren. Außerdem: »Als Kassenaufsicht muß da eine Person sein, die man auch respektiert, das muß schon eine sein, die sich auch durchsetzen kann, was sie aber nicht konnte«, auch gegenüber manchen Kunden nicht.

Also sprachen sie zunächst mit dieser Kollegin, erklärten ihr das gemeinsame Unbehagen, stießen bei ihr sogar auf ein gewisses Verständnis und informierten erst dann den Chef, sagten, daß sie eine andere Kollegin als Kassenaufsicht wünschten. »Und das war dann in Ordnung.« Ein geradezu verblüffend offenes, faires Vorgehen, bei dem sich anschließend noch nicht einmal die Deklassierte als »Opfer« fühlte.

Manuela Carstens spricht von dieser abgesetzten Kollegin voller Verständnis, das ist »eine ganz liebe«; sie erklärt mir, daß auch ein paar private Konstellationen sie zu der machen, die sie ist. Nebenbei tritt dabei zutage, daß die Kassiererinnen in dem Supermarkt eine Sondergruppe bilden, die mit den anderen Verkäuferinnen relativ wenig zu tun haben, mit denen auch nicht tauschen möchten. Sie treffen sich untereinander auch mal privat und gehen beispielsweise zu Domzeiten zusammen über den Rummelplatz.

Dennoch hält Manuela Carstens von allzu engen Beziehungen am Arbeitsplatz nicht sehr viel. Eine Kollegin etwa berichte ihr oft unaufgefordert »irgendwas über ihre Tochter, daß die sechs Kilo zugenommen hat – das will ich nicht wissen, interessiert mich nicht«. Von solchen Details fühlt sie sich eher belästigt. Ihr liegt daran, zwischen beruflichen Kontakten und privaten Vertraulichkeiten dieser Art einen gewissen Unterschied zu machen: »Wir erzählen uns schon mal private Probleme. Wichtiges bespreche ich aber lieber mit anderen.«

Mit ihrem Beruf als Kassiererinnen sehen sich die Frauen seltsam ambivalent bewertet. Schließlich wissen sie selber nur allzu genau, welche Konzentration, welches Verantwortungsbewußtsein ihnen ständig abverlangt wird. »Das ganze Geld, das durch das Unternehmen fließt, geht durch unsere Hände.« Aber diese Tätigkeit wird nicht nur nicht entsprechend von der Firma entlohnt, sondern sie sehen sich häufig genug auch noch als Zielscheibe von Unfreundlichkeiten oder Pöbeleien durch die Kunden, die sie wie »den letzten Dreck« behandeln. An der Kasse sind sie ja ständig dem Publikum ausgesetzt, haben keine privaten Momente. Aber als Personen werden sie kaum wahrgenommen, eher als das Hindernis am Ausgang, bei dem man Geld läßt. Manche Kunden zumindest behandeln sie auch so. Mit denen gebe es mehr Reibereien als sie je untereinander hätten. Fast automatisch halten die Kolleginnen zusammen, wenn eine von ihnen so unfreundlich angemacht wird.

Das Auftreten und Benehmen mancher Kunden empfindet Manuela Carstens als schlichtweg arrogant. Besonders ein gewisser Typ von jungen Frauen, »aufgetakelt, Minirock, Pumps, Strumpfhosen, toll geschminkt, sieht immer aus wie aus dem Ei gepellt«, behandelt die Frauen an der Kasse sehr von oben herab. Die taxieren sie von oben bis unten. »Ich laufe ja manchmal auch so rum, ziehe einen Minirock und Pumps an. Aber ich benehme mich nicht so wie diese Frauen. Es gibt Frauen, die tun immer so, als ob sie was Besonderes wären. Für manche ist man, wenn man an der Kasse in seinem Kabüschen sitzt, der letzte Dreck. Meistens sind es junge Frauen, die arbeiten vielleicht im Büro, aber vielleicht auch nur in einer Fabrik. Und sie tun dann in ihrer Freizeit so, als ob sie wer weiß was sind, dabei sind sie vielleicht noch niedriger als wir. Nur weil sie schöner, besser geschminkt sind. Wie die das Geld hinschmeißen. Und dann kann man noch nicht mal was sagen, weil die sich beschweren gehen. Wir sind die Gelackmeierten. Dann kriegen wir eine Verwarnung. Bei drei Verwarnungen sind wir weg.« Eine dieser Kundinnen hat Manuela Carstens besonders auf dem Kieker: »Ich kenne die Frau gar nicht, ich finde sie aber sehr arrogant, so wie sie sich gibt. Dabei ist sie nichts Besseres. Sie ist auch nur 'ne Friseuse.« Allerdings sieht Manuela Carstens auch, daß sie solch eine Hochnäsigkeit von Frauen sehr viel mehr kränkt, als wenn sie von Männern kommt.

In dieser anonymen Arena werden eigentlich männliche Statuskämpfe von Frauen ausgetragen, mit den Waffen von Frauen, aus dem Schönheitsarsenal. Welche Frau stellt mehr dar? Welche hat beruflich mehr Prestige vorzuweisen? Je knapper die allgemeine soziale Anerkennung des Berufes und je labiler das Selbstbewußtsein der einzelnen, desto herausfordernder das Auftreten, desto größer die gegenseitige Kränkung. Kein Wunder, daß Manuela Carstens ihre Rivalinnen mehr in manchen Kundinnen sieht als im Kolleginnenkreis. Denn gegen solche Feindseligkeiten halten die Kolleginnen zusammen.

Männer als Kunden findet sie meist netter, die flachsen und »versuchen zu flirten«. Das kann allerdings auch mal umkippen, und dann kommt sie sich »wie Freiwild« vor. Selbstverständlich sind auch unter denen ein paar schwarze Schafe, und Manuela Carstens hat da so ihre Theorie: »Viele Männer, die zu Hause nichts zu sagen haben, lassen bei uns Kassiererinnen ihren ganzen Frust raus«. Doch selbst für solche Mißlaunigkeiten entwickelt sie Verständnis, sieht aber dennoch nicht ein, warum die an ihnen ausgelassen werden müssen. So fühlt sie nach: Wenn der ohnehin schon frustrierte Kunde erst bei der Leergutabteilung anstehen muß, dann keine Erdbeeren bekommt und anschließend in der Wurstabteilung mit momentan nur zwei Verkäuferinnen Schlange stehen muß und an der Kasse noch einmal, »dann kriegen wir es ab«. Auch in solchen Situationen helfen sie sich gegenseitig. »Wenn eine böse angemacht wird, dann geben wir aber zurück, alle zusammen.«

Manuela Carstens mag ihren Beruf, ihre eigene, routinierte Geschwindigkeit, den Umgang mit Menschen, die schnell abrufbare Erinnerungsleistung, die sie ständig erbringen muß. Daß der Beruf aber weder durch Geld noch durch soziale Anerkennung angemessen honoriert wird, kränkt sie. Daß Frauen zu dieser sozialen Diskreditierung in ihren Augen noch mehr beitragen als Männer, verschärft zudem ihren Unmut. Von Männern, gibt sie zu, kann sie allerdings manche Überlegenheitsgesten leichter verkraften, weil die zu deren üblichem Repertoire gehören. Bei Frauen aber ärgert sie diese Überheblichkeit. Obwohl sich das ganze Spiel und Gehabe fast ohne Worte, aber dennoch unmißverständlich abspielt.

Eigentlich hatte Manuela Carstens einmal ganz andere berufliche Wunschträume gehabt, als Kassiererin in einem Supermarkt zu sein. Kindergärtnerin wäre sie gar zu gerne geworden. Aber als sie 1980 mit dem Realschulabschluß die Schulzeit beendete und nach der entsprechenden Ausbildungsmöglichkeit suchte, erfuhr sie, daß bis 1994 alles ausgebucht war. Die Wartezeit war zu lang. Für ein Jahr besuchte sie dann noch eine Haushaltsschule. Auch Verkäuferin zu werden stand eigentlich nicht auf ihrem Plan. Das ergab sich mehr aus einer Laune heraus.

Mit ihrer Freundin auf der Mönckebergstraße in Hamburg unterwegs, schlug sie dieser vor einem großen Modehaus spontan vor: »Jetzt gehen wir hier einfach mal rein und fragen, ob die eine Lehrstelle für uns haben. Und so war es.« Sie und ihre Freundin fingen dort an und bestanden beide die »Verkäuferprüfung in Textil«. Nur wurden sie damals, Mitte der achtziger, nach ihrer Lehre nicht von der Firma übernommen und mußten sich was anderes suchen. So kam es also, daß Manuela Carstens seit 1984 als Kassiererin in einem Supermarkt arbeitet, mit zwei kurzen Unterbrechungen.

Ihre Eltern haben ihr und den drei Geschwistern (eine Schwester, zwei Brüder) nur wenig in ihre Zukunftspläne dreingeredet. Dem Vater war nur immer wichtig, daß alle einen ordentlichen Schulabschluß machen und eine abgeschlossene Berufsausbildung haben.

Ihre sieben Jahre ältere Schwester verließ die Familie schon relativ früh. Dadurch ergab sich, da beide Eltern berufstätig sind (der Vater ist Maschinenschlosser bei einer Brauerei, die Mutter arbeitet bei der Post), daß Manuela diejenige war, die die Hausarbeiten machte. »Es wurde zwar eingeteilt: Er macht das Schlafzimmer, er das Kinderzimmer und sie die Küche. Es blieb aber immer alles an mir hängen.« Die Brüder hauten ab, und sie hatte alles zu erledigen, um die Eltern nicht zu verärgern. So weit die klassische Rollenaufteilung wie gehabt, obwohl Manuela der sonst gar nicht zu entsprechen meinte.

Ein Bruder ist zwei Jahre älter, der andere zweieinhalb Jahre jünger. »Wir haben uns mehr in die Wolle gekriegt, als daß wir uns vertragen haben.« Im Streiten hat Manuela daher eine gute Schulung und tut es sogar ganz gern, läßt sich doch dadurch die Atmosphäre klären. Allerdings weiß sie auch, daß sie sich mit ihrer »zu direkten« Art – geradeheraus zu sagen, was ihr nicht paßt – nicht immer beliebt macht, glaubt hier und da durchaus etwas diplomatischer sein zu sollen. Mit ihrer Freundin allerdings kann sie Klartext reden, die ist ähnlich direkt wie sie selbst, und zuweilen haben sie recht heftige Auseinandersetzungen beispielsweise über Kindererziehungsfragen. In der üblichen weiblichen Arena dagegen, in Aussehensfragen rivalisieren sie gar nicht. Die Freundin arbeitet bei einer Versicherung und ist, weil der Job es so verlangt, gepflegter und »immer geschminkt«. Manuela Carstens dagegen geht auch ungeschminkt los, das ist ihr nicht so wichtig, sagt sie, obwohl sie im Blick auf andere Frauen deren Quantum an Make-up nie unerwähnt läßt. »Aber«, sagt sie, »ich gehe nicht auf die Straße, wenn die Haare nicht sitzen.«

Als Kind hat sich Manuela mehr wie ein Junge gefühlt und benommen, hat sich für Puppen und »Mädchensachen« gar nicht interessiert, sondern ist geklettert und hat sich mit den Jungen »gerangelt«. Das ging so, bis ihr älterer Bruder eine Freundin hatte. Zu dem Zeitpunkt war sie vierzehn. Nun erst begann sie sich allmählich auf ihre Mädchenrolle hin umzuorientieren. »Heute bin ich froh, daß ich eine Frau bin.«

Doch trotz jener kindlichen Anpassung an die Brüder war sie sich ihrer gewissen Sonderstellung als Mädchen in der Familie auch stets bewußt: Immer haben die Eltern von ihr mehr erwartet als von den Brüdern, sowohl zu Hause als auch in der Schule. Sie war das Lieblingskind beider Eltern, und die geizten auch nicht mit Lob, wenn ihr etwas glückte. So versuchte sie, es ihnen recht zu machen, botmäßig zu sein. Noch heute ist die Beziehung so eng, daß sie mindestens jeden zweiten Tag mit der Mutter telefoniert und Heimweh hat, wenn Kontakt nicht möglich ist; als einzige der Geschwister hat sie bei Reisen Heimweh.

Manuela Carstens ist mittlerweile verheiratet und hat eine fast fünfjährige Tochter, die zwar eher unfreiwillig bei einer Pillenpause zustandekam, die sie aber auf keinen Fall mehr missen möchte. Ein weiteres Kind ist nicht geplant. Aus finanziellen Gründen nicht: Dann brauchten sie eine größere Wohnung, das Theater mit dem Kindergarten ginge wieder los, und sie müßte aufhören zu arbeiten. Weder sie noch ihr Mann wollen das. Berufstätigkeit wird immer zu ihrem Leben dazugehören.

Ihre Arbeit macht ihr zwar Spaß; aber langfristig, vor allem bei anhaltender Personalknappheit, findet sie sie zu anstrengend, zu sehr an Kraft und Nerven zehrend und obendrein zu schlecht bezahlt. Immerhin sind sie und ihre Kolleginnen froh darüber, durchgesetzt zu haben, daß sie ein Kassiererinnengehalt bekommen, wie es ihnen zwar zusteht, was aber dennoch keine Selbstverständlichkeit zu sein scheint.

Da sie nach der Lehre im Modehaus nicht übernommen werden konnte, war der Abschluß als Einzelhandelskaufmann bzw. Einzelhandelskauffrau nicht möglich. Um aber in der Hierarchie, in der sie sich zur Zeit befindet, weiter aufsteigen zu können, hätte sie diese Berufsbezeichnung gebraucht. Denn wie die Dinge liegen, kann sie sich gehaltlich allenfalls durch die Anzahl der Berufsjahre etwas nach oben verbessern, das hält sich jedoch in Grenzen. Wenn sie sich allerdings anschaut, wie der Arbeitsdruck des Marktleiters, des Bezirksleiters oder des Gebietsdirektors (so die eindrucksvolle Nomenklatur in Supermarktskreisen) aussieht, dann möchte sie nicht mit ihnen tauschen. »Die kriegen alle Druck von oben und geben ihn weiter.« Das scheint ihr nichts Erstrebenswertes zu sein.

Den Ehrgeiz, auf der Karriereleiter weiter hochzusteigen, hat

Manuela Carstens in ihrer gegenwärtigen Position ohnehin nicht und möchte ihn, auf Grund ihrer knappen Erfahrung als Kassenleiterin, auch gar nicht haben. Dann hätte sie immer Angst, sie schaffe das nicht, sagt sie. Denn schon damals hatte sie derartige Befürchtungen. Wichtiger als eine Karriere ist es ihr, daß ihr die Arbeit Spaß macht. Und daß sie Anerkennung bringt. Woran es aber hapert. Deshalb steht für sie fest: »Ewig will ich diesen Job nicht machen.« Vielleicht läßt sie sich umschulen, wenn ihre Tochter aus dem Gröbsten raus ist. Ihre Zielvorstellungen sind bislang noch etwas unklar. Aber »sie mag gern schreiben«, und insofern ist es denkbar, daß sie einmal als Schreibkraft in einem Büro arbeiten wird.

Einige junge Frauen werden sie dann wohl etwas weniger abschätzig mustern. Und das ist doch schon was.

Chiffre 3166

Frauen und Geld – Zum Erfahrungsaustausch und zur Gründung einer Bürogemeinschaft sucht Finanzfrau andere aus dem Bank-, Versicherungs- und Steuerbereich. Raum Bremen. Chiffre 3166.

Noch ist es eher ein exotischer Weg, auf eine Anzeige in der »EMMA« zu setzen, um eine Geschäftspartnerin im Finanzsektor zu finden. Aber es hat geklappt. Nicht nur das. Das Unternehmen, ein Versicherungs- und Finanzkontor in Bremen, expandiert, langsam, aber stetig.

Frauen und Geld: Zwei Drittel des privat aufgewendeten Geldes werden von Frauen ausgegeben. Einkaufen wird gerne als ihr spezielles Metier angesehen. Trotzdem ist ihr Umgang mit Geld, sowie es sich um größere Summen handelt, meist nicht überaus routiniert. Warum? Nach dem gleichen Muster, nach dem schon konkurrentes Verhalten als unfeminin gebrandmarkt wird, kann sich eine Frau, der Geld allzu wichtig ist, schnell in Mißkredit bringen. Kein Wunder also, wenn gegenüber dem »großen Geld«, als dem Insignium der patriarchalen Leistungsgesellschaft, seitens der Frauen gewisse Berührungsängste bestehen.

Jedoch: »Frauen haben einen ›konkreten‹ Umgang mit Geld. Das bedeutet: Sie betrachten Geld nicht als Selbstzweck, sondern als realitätsbezogenen Gebrauchswert zur unmittelbaren, personenbezogenen Bedürfnisbefriedigung«[1], urteilt die Wiener Unternehmensberaterin und Sozialwissenschaftlerin Roswitha Königswieser. Bei Frauen verquickt sich der Gedanke an Geld nicht ganz so sinnlich wie bei Männern mit Status und Macht, wohl auch aus den obengenannten Gründen. Und beruflich ist es den meisten Frauen noch immer wichtiger, daß sie ihre Arbeit inhaltlich befriedigt, als daß das Gehalt exakt stimmt.

Aber schließlich ist die Tatsache nicht zu übersehen, daß über

Geld die Geschicke der Welt bestimmt werden; daß Geld über Macht und Macht über Geld verfügt. Insofern kann es nicht schaden, wenn finanziell selbständige Frauen beginnen, in dieser Hinsicht Einfluß zu nehmen. Schon allein dadurch, wie sie ihr Geld anlegen, falls sie etwas mehr davon haben sollten. Denn das schockierende Ergebnis einer UN-Studie zur Situation von Frauen sollte nicht für immer so festgeschrieben bleiben: »Die Hälfte der Weltbevölkerung stellt ein Drittel der Beschäftigten, die zwei Drittel aller Arbeitsstunden leisten. Trotzdem verdienen sie nicht einmal ein Zehntel des Welteinkommens und besitzen nicht einmal ein Prozent der Reichtümer dieser Erde.«[2]

Das Wenige, das sie daran ändern können, sind sie gerne bereit zu tun. Noch immer sind die beiden Unternehmerinnen dabei, sich kennenzulernen – nach mehr als fünf Jahren der Zusammenarbeit: Bärbel Hartz, die Versicherungskauffrau, und Anne Wulf, die Betriebswirtin und Finanzexpertin. Beide konterkarieren das sonst Frauen nachgesagte Muster, daß es ihnen in erster Linie auf die Beziehung ankommt. Eine gewisse gegenseitige Sympathie vorausgesetzt, ging und geht es beiden von vornherein um die sach- und fachliche Zusammenarbeit. »Privat waren wir langsam.« Bis auf die Daten verheiratet oder nicht, Kinder ja oder nein, wußten sie lange Zeit nichts voneinander.

Anne Wulf ist als Zweijährige adoptiert worden. Die Mutter wollte mit Sicherheit keinen Jungen; in ihrer Vorstellung, so die Tochter, schwebte ihr eher eine »ballerinenhafte Tochter mit Organzakleid und Schleife« vor, ein niedliches Mädchen mit allem Drum und Dran. Der Vater dagegen war aus ganz praktischen Gründen an einem Jungen interessiert, damit der später einmal das Möbelgeschäft übernehmen konnte. Aber dann entschieden sich die beiden für das Mädchen Anne. Und das wächst und wächst und entwächst den schönen Klischeevorstellungen der Mutter. Dem Vater ist es recht. Er bringt Anne bei, was in seinen Augen ein Junge können sollte: sich mit der Härte des Lebens auseinanderzusetzen. Dafür soll auch sie präpariert sein. Dazu gehören beispielsweise Abwehrtechniken: Wie muß sie stehen, um eine gute Ausgangsposition zu haben, wie kann sie die Schwachstellen des

Gegners treffen? Wenn der Vater verreist, bekommt die Fünfjährige den Auftrag, Mutter zu beschützen. Die Mutter, die eigentlich den Großteil der Arbeit erledigt, die doppelbelastet sowohl im Geschäft die Buchhaltung macht als auch, was sonst, den Haushalt zu führen hat. Was sie leistet, fällt offenbar nicht auf.

So zweitrangig wie die Mutter in den Augen der Tochter will Anne nicht werden. Ohnehin empfindet sie das Mädchendasein als Nachteil, wäre lieber ein Junge geworden, weil die einfach mehr Möglichkeiten haben. Obwohl sie sich auch als Mädchen durchaus sehr dickköpfig durchzusetzen weiß. Mit sieben in einem Hamburger Kaufhaus, zusammen mit ihrer Mutter, droht sie dieser, »wenn du diese Handtasche kaufst, dann gehe ich«, und sie geht, als die Mutter die Tasche nicht sofort fallen läßt. Annes Kaleidoskop von beruflichen Wünschen ist entsprechend ambitioniert – es wechselt im Laufe der Jahre vom Trapper zum Lokomotivführer, vom Polizisten schließlich zur Lehrerin für Biologie und Sport.

In der Schule glänzt Anne vor allem durch Querköpfigkeit. Den Aufruhr, den sie kreiert, verbucht sie als ihren Erfolg. Denn bis auf die Fächer Physik und Sport macht ihr der Rest wenig Spaß. Was ihren sportlichen Ehrgeiz angeht, so ist sie »angetreten, um zu gewinnen, nicht um dabei zu sein.« Überhaupt: Sie will gewinnen, besser sein als der Vater. Die schlechte Prognose einer Lehrerin – eine Lehre stehe sie eh' nicht durch – beschließt sie Lügen zu strafen. Ihr Beruf soll ihr Anerkennung bringen. Der Vater läßt der Sechzehnjährigen in der Berufswahl dergestalt freie Hand, als er nur die Ausbildung zur Möbelkauffrau zu zahlen bereit ist. Jeden anderen Entschluß müsse sie selber finanzieren. Also schickt sie sich zunächst einmal drein. In kürzerer Zeit als üblich ist Anne Wulf fertige Einzelhandelskauffrau. Heiratet mit 19, kriegt ein Kind und ist mit 20 wieder geschieden.

In der Berufsschule aber gibt es eine Lehrerin, die an Anne Wulf glaubt: »Mädchen, aus dir wird noch was!« »Das war so ein Kick nach oben, das hat mich ungeheuer angespornt.« Mit dem schon Erreichten gibt sie sich nicht zufrieden. Sie wird die erste Handelsfachwirtin im norddeutschen Raum und beginnt mit 26 das Studium der Betriebswirtschaft. Und als sie schließlich zur Betriebswirtin gekürt ist, teilt sie das per Annonce der staunenden

Öffentlichkeit in der Zeitung mit (speziell jenen niedermachenden Hiobsboten aus der Schule), mit Bild – damit es keine Verwechslung gibt.

»Ich kann mit Frauen arbeiten, ohne daß ich sie rundherum ganz toll finden muß, mit allem Drum und Dran. Das ist ein viel zu hoch angesiedelter Anspruch«, sagt Anne Wulf. Eben dieser Anspruch, sich quasi erst auf Herz und Nieren geprüft haben zu müssen, bevor eine vertrauensvolle Zusammenarbeit möglich ist, stehe Frauen oft im Wege. Weil sie aber weiß, daß sich die meisten Frauen nicht ohne dieses Sicherheitsnetz aufs Seil trauen, zögerte sie noch eine ganze Weile, bevor sie den Gedanken, sich selbständig zu machen und gemeinsam mit einer Frau ein Büro zu gründen, in Angriff nahm. »Ich wollte mich nicht entblättern.«

Es ist ein Punkt, in dem sie mit ihrer späteren Partnerin ohne Absprache übereinstimmt. Denn auch Bärbel Hartz erzählt, daß sie zu Beginn eines seit mehreren Jahren bestehenden Arbeitskreises »Versicherungs- und Finanzexpertinnen für Frauen bundesweit« klarstellen mußte, daß sie in diesem Umfeld keine Freundinnen suche, da sie die bereits habe.

Nun, seit Bärbel Hartz und Anne Wulf als Chefinnen gleichberechtigt im gleichen Büro gelandet sind, stellt sich ganz allmählich heraus, wie unterschiedlich die Wege waren, die sie bis dahin gegangen sind.

Bärbels Eltern wünschten sich ein Mädchen, und es wurde eins. Und als Mädchen wurde sie erzogen. Sie war die Große, ein Bruder kam noch nach. Bärbel war zwar die Bessere in der Schule, aber als Mädchen wurde sie auf die Realschule geschickt, mit dem Argument, »du gehst nur zur Realschule, du heiratest ja doch«. Der Bruder dagegen, ebenso wie ihre Freundinnen, ging aufs Gymnasium. Was den Bruder angeht, hatten die Eltern größere Ambitionen. In ihrem kindlichen Freundeskreis gab es dadurch einen Bruch – aber sie ließ es geschehen, war »angepaßt«, wie sie sagt. Berufspläne oder gar Träume entwickelte sie als Teenager gar nicht erst, denn die Eltern hatten sehr genaue Vorstellungen über den Lebensweg ihrer Tochter: Abgesehen davon, daß sie heiraten wird, sollte sie sich in Vaters Geschäft nützlich machen. Sie sollte einmal das Versicherungsbüro des Vaters übernehmen und deshalb dort praktischerweise gleich in die Lehre gehen. Sie tut es, um sich damit Freiheit für die Zeit danach zu verdienen: eine Ausbildung zur Sozialarbeiterin.

Erst seit diesem Entschluß wagte Bärbel Hartz, mit ihren Eltern einen Streit auszufechten. Die allerdings ließen sie die neu gewonnene Selbständigkeit gleich voll auskosten – die zusätzliche, eigenwillige Ausbildung mußte auch sie selbst bezahlen. Als dann später die Eltern nur eine kirchliche, nicht aber eine allein standesamtliche Heirat auszurichten bereit waren, die das Paar ohnehin nur ihnen zuliebe meinte feiern zu sollen, gab sie das Angepaßte auf, gelang ihr eine gewisse Loslösung. Sie stellte fest, daß sie mittlerweile auf das Wohlwollen der Eltern nicht mehr auf Gedeih und Verderb angewiesen war.

Trotzdem: Bärbel Hartz weiß, daß sie ihr Selbstvertrauen, ihre Selbstsicherheit auch ihren Eltern zu verdanken hat, weil sie neben der konformen Erziehung auch die nötige Anerkennung bei ihnen erhielt. Und daß sie Eigenständigkeit erst so spät für sich realisierte, lag nicht zuletzt daran, daß in ihrer Familie allgemein die vorhandenen Konfliktpunkte um des lieben Friedens willen eher unter den Teppich gekehrt wurden. Es wurde nicht gestritten, niemand störte den guten Ton, auch nicht, wenn wirklich Anlaß dazu bestand. Insofern dauerte es etwas länger, bis auch sie wußte, was sie wollte, da andere es ja stellvertretend schon so genau wußten. »Ich bin überhaupt nicht zielstrebig vorgegangen. Ich bin eher so rangegangen: Besser, ich strecke mich nach der Decke, als ich strebe ein bestimmtes Ziel an. Das ist erst seit einigen Jahren im Wandel.«

Wie nahe die Falle konventionellen weiblichen Verhaltens immer ist, bleibt Bärbel Hartz mittlerweile stets bewußt. Ihr Mann ist Arzt. Schon von seiner beruflich notwendigen Zeitplanung her wäre es für sie schwierig geworden, Kinder zu haben, »ohne in die herkömmliche Rolle von Frauen zu fallen; da hätte ich Probleme gesehen«. Das klassische Rollenvorbild wirkt sogar noch dann nach, wenn, wie bei ihr, die eigene Mutter nie diese Rolle vom ausschließlichen Mutter- und Hausfrau-sein vorlebte, da sie immer auch im Geschäft mitgearbeitet hat.

Mit der Berufstätigkeit kristallisieren sich die eigenen psychischen Prismen heraus. Bärbel Hartz, die Tennis spielt, weil es Spaß macht, nicht, weil sie gewinnen will, möchte auch beruflich nicht im Wettbewerb stehen. Da weicht sie aus und versucht auf andere Art, ihre Ziele zu erreichen, mit Kompromissen, falls nötig. Um sich erfolgreich zu fühlen, muß sie nicht als Siegerin aus einem Wettbewerb hervorgegangen sein. Ganz im Gegenteil, das Gefühl, siegen zu müssen, lähmt sie. Wenn sie sich etwa unter Druck fühlt, einen bestimmten Vertrag mit einem Kunden unbedingt abschließen zu müssen, indoktriniert sie sich nach dem Muster, »das ist nicht so wichtig«, und schon kann sie effektiver und angenehmer arbeiten, durchaus mit ihrem ganzen Einsatz. Unter Druck funktioniert sie nicht.

Ihre Ziele sind mittlerweile klar gesteckt. Sie will Erfolg haben, schon, »weil das interessanter ist – inhaltlich«. Bequem ihre Zeit als Sachbearbeiterin zu verbringen, ist Bärbel Hartz einfach zu langweilig. Und im übrigen: »Wenn du selbständig bist – dann mußt du einfach auch erfolgreich sein, wenn das was werden soll.«

Wie können zwei so selbständige Frauen, die sich auf so unterschiedliche Weise zum beruflichen Erfolg trainiert haben (»programmed for success«), ihre Ambitionen koordinieren?

Anne Wulf, die Vater-Tochter, war so gut von ihm konditioniert worden, daß sie, wie gesagt, noch besser als er zu werden gedachte. Anerkennung wollte sie vor allem auch über die berufliche Schiene erreichen. Und da ihr nicht entgangen war, daß in unserer Gesellschaft Erfolg auch über Geld gemessen wird, verhielt sie sich schon als Kind entsprechend: »Ich habe sehr früh angefangen, eine Preisliste aufzustellen für die Leistungen, die ich erbringe.« Eine Autowäsche kostete je nach Größe des Wagens. Vor Eintritt in das elterliche Geschäft führte sie »intensive Lohnverhandlungen«.

Nicht nur der Erfolg an sich war Anne Wulf wichtig, sondern es lag ihr auch daran, daß er allseits erkennbar war – siehe die Annonce in der Zeitung. Demgemäß regte sie sogleich mit ihrem Eintritt in die Finanzbranche an, daß jeder im Team eine Umsatzliste erstellte; denn nur so ließ sich eindeutig feststellen, ob sie, wie angestrebt, die Beste sei. Vor Gründung des Finanzkontors arbeitete sie fast ausschließlich in »Männerdomänen« und ist sozusagen mit deren Wassern gewaschen, kennt die Methoden und kann mithalten. Ihre körperliche Größe habe ihr in diesem Umfeld übrigens sehr geholfen, sagt sie; man kann sie einfach nicht übersehen. Neben dieser männlich orientierten Konkurrenzschulung stehen ihr aber verschiedene Haltungen zur Verfügung. Sie kann auch anders. »Ich merke, daß ich in reinen Männerkreisen stärker Konkurrenz und Erfolg auslebe und nach vorne schiebe; in reinen Frauenkreisen in diesem Umfang nicht.«

Im Vergleich zu Anne Wulf ist der berufliche Werdegang von Bärbel Hartz ein klares Kontrastprogramm. Sie »ging immer zu reinen Mädchenschulen, wo ich gestützt wurde. Wo nicht sofort ein Konkurrenzkampf mit Jungen bestand.« Und bis auf eine kurzfristige Ausnahme in einem Maklerbüro hat sie in ihrem ganzen Berufsleben nur in einem Frauenumfeld gearbeitet. Eine der Zwischenstationen war Pro Familia. Immer hat sie eher Nischen gesucht, auch die Selbständigkeit ist, wie sie sagt, eine Nische. Auf die Frage, wie sie sich in Konkurrenzsituationen durchsetzen könne, antwortet sie: »Ich habe überhaupt keine Situation im Sinn, wo es um Durchsetzen geht.«

Über eine Anzeige in der EMMA finden diese beiden so unterschiedlich geeichten Frauen also zueinander. Beiden geht es nur um den Geschäftskontakt. Die EMMA-Anzeige klärt lediglich, daß sie zumindest einen gewissen gemeinsamen frauenbewußten Hintergrund haben. Nun galt es zu ermitteln: »Wo passen wir im Arbeitsbereich in erster Linie zusammen.« Dieser Arbeitsbereich mußte stimmig sein. Ob, abgesehen von einer gewissen notwendigen Grundsympathie, anderes stimmig sein würde, ob man sich soweit mochte, daß man etwa mal zusammen Essen gehen würde oder dergleichen mehr, meinten sie nicht klären zu müssen. Zu Recht, wie sich herausgestellt hat. »Auf der Sachebene haben wir uns von Anfang an akzeptieren können.«

Als eine Voraussetzung für ihre gute Zusammenarbeit halten beide die klare Aufteilung der Aufgaben und Arbeitsbereiche; inhaltlich kommen sie sich nicht ins Gehege; sie vergleichen auch nicht ihre persönlichen Umsatzanteile. Aber angesichts ihrer doch sehr unterschiedlichen Art, an neue Aufgaben heranzugehen, angesichts ihrer unterschiedlichen »Berufstemperamente«, ist es bemerkenswert, wie reibungslos das Kontor funktioniert.

Wenn sie sich an das Wagnis eines neuen Projekts begeben, haben beide diametral entgegengesetzte Herangehensweisen – somit viele Ansatzpunkte für Konflikte, wie man meinen könnte. Bärbel Hartz versucht in solch einem Fall erst einmal, um sich den Druck zu nehmen und an das Neue zu gewöhnen, das Terrain zu sondieren, sich »vorweg schlau zu machen«, Kontakte zu nutzen und soviel wie möglich in Erfahrung zu bringen. Nicht um dann das perfekte Projekt zustande zu bringen, sondern um das Risiko zu minimieren und sich selbst zu beruhigen.

Anne Wulf dagegen ist in solch einer Risiko-Situation in ihrem Metier. Sie braucht den Druck, um in Bestform zu kommen, auf Hochtouren zu laufen. »Immer mit dem Grundvertrauen, erst mal rein, es wird schon gutgehen.« Sie gehe da ran wie bei neuen Geräten mit Betriebsanleitungen bzw. Gebrauchsanweisungen, die sie nie lese. Wenn es knallt, muß sie etwas falsch gemacht haben und es eben noch einmal anders probieren. Und es wird beim zweiten Versuch schon deshalb besser funktionieren, weil sie schließlich auch beim Mißlingen mehr von der Materie erfahren hat. Allerdings: »Wenn meine Bahnen gekreuzt werden, reagiere ich etwas aggressiv und bin sofort dabei, Strategien zu entwickeln, wie ich das Hindernis bewältigen kann. Ich gehe dann auf Konfrontationskurs.« Aber dieses Konkurrenzverhalten entwickele sie stärker nach außen, nicht im gemeinsamen Büro. Dort werden ihre Bahnen jedoch auch nicht gekreuzt, denn Bärbel Hartz meint: Wenn sie Konkurrenzverhalten auch nur vermute, dann »stecke ich es so weit weg, daß ich es nicht einmal nennen könnte«. Es lähmt und ängstigt sie. Konkurrenz nach außen finden sie dagegen beide belebend.

Im übrigen kennen sie sich mittlerweile gut genug, um zu wissen, was sie sich gegenseitig zumuten können. So vermeiden sie, zu rasch zu expandieren, sich etwa aus dem Stand heraus zu verzehnfachen. Anne Wulf würde da auf Grund ihres Temperaments ein zu schnelles Tempo vorgeben, würde von der Nordsee bis zur österreichischen Grenze die Hauptschwerpunkte abstecken, die für neue Niederlassungen in Frage kommen. Bärbel Hartz hingegen braucht Zeit zum Sondieren. Ihre Methode ist es abzuschätzen, wie mit dem vorhandenen Potential das Ganze langsam wachsen kann: »Dafür brauchten wir nur die Niedersachsenkarte«, sagen sie lachend.

Jede läßt der anderen die Freiheit, sich Dinge auszuspinnen. Beide akzeptieren und kalkulieren dieses Wissen voneinander ein. Keine fühlt sich gebremst, wie sie sagen, denn das würde langfristig nur zu Ressentiments führen. Konkurrenz werde sie zwar nicht ganz wegleugnen können, meint Anne Wulf, aber es sei eine positive, keine zerstörerische. Sie rege die Phantasie an: »Die Unterschiedlichkeit in der Vorgehensweise, die wir mitbringen, führt dazu, daß wir gute Kompromißwege finden.«

Ausschlaggebend für diese optimale Bürosituation ist, so meinen sie, daß es keine einseitige Dominanz gibt, daß sie gleichstark sind (oder sich zumindest so einschätzen). Sie achten so sehr darauf, auf einer Ebene zu stehen, daß sie das sogar bis in die Feinheiten der Typographie durchgestaltet haben. In ihrem Werbeprospekt, einem Faltblättchen, standen ihre Namen zuerst untereinander. Nun nicht mehr. Mit Schere, verschiedenen Schrifttypen und Layoutversuchen experimentierten sie so lange, bis beide damit zufrieden waren. Die Namen stehen jetzt nebeneinander.

Ihre Münchner Kolleginnen dagegen, die ein ähnliches Finanz- und Versicherungs-Projekt aufgezogen haben, sind genau vom Gegenteil überzeugt: Gleiche Stärke schließt sich aus. Wie die beiden Frauen in Bremen machen auch die dortigen Kolleginnen über den Rahmen des Büros hinausgehende Veranstaltungen. Dabei treten die Münchnerinnen nur einzeln auf, denn eine der Frauen, eine ausgebildete Gruppentherapeutin, vertritt die Meinung, daß es schwierig für die Teilnehmerinnen eines Kurses sei, wenn zwei gleichstarke Frauen die Leitung übernähmen. Deswegen vermeiden sie diese Situation. Die Erfahrung von Bärbel Hartz und Anne Wulf aber ist, daß sie sich bei solchen Gelegenheiten, ebenso wie in ihrem Kontor, vorteilhaft ergänzen.

Im gemeinsamen Büro gibt es zwar eine Hierarchie insofern, als klar ist, daß sie als Büroinhaberinnen bzw. Gründerinnen bei anstehenden Entscheidungen das letzte Wort haben. Der Arbeitsstil ist aber ansonsten partnerschaftlich, jede und jeder durchschaut, warum man was macht. Das wird abgesprochen. Die Chefinnen können auch ihrerseits nachfragen, zur Debatte stellen, das und das steht an, gibt es Vorschläge, wie wir das am besten machen. Und im übrigen billigen sie auch den Mitarbeiterinnen die gleiche Ausgangsbasis zu, wie sie selbst sie hatten: Hauptsache, die sachliche Zusammenarbeit stimmt. Den gleichen Geschmack in Sachen Literatur, Mode oder Essen muß niemand vorzeigen, um akzeptiert zu werden.

Mit Gründung des Kontors war es von vornherein ihr wichtigster Anspruch, mehr Hintergrundwissen zum Thema Geld zu vermitteln. Zwar wollten sie Männer und Frauen beraten, aber es ging ihnen besonders darum, das »Thema Geld für Frauen mehr zum Thema zu machen« und dabei insgesamt Geldgeschäfte durchsichtiger werden zu lassen; Geld, das Mittel zu ökonomischer Unabhängigkeit und Selbständigkeit. »Geld ist ein Instrument, mit dem wir alle umgehen müssen. Aber für viele bedeutet es Unbehagen, darüber zu sprechen, egal, ob sie Geld haben oder nicht.« Ihr Anspruch ist aufklärerisch: »Wir sind keine reinen Produktverkäuferinnen. Du kommst und kriegst dein Pfund Salz über den Tresen, und damit ist das Ganze gelaufen. Sondern über den Aufklärungseffekt erzielen wir ja auch, daß du dich für uns entscheidest, aus der besseren Kenntnis heraus.«

Bärbel Hartz und Anne Wulf sind im übrigen Frauen, die trotz aller beruflichen Beanspruchung ihre frauenpolitischen Ambitionen nicht vergessen haben. Mehrgleisig versuchen sie, andere Frauen – Unternehmerinnen, Frauen in Führungspositionen – aus ihrer Einzelexistenz heraus miteinander in Kontakt zu bringen. In ihrer Stadt, in Bremen, sind sie dabei, ein Netzwerk zu entwickeln: Indem sie beispielsweise ein Frauenbranchenbuch herausgegeben haben, das gerade erweitert wird. Indem sie Tagungen für Unternehmerinnen organisieren. Im Kontor liegen die Visitenkarten anderer Geschäftsfrauen aus. Der Gedanke eines Netzwerkes, so Bärbel Hartz, sei im Unterschied zu den Männern bei Frauen überhaupt noch nicht selbstverständlich, stehe noch sehr am Anfang. Angesichts der größeren sozialen Kompetenz, die Frauen zugeschrieben wird, angesichts der Kontaktfähigkeit im privatpersönlichen Bereich sei die Langsamkeit, mit der diese Begabung auch im Beruflichen eingesetzt wird, bemerkenswert.

Die Erfahrung einer Rhetoriklehrerin ist es beispielsweise, daß in Kursen mit überwiegend Männern als erstes die Visitenkarten ausgetauscht werden. Bei Frauen hätte sie das noch nicht erlebt. Dabei muß Karriere heute für eine Frau nicht mehr wie früher die große Einsamkeit bedeuten. Und da ein Problem, mit der die einzelne konfrontiert ist, vielleicht bereits von einer anderen bewältigt sein kann, fehlt zur Lösung des Problems eventuell nur der Kontakt zwischen den beiden. In den absoluten Spitzenfunktionen aber ist sie noch immer einsam. In den Aufsichtsräten sind Frauen nur mit zwei bis drei Prozent vertreten, haben also immer noch eine Alibifunktion. Wer es als Frau bis dahin geschafft hat, kann, falls es eine offene Position gibt, nicht einfach zum Hörer greifen, wie es die Männer tun, um eine Kollegin darauf aufmerksam zu machen. Um beliebig nach Nachwuchs Ausschau halten zu können, konstatiert Anne Wulf, müßte die Struktur noch erheblich offener werden.

Erst wenn »Frauen im Sechserpack« (zitieren sie Adrienne Göhler) Ämter und Positionen innehaben werden, werden sie sich dem patriarchalen System gegenüber nicht mehr rechtfertigen müssen, wird ihre Präsenz auf allen Rangebenen so selbstverständlich sein wie die der Männer. Noch aus einem anderen Grund aber sei die Ambivalenz von Frauen, in Führungspositionen zu gehen, berechtigt und verständlich, meint Bärbel Hartz. »Frauen sagen, ich bin nicht nur Beruf und will nicht ausschließlich Berufsfrau sein, ich will auch noch was anderes machen. Das ist ein ganz legitimer Anspruch. Die Strukturen sind im Grunde nicht so, daß Frau oder Mann sie ohne Anstrengung, d. h. ohne Verhärtung und Verletzung durchstehen kann.« Obendrein haben Frauen in den seltensten Fällen – wie die karrieremachenden Manager ihre Ehefrauen – sie stützende Hausmänner im Hintergrund. Und sie fragen sich zu Recht, wie auch zunehmend Männer das tun, wie weit sie sich von diesen Strukturen vereinnahmen lassen, oder ob sie die Strukturen nicht besser, wenn möglich, verändern sollten.

Wie Konkurrenz im Leistungsbereich für Frauen mit einem nur langsam aufbrechenden Tabu belegt ist, so kann gleichermaßen das Symbol dieser männlichen Leistungsgesellschaft, das Geld, für Frauen suspekt werden. Wie Roswitha Königswieser schreibt: »Viel Geld zu verdienen, bringt Frauen nicht die Anerkennung ein, die Erfolg für Männer mit sich bringt. Frauen werden eher sozial sanktioniert, wenn ihnen Geld wichtig ist.« Daher wohl stellen Frauen ihren Erfolg ebenso ungern aus wie ihr Geld, so sie es haben. Anne Wulf berichtet, daß manche Frauen, wenn sie eine Erbschaft machen, darüber regelrechte Angstgefühle entwickeln. Denn damit fallen sie aus einer ihrer Sicherheiten heraus, »aus dem Netz der Verschwisterung im Elend«. Und sie hegen Zweifel, ob das neue Geld ihnen je so viel Sicherheit bieten kann, wie sie andererseits verlieren.

Die beiden Bremer Finanzexpertinnen jedenfalls haben keine Angst, ihre Kompetenz zu zeigen und ihren Erfolg auszustellen. Vor einiger Zeit sind sie in ein repräsentatives Kontor in bester Lage umgezogen. Bei einer der Einweihungspartys waren nur Frauen eingeladen, von denen einige fragten, ob das Büro nicht doch ein wenig zu groß, zu prächtig geraten sei.

Nie offen, sondern menschlich

Hierarchien und Hierarchien müssen ganz offenbar nicht dasselbe sein. Denn eigentlich war Maria Boer[1] für sich schon zu dem Schluß gekommen, für eine Hierarchie ungeeignet zu sein, als sie in eine Machtstruktur geriet, die für sie »ideal« war. Zuvor jedoch war sie in ihrer Karriere mehrfach an einen Punkt gekommen, an dem sie sich in die vorgefundene Hierarchie weder länger einordnen konnte noch wollte, »auch nicht für Geld«, wo sie mit »Aplomb« abbrach. Doch dann gab es da plötzlich diesen Apparat, den sie »gern spielte«.

Manche ihrer Begegnungen mit konkurrentem Arbeitsstil entsprachen eher dem traditionell männlichen Muster. Beispielsweise: Als Textchefin bei einer Frauenzeitschrift hielt sie es für nötig, die Texte einer weniger talentierten Kollegin regelmäßig umzuschreiben. Die Chefredaktion aber hatte diese Frau ohnehin schon loswerden wollen und bat Maria Boer daher, Material gegen sie zu sammeln. Ein derart unkollegiales Verhalten lehnte sie ab; nur, um sich kurze Zeit später vom freudestrahlenden Chefredakteur einen Brief von eben jener Kollegin vor die Augen halten lassen zu müssen, in dem die sich über sie und ihr Umschreiben beschwerte. Die andere hatte offenbar weniger Skrupel, unkollegial zu sein. Solche Konflikte, »von unten wie von oben« unter Druck gesetzt zu sein, fand Maria Boer nur schwer auszuhalten.

Ein paar Jahre später: Drei Ressorts einer bekannten Frauenzeitschrift waren in eines zusammengefaßt worden und sollten eine neue Chefin bekommen. Alle in diesen Ressorts beschäftigten Redakteurinnen wollen den Posten haben. Wie immer in einer solchen Situation kann sich ein Verlag am besten aus der Affäre ziehen, indem er die Stelle mit jemandem von außen besetzt. Maria Boer macht das Rennen. Ihre künftigen Mitarbeiterinnen sind somit alle – ohne daß sie mit irgendeiner direkt zu tun hatte – gerade aus dem Felde geschlagene Konkurrentinnen, »die nur darauf lauerten, mich anzubaggern und niederzumachen, die nie offen zu mir waren, sondern immer auf die menschliche Tour«.

Um zu erklären, was sie mit der »menschlichen Tour« meint, erzählt Maria Boer einen Vorfall aus den Anfängen ihrer journalistischen Laufbahn. Sie hatte gerade die Stelle gewechselt: von einer hektischen Tageszeitung zu einer Zeitschrift, bei der vornehmlich Frauen arbeiteten. Dort genoß sie den so viel angenehmeren und höflicheren Umgangston. Sie fand ihre Meinung bestätigt, daß, wenn Frauen miteinander arbeiten, die ganze Arbeitsatmosphäre eine bessere sei, schon weil endlich die sexistische Anmache ausblieb.

Nach etwa drei Monaten wurde sie von zwei Kolleginnen zum Tee in deren gemeinsames Büro eingeladen. »Es roch alles so gut, und die waren so gut gekleidet.« Aber, so merkte sie rasch, es herrschte keine kollegiale Stimmung. Die beiden begannen, sie nach Strich und Faden auszufragen, in pseudovertraulichem, höflichem Ambiente versuchten sie, die Neue zu durchleuchten. Nach einer Weile fühlte sich Maria Boer »wie eine Domestikin zu Besuch bei der Queen«. Die Wut, mit der sie die beiden verließ, das Verletzende dieser Szene verstand sie erst Jahre später: »Das ist auch eine Form, mit Macht umzugehen. Männer langen irgendwo hin, und die Frauen laden huldvoll zum Tee ein, um mir zu zeigen, daß ich in der Hierarchie ganz unten bin.«

Konkurrenzgefühle unter Frauen, meint sie, äußern sich anders. Macht zeigten diese beiden Frauen nur indirekt, mit für sie (als Neuling) noch nicht sogleich übersetzbaren Signalen. Über die menschliche, vermeintlich gleichrangige Tour hatten die sie auszuhorchen vermocht; sie hatten die schnell übliche Offenheit – »unter uns Frauen« – dazu benutzt, um den Stellenwert der Neuen im Machtgefüge auszuloten, und waren zu dem Schluß gekommen, nicht mit ihr rechnen zu müssen; also verwiesen sie sie bei der Gelegenheit ganz nebenbei auf ihren Platz. Trotz derartiger Erfahrungen ist Maria Boer der Ansicht: »Offenheit in Beziehungen, auch Arbeitsbeziehungen, muß sein. Aber von Frauen vor allem wird eine Form von emotionaler Menschlichkeit eingesetzt, durch die ich mich mißbraucht fühle.«

Nun, Jahre später, also dieser erneute Start bei einer Frauenzeitschrift. Diesmal als Ressortchefin. Drei der künftigen Mitarbeiterinnen waren bereits vor ihrer Zeit gekündigt oder langfristig krankgeschrieben worden, und der Rest machte – mit einer Ausnahme – auf Obstruktion, fühlte sich indisponiert, lieferte die Artikel nicht pünktlich ab. Je weniger die Zusammenarbeit klappte, desto mehr wuchs der Arbeitsdruck für sie. Und wieder kam ihr die »menschliche Tour« in die Quere, verkomplizierte die Beziehung zwischen der Vorgesetzten und ihren Mitarbeiterinnen, geriet zum regelrechten Clinch. Da kommt eine rein, sagt, »›Ich muß mal mit Ihnen reden, Sie haben da gestern so einen Satz gesagt, der ging mir noch die ganze Nacht durch den Kopf.‹ Und ich denke, mein Gott, ich habe gestern 3000 Sätze und 6000 Probleme gehört, ich weiß gar nicht mehr, was ich gesagt habe. Aber wenn du das auch noch gesagt hast, dann kommt: ›Sie beachten mich wohl nicht‹«.

Statt über die zu leistende Arbeit zu sprechen, wechseln die Frauen das Thema und verlagern die Diskussion ins Persönliche. Maria Boer geht es zwar in erster Linie um die Sache, in diesem Fall um den Artikel, die Zeitschrift: Das Produkt soll gut werden. Trotzdem, meint sie, sollten etwaige »echte« Konflikte Vorrang haben. Genau hier liegt ihr Problem: »Ich falle immer wieder auf diese menschliche Tour rein!« Die Tür geht auf, eine Mitarbeiterin kommt herein und beginnt seltsame atmosphärische Störungen anzutexten und zum Problem hochzustilisieren: »Ich glaube, Sie verstehen mich immer falsch. Ich habe die ganze Nacht nicht geschlafen, ich habe immer über Sie nachgedacht.« Oder: »Eine sagt, hören Sie mal, wir kennen uns doch noch aus vergangenen Zeiten, wissen Sie noch... und dann kommt der große Hammer.«

Oft genug, so Maria Boers Erfahrung, ist das »Problem« nur dazu da, um sie zu manipulieren. Und ihr Alarmsystem, das zu erkennen, sei einfach zu langsam. Denn hinter diesem Verhalten stecke bei vielen Frauen die Absicht, sich mit solch einer »Psychokiste« strategische Vorteile zu verschaffen: Nicht wenige Frauen, meint sie, wollten sich auf diese Weise exkulpieren, um die Arbeit drücken oder ablenken davon, daß sie etwa mit einer Story nicht vom Fleck kommen. Da ihr selbst aber solch ein Verhalten sehr fremd ist, passiert es ihr immer wieder, daß sie nicht gleich erkennt, wenn andere Frauen mit Kollegen oder ihren Vorgesetzten auf die Psycho-Ebene umschalten, nur um nicht an der Sache dranbleiben zu müssen.

Genauso unangenehm und peinlich, sagt sie, ist ihr eine andere von Frauen gerne angewandte Methode, wenn sie sich, statt ihre jeweilige Aufgabe zu erledigen, bei ihr »lieb Kind« machen wollen. »In Arbeitssituationen sind mir Entschuldigungen zuwider«, Entschuldigungen, die sich um die Sache selbst drücken wollen; wenn plötzlich nur noch vorgeschobene Argumente zur Debatte stehen, hinter denen die eigentliche Aufgabe verschwindet. Im einen wie im anderen Fall kann sich hinter der Larmoyanz oder der Liebedienerei, so Maria Boers Erfahrung, Drückebergerei verbergen. Da sie auf Grund ihres gewerkschaftlichen Engagements aber weiß, daß Drückebergerei gerne von Arbeitnehmerseite als Argument benutzt wird, hat sie »Beißhemmungen«, rigoros dagegen anzugehen. Andererseits fühlt sie sich aber durch die »menschliche Tour«, die Versuche, Pseudo-Nähe herzustellen, erpreßbar bzw. schon erpreßt. Nur widerstrebt es ihr, das übliche autoritäre Machtspiel zu spielen, die Vorgesetzte herauszukehren und etwa einen Satz zu sagen wie: »Was haben Sie sich eigentlich dabei gedacht?« Daran hindert sie auch die Hoffnung, daß erwachsene Menschen, Frauen, doch auf einer anderen Ebene miteinander umgehen können müßten, daß Kolleginnen auch ohne die Drohung mit Sanktionen ihre Aufgaben erledigten. Daran hindert sie auch ihre weibliche Sozialisation: »Das ist nicht nur mein politischer background, daß ich denke, so spricht man nicht mit Menschen, sondern das hat auch was damit zu tun, daß ich beliebt bleiben will, nicht verletzt werden möchte.« Aber zugleich kennt sie sich doch gut genug, um ihre eigenen Machtwünsche zuzugeben: »Ich will schon recht behalten. Vom Thema her bin ich schon Überzeugungstäterin.« Kompliziert ist es allerdings, den Willen zur Beliebtheit und zur Macht miteinander in Einklang zu bringen.

Auf Drückebergerei bei Männern einzugehen, die sich jedoch meist selten so persönlich verkleidet, findet sie vergleichsweise einfach, weil die größere Distanz es erleichtert, Grenzen zu ziehen und einzuhalten.

Maria Boer kennt ihre Ambivalenz, weiß, daß sie dadurch auch nicht leicht einzuschätzen ist: »Ich hatte mit einigen Frauen wohl Schwierigkeiten, weil ich auf den ersten Blick immer sehr konziliant und freundlich wirke und auch aufgeschlossen bin und lange zugucken kann. Dann wiegen sich alle in Sicherheit. Und dann kann ich ganz furchtbar hart sein. Dann langt's mir. Dann fliegen sie aus allen Klamotten.« Ihre Freundlichkeit führt ihr Gegenüber in die Irre, läßt sie diese doch annehmen, weiterhin nicht zur Sache kommen zu müssen.

Wer sich gerne um Aufgaben drückt, stellt sich ohnehin außerhalb jeder Konkurrenz und spielt – so könnte man annehmen – im Zusammenhang dieses Themas keine Rolle. Nur kann auch das Gegenteil richtig sein. Es kann sich trotzdem um ein Machtspiel handeln. Manche Frauen haben nach dem traditionellen Muster des vermeintlich »schwachen Geschlechts« regelrecht einen Instinkt dafür entwickelt, etwaige Schwächen der anderen (in diesem Fall der Wunsch, nett, beliebt, gefällig sein zu wollen) herauszuspüren und für eigene Vorteile auszubeuten. Sie stilisieren sich als schwache Wesen, um sich damit bessere Siegeschancen zu verschaffen – ohne sich das allerdings meist je zuzugeben. Ihr Klagen und Jammern mag begründet sein; es kann aber ebensogut nur Mittel zum Zweck sein, um eigene Ziele zu erreichen, um einen Machtkampf für sich zu entscheiden. Auf die larmoyante Tour einzugehen, weiß Maria Boer inzwischen, heißt, »als Vorgesetzte auf der Strecke bleiben, die Betroffenen aber werden alt dabei«.

Nur wenige Frauen wendeten diese »Psychokiste« genauso auch bei Männern an. Nur ließen die sie meistens abfahren. »Ich schlucke es mit einer Wut. Das machen Männer nicht.« Freunde haben ihr geraten, in solchen Situationen doch einfach mal loszubrüllen, aber sie tut eher das Gegenteil: »Ich dürfte nicht versteinern, ich sollte, genau umgekehrt, lebendig werden. Wut äußern, mit beiden Fäusten auf den Tisch hauen. Du mußt dich ganz archaisch benehmen, und das ist doch unter einigermaßen intelligenten Menschen eigentlich nur peinlich.«

Daß Männer sich in hierarchisch autoritären Strukturen zu verhalten wissen, erstaunt nicht, daß aber auch nicht wenige Frauen sie regelrecht zu fordern scheinen, überrascht. Es überrascht besonders jene Frauen, die angetreten sind, solche Unterdrückungsmechanismen privat und beruflich abzubauen. Angesichts der Arbeitsrealität hat Maria Boer allerdings allmählich die Überzeugung gewonnen, daß nur bei den wenigsten Menschen autoritäres Verhalten nicht nötig ist (auch Frauen machten da keine Ausnahme); nötig sei es, daß Vorgesetzte »Respekt« und »Furcht« einflößen, daß sie mit »Gewaltherrlichkeit« ihr Amt versehen, damit alle ihr Bestes geben. Aber in der Praxis mag sie sich nicht an diese Erkenntnis halten, bleibt ambivalent, denn: »Ich vertraue selbst heute noch – nach all den Erfahrungen – darauf, daß ich in einer leitenden Position Menschen ohne diese Druck- und Drohmittel überzeugen kann. Und ich vertraue darauf, daß alle von der *Sache*, für die sie arbeiten, überzeugt sind. Zumindest soweit, daß sie die Arbeit der anderen nicht stören. Ich empfinde diese Machtstrukturen, wie sie in vielen Betrieben herrschen, als ausgesprochen kontraproduktiv.«

Nach ihren Erfahrungen als Vorgesetzte hat sich Maria Boers Sicht auf die Mitarbeiter durchaus verändert: »Ich kann nicht mehr so eindeutig sagen, die da oben sind Scheiße. Ich finde auch oft genug, die da unten sind Scheiße. Es gibt genug Leute, die beispielsweise einen Ressortleiter jagen können. Leute, die versuchen, Menschlichkeit in einen Betrieb reinzubringen, werden auch von unten niedergemacht. Der/die Vorgesetzte ist *nie* ein Solidaritätsobjekt.« Für Frauen in gehobenen Positionen ist das sicher desto schwerer zu verkraften, je mehr sie ihresgleichen durch die ideologische Brille sehen und von einer anderen Frau »automatisch« Solidarität erwarten.

Um die eigenen Schwierigkeiten mit Machtstrukturen besser erklären zu können, hat sich Maria Boer eine Situation ausgedacht, die jederzeit in der Realität genauso ablaufen könnte: »Ich stehe mit drei Menschen vorm Fahrstuhl. Das sind alles Kollegen und Kolleginnen auf der gleichen Ebene. Und ich sage, ich habe Hunger. Dann sagt der eine, hol dir ein Fischbrötchen um die Ecke, wir warten solange. Der zweite sagt, stell dich mal nicht so an, ich hab auch Hunger, und gleich gibt's was zu essen. Und der dritte sagt, komm, wir gehen zusammen und organisieren irgendwas. Wunderbar, alles normal, entspricht meiner Mentalität. – Und dann stehe ich mit denselben drei Leuten, und das ist ja das Furchtbare, man ist ja häufig mit denselben drei Leuten zusammen, wenn man innerhalb eines Betriebes hochkommt, wieder vorm Fahrstuhl.

Jetzt bin ich nicht mehr normale Kollegin, sondern Vorgesetzte. Und dann sag ich, ich habe Hunger! Der eine denkt, die blöde Kuh, kann sich doch mal zusammennehmen, ich habe schließlich auch Hunger. Der zweite sagt, wissen Sie was, um die Ecke gibt's einen Laden, soll ich Ihnen ein Fischbrötchen bringen? Und der dritte sagt gar nichts und denkt, die will jetzt offensichtlich zeigen, daß sie auch noch ein Mensch ist, aber was soll's, soll ich das etwa holen? – Jetzt aber ich. Jetzt kommt mein großes Problem. Ich *weiß*, was die denken. Und versuche aus diesen negativ besetzten Überlegungen, im Gegensatz zu kollegialen Überlegungen, etwas zu machen, was allen Seiten gerecht wird. Also sage ich, wie wäre es, wenn wir mal überlegten, was... Und in dem Moment ist die ganze Sache verloren, weil sie alle innerlich stöhnen.«

Das sind Skrupel, die sich die meisten Männer ersparen. Die mit dem Aufstieg einhergehende sich vergrößernde Distanz zu alten Kollegen sehen sie kaum als Verlust, sondern mehr als Statusgewinn. Sie steigen ohne große Gewissensbisse in die Strukturen einer Hierarchie ein und haben es meist viel leichter, sie lustvoll, ohne Schwierigkeiten für sich zu benutzen. Der Clou der Aufzugsgeschichte markiert daher wohl vorwiegend ein Problem von Frauen: Wenn die Atmosphäre der Gleichrangigkeit nicht mehr gegeben ist, ist die gleiche Situation damit unangenehmerweise nicht mehr die gleiche. Frauen, speziell Frauen aus dem linken Spektrum wie Maria Boer, verlassen diese Basis höchst ungern. Sie sehen die größere Distanz zu den Kollegen fast als Verrat an, und sie hoffen, die Distanz durch aufgeklärte, verständnisvolle MitarbeiterInnen so klein wie möglich zu halten. Die jedoch sind oft allzu bereit, tatsächlich »Verrat« (an der gemeinsamen Ebene) zu wittern, wenn plötzlich eine Frau statt eines Mannes das Sagen hat.

Die jeweiligen Machtstrukturen, in die Maria Boer sich begeben hat, wogen jedoch immer schwerer als solche Bedenken. Wenn sie als Vorgesetzte einen Satz sagt wie »Ich habe Hunger«, wird er anders aufgefaßt werden: Denn es kann, aber muß keine darüber hinausgehende Mitteilung dahinterstecken. Sie könnte ebensogut andere damit testen, manipulieren wollen, andere könnten sich indirekt manipuliert fühlen. Die Bandbreite der variablen Interpretationen und auch der möglichen Mißverständnisse nimmt so enorm zu.

Frauen, die im sozialen Umgang anspruchsvoller sind, meist besser zuhören können, genauer hinterfragen, aber auch leichter zu Zweifeln und Selbstzweifeln neigen, haben somit in der für die meisten noch neuen Situation, Vorgesetzte zu sein, sehr viel mehr unbekannte Hürden zu nehmen. Hierarchiegeübte Männer, wenn auch nicht alle, haben sehr viel weniger Hemmungen, andere Menschen für ihre Zwecke zu instrumentalisieren, meint Maria Boer. Sie hingegen sieht sich immer in Distanz zu der Rolle einer Vorgesetzten, muß sich selbst übersetzen »wie in eine andere Sprache. Und ich bin dann noch gekränkt, wenn sozusagen mein guter Wille, es allen recht zu machen, mißverstanden wird – als Schwäche, als Mangel an Führungsqualität, was es ja, wenn wir Machtstrukturen genau analysieren, schließlich auch ist.«

Einen Ort zu entdecken, in dem es für Machtstrukturen kaum der Übersetzung bedarf, weil alle die Machtsprache aus dem Effeff beherrschen, war eine unvermutete Überraschung. Diese Erfahrung hat Maria Boer als X PS 1 in einem Landesministerium gemacht. Unter diesem Laufzeichen bedurfte es weder innerer noch äußerer Dolmetscher: »Ich war am glücklichsten als X PS 1 in der leitenden Position.«

»Behörden haben offensichtlich ein anderes Hierarchiesystem, da bist du keine Person mit Namen, sondern du bist ein Laufzeichen. Ich hatte das Laufzeichen PS 1, das war die direkt der Ministerin unterstellte erste Pressereferentin. Ich konnte etwas ›verfügen‹. Und wenn das nicht funktionierte, wurde von der Ministerin ›verfügt‹; und wenn das nicht klappte, konnte sie disziplinarische Maßnahmen ergreifen. Ich habe es in der Behördenstruktur nicht erlebt, mich für meine Forderungen in irgendeiner Weise rechtfertigen zu müssen. Falls es Diskussionen gab, waren sie fast immer von der Sache her begründet. Ich fühlte mich nicht auf die menschliche Tour erpreßt. Noch nie habe ich so ein perfektes System an Druckmitteln und hierarchischer Struktur erlebt wie in diesen Ministerien.«

Mögen die Kürzel auch eher nach einer Geheimloge klingen, die obskure Ziele verfolgt – dahinter verbirgt sich, nach Maria Boers Erfahrung, das schiere Gegenteil, die klaren hierarchischen Strukturen einer Bürokratie: »Ich habe eine Kompetenz, die ist mir qua X PS 1 zugeschrieben. Ich kann mit dem Kürzel, ohne Namen, bestimmte Dinge erreichen. Es ist abstrakt, aber nicht irrational. Es ist durchsichtig. Es gab kein Vertun, weil es so klar war. Es ist eindeutig. Je abstrakter ich an die Sachen rangehe, je weniger ich mich auf persönliche Auseinandersetzungen einlasse, um so besser funktioniert das System für mich.«

Das Organisationsprinzip großer Unternehmen und Verwaltungsapparate ist, wie B. L. Harragan in ihrem noch nicht ins Deutsche übersetzten Buch GAMES MOTHER NEVER TAUGHT YOU[2] detailliert ausführt, streng militärisch; es hat die Form einer Pyramide, innerhalb derer die Folge der Befehlsgewalt strikt eingehalten werden muß. Am zugewiesenen Ort besteht jede und jeder auf die diesem Amt zugeschriebene Autorität, die auch allen anderen einsichtig und bekannt ist. Wenn Frauen sich nicht an diese Ordnung halten, so Harragan, die Befehlsabfolge nach oben oder unten überspringen, dann sei das für Männer schon ein Indiz, daß diese Frauen nicht wüßten, auf was sie sich eingelassen haben, und man sie insofern ebenfalls übergehen könne.

Ein Amt, ausgezeichnet mit den jeweiligen Insignien von Macht, muß sozusagen nur noch mit der konkreten Person ausgefüllt werden. Insofern ist es konsequent, wenn Maria Boer konstatiert: »Du mußt nicht um Anerkennung ringen, du mußt sie dir einfach nehmen!« Die Macht ist qua Amt verliehen. Und dann gibt es in der Tat »kein Vertun«. »Ich kann damit umgehen«, sagt sie, »wenn ich wie unter einer Tarnkappe mit einem Laufzeichen einfach Macht habe. Das ist wie ein Schutzschild.« Es geht nicht mehr um Personen, sondern um Positionen.

Allerdings, stellt B. L. Harragan fest, bezieht sich diese Anleihe an das Militärische lediglich auf den Aufbau, die pyramidale Form der hierarchischen Ordnung. Die eigentliche militärische Disziplin hingegen sei für die Personalführung von Organisationen einer »individualistischen, demokratischen Gesellschaft« ganz »offenkundig ungeeignet«. Da würden die Regeln des Teamsports, die konkurrentes und kooperatives Verhalten gleichermaßen fordern, den Bedürfnissen sowohl eines Betriebes als auch seiner Angestellten eher gerecht.

Aus einer derartigen Behörden-Hierarchie mit respektierten, eingefahrenen Mustern in eine weniger streng durchstrukturierte Hierarchie zu wechseln, wiederum in zweite Position, diesmal als Persönliche Referentin, geriet für Maria Boer zu einem Fiasko der besonderen Art. Hatte sie im Ministerium zuvor eine kooperative, ihr Rückendeckung gebende Chefin, die, selbst wenn beide nicht einer Meinung waren, auf ihre Loyalität und Kompetenz vertraute und vertrauen konnte, war es nun eine Vorgesetzte, die sich eigentlich nur auf sich selbst verließ. Eine Einzelkämpferin. Eine Frau, die selbst an der Spitze noch ständig darauf bedacht war, in jeder Situation für sich selbst Punktsiege zu erringen.

»Gespräche benutzte sie, um mir irgendwas zu demonstrieren.« In Besprechungen waren weniger die für eine Entscheidung notwendigen Informationen interessant als die möglicherweise sich irgendwo verbergenden Widerhaken. »Sie hat mich gejagt, indem sie, statt über das inhaltlich Wesentliche zu reden, abgecheckt hat, wo meine Schwächen liegen. Ich habe dann nicht gesagt, das ist jetzt nicht wichtig, sondern dachte in meiner blöden Freundlichkeit und meiner anfänglichen Unsicherheit, vielleicht ist es doch wichtig, vielleicht hat sie recht.« Also hat Maria Boer zunächst den Widerpart für den Punktesieg bei der momentanen Machtdemonstration abgegeben und sich zwischendurch gefragt, um was der Streit eigentlich gehe. Doch inzwischen ist ihr klargeworden, daß sie den Sinn dieses Niedermachens hätte ansprechen müssen. »Aber was habe ich gemacht? Ich habe versucht, mich schnell aus der Affäre zu ziehen, die Sache schnell über die Bühne zu kriegen, und mich nicht auf dieser Ebene mit ihr zu streiten. Es ist deine Vorgesetzte und sonst gar nichts.«

Derweil allerdings schrieben sich Verhaltensmuster fest, gegen die sie immer schwerer angehen konnte. »Ich hätte nicht sagen dürfen, morgen ist auch noch ein Tag. Das war verkehrt. In der Zwischenzeit ist so viel gelaufen. Ich hätte nicht lässig sein dürfen. Ich hätte in dem Moment wie ein Rumpelstilzchen aufstehen müssen. Da funktioniere ich nicht schnell genug. Ich bin ja nicht langsam, aber in Machtsituationen bin ich wirklich zu langsam. Da kapiere ich nicht, daß mir das Messer schon im Rücken sitzt. Mir fehlt da ein Alarmsystem, das rechtzeitig anspringt.« Wahre Machtmenschen haben dagegen ein reflexartiges Gespür dafür, wann man ihnen an den Karren fahren will, so Maria Boer, und sie reagieren prompt. Vielleicht war dieser Reflex sogar der Motor für das Verhalten der Chefin, daß sie sich, ohne sich das zuzugeben, in einem Wettstreit wähnte.

Maria Boer fragt sich nach dem eigenen Anteil an den Differenzen: »Ich habe Vorbilder. Ich bin im Wettstreit mit mir und meinen Vorbildern. Vorbilder sind für mich auch Richtschnur, wo ich hin will. Das empfinde ich nicht als Konkurrenz der destruktiven Art; ich denke nicht, die könnten mir schaden, die könnten mir Glanz wegnehmen, Aufmerksamkeit eher erregen als ich.« Erst im Rückblick hält Maria Boer es nun für möglich, selbst gewisse Konkurrenzgefühle ausgelöst zu haben. »Ich sehe mich immer mit meiner Figur relativ geschlossen. Ich denke immer, es geht um ein Thema, um ein Problem, und vergesse, daß ich als ›Figur‹ abgecheckt werde. Und in diesem Fall, bei dieser Vorgesetzten hatte ich den Eindruck und machte auch die Erfahrung, daß sie nicht zuhört, sondern abcheckt, um dann unvermutet zuzuschlagen. Damit kann ich nicht umgehen – zumindest nicht in der Arbeit. Ich frage mich, was haben diese Menschen gegen mich. Es kann sein, daß ich auf Grund meiner Position, meiner Erscheinung oder meines Lebens bei anderen das Gefühl erzeugen kann, sie müßten mich unbedingt niedermachen. Einfach so.«

»Ein Betrieb ist eine Vernetzung von Beziehungen. Insofern muß zumindest nach außen hin die Akzeptanz der Persönlichen Referentin eindeutig sein. Eine Referentin, die vor anderen Leuten kritisiert oder gar gedemütigt wird, kann einpacken. Und wenn das der Vorgesetzten nicht klargemacht werden kann, dann hackt sie sich eigentlich ihren eigenen verlängerten Arm ab. Darüber gab es ständig Diskussionen. Und zum Schluß dachte ich, irgendeine spinnt jetzt. Und da in einer Hierarchie immer der Untergebene spinnt, war ich die Ausgetrickste.«

Nur allmählich wurde Maria Boer klar, wie kontraproduktiv

ihre italienische Einstellung »morgen ist auch noch ein Tag« für sie selbst war, daß sie nicht jeweils versuchte, zum Kern eines Streites vorzudringen. Denn der Effekt eines Gesprächs, das Gefühl, mit dem Leute aus einer quasi offenen Diskussion herausgehen, entwickelt eine Eigendynamik, die schon am nächsten Tag nicht mehr den eigenen Intentionen entsprechen kann. Ihre Chefin spielte ihr dagegen eine andere Version vor: »Die Situation im Griff zu behalten und den Menschen mit einem solchen Gefühl zu entlassen, wie es ihren Absichten entspricht: Entweder sie setzt dich unter Druck, oder sie zeigt, wie nett und liebenswert sie ist – das ist auch so ein Spiel der meisten Vorgesetzten. Sie setzen es ganz gezielt ein und halten so die Menschen in Unsicherheit und Angst. Das ist vor allem ein Können von Leuten, die ein schauspielerisches Talent haben.« Mit gemischten Gefühlen muß Maria Boer gestehen, daß es bei ihr zu dieser manipulativen Stärke nicht reicht.

Zu Beginn des Arbeitsverhältnisses herrschte zwischen den beiden Frauen noch ein anderer Ton. Nachträglich wundert sie sich darüber, wie ihre neue Chefin sie des öfteren vorstellte: »Das ist Maria Boer, meine Persönliche Referentin. Das ist eine sehr freundliche Frau.« Sie hätte sich fragen müssen, warum sie das so betont, und vermutet: »Es hat ihr eigentlich nicht gepaßt.«

Für den vergleichenden Blick, den eine Frau auf die andere wirft und der hier vermutlich seine destruktive Wirkung offenbarte, entwirft Maria Boer in plötzlicher Eingebung ein sehr passendes Bild: »Du wirst wahrgenommen und gleich wird bei dir eine Folie, eine Normgröße draufgesetzt. Und alles, was eventuell überlappt, und zwar so, daß man denkt, das könnte größer sein als die Folie, die du haben willst, wird beschnitten. Das geschieht, indem eine die andere niedermacht.« In so gut wie jeder Konkurrenzsituation der unangenehmen, destruktiven Art versucht eine die andere auf Foliengröße zu bringen.

Im mißlungenen Zusammenspiel zwischen Persönlicher Referentin und Chefin dauerte das Debakel nur ein paar Monate, dann war aller guter Wille verbraucht, und Maria Boer warf das Handtuch.

VI

Zwischenprüfung

Konkurrenz – das ist ein Stichwort, das sich innerhalb kurzer Zeit in der Frauenbewegung von einem Unwort zu einem Wort mit Zündstoff gewandelt hat. Solange Konkurrenz noch als typisch männliches Verhalten galt, allein der männlichen Geschäftswelt zugeordnet wurde, durften Frauen davon ausgehen, daß sie notabene mit so etwas nichts zu tun haben konnten, hatten sie zu diesem Terrain doch nur als Fußvolk Zutritt. Allenfalls jene vor Zeiten noch selteneren Exemplare von Karrierefrauen, die um Erfolg zu haben, blindlings Männer imitierten, mochten ebenfalls mit diesem Virus infiziert sein. Frauenbewegte Frauen hingegen sahen in Konkurrenzverhalten *das* Indiz patriarchalen Verhaltens, und damit nicht zu Unrecht eine *der* Ursachen für die weltweite Benachteiligung der Frau, die es deshalb in Auseinandersetzung mit den Männern zu bekämpfen galt. Keinesfalls wollten die Frauen sich diesen nur Männern passenden Schuh selbst anziehen.

Mit den Jahren durchläuft jede Bewegung verschiedene Phasen, ändert sich. So auch die neuere Frauenbewegung, die mittlerweile ihre Volljährigkeit erreicht hat. Der Bogen spannt sich bereits zwischen zwei Generationen. Was vor zwanzig Jahren unbedingt notwendig war, um ihr als Bewegung Effektivität zu verleihen, nämlich in aller Öffentlichkeit an *einem* Strang zu ziehen und allgemeine Solidarität zu üben, ist im Prinzip jetzt zwar noch immer nötig und geschieht, trotzdem ist angesichts des Erreichten nun auch der genaue, differenzierte Blick angesagt.

Ein Großteil der Solidarität von Frauen in der ersten Phase der Frauenbewegung entstand vor allem aus dem Gefühl des Unterdrücktseins, aus dem Bewußtsein der Schwäche heraus. Frauen als die Opfer von vielerlei Gewalttätigkeit, physischer und psychischer, seitens der Männer, der Wirtschaft, der Gesellschaft, taten sich zusammen. Sie gruppierten sich und bezogen allein schon aus diesem gemeinsamen Handeln, weil sie endlich der isolierten Hilflosigkeit entronnen waren, ein Gefühl der Stärke. Sich dieser gemeinsamen Geschichte erlittenen Unrechts bewußt zu sein, vermittelt noch immer ein hohes Maß an Solidarität. Nur führt die Rolle des Opfers nicht aus der Sackgasse heraus. Überdies waren Frauen auf unterschiedlichen Ebenen der Öffentlichkeit immer auch schon Täterinnen. Und es bewirkt etwas, wenn sie sich als Täterinnen nicht mehr nur allein aus einem Standpunkt der Schwäche heraus definieren.

Nur, Positionen der Stärke einzunehmen, hat noch nie in das klassische Rollenprogramm für Frauen gehört. Das ist so eingefahren, daß eine Regelverletzung gut abgefedert sein muß, um nicht von Männern und von den Mitschwestern geahndet zu werden. Nicht umsonst fällt vielen Frauen auf, daß sie Solidarität von anderen Frauen eher für Schwäche erhalten als für Stärke. Nur sehr allmählich beginnt es zur Erziehung von jungen Mädchen zu gehören, daß auch sie sich um das bessere Konzept, die glänzendere Idee streiten und sich durchsetzen dürfen, ohne dafür gemaßregelt zu werden.

Frauen und Männer haben das ganze herrschende System so sehr verinnerlicht, daß es noch lange dauern wird, bis sich an den eingefahrenen Spuren wirklich Entscheidendes ändern wird. Dieses System ist in seiner Selbstverständlichkeit unauffällig geworden, gilt fast als natürlich. Es wurde und wird erst allmählich erkennbar durch den sich ändernden Blick von Frauen und auch manchen Männern. Eine Zwanzigjährige erzählte mir von dem Schock, als ihr vor kurzem erst richtig aufgefallen war, wie wenig im Fernsehen Frauen bei Tagungen, in Gremien etc. in der Berichterstattung bildlich sichtbar würden, daß da allenthalben immer nur Männer herumstehen oder sitzen; daß wir Frauen, die Hälfte der Menschheit, in bestimmten Zusammenhängen ja wirklich noch eine »Minderheit« seien.

Noch ist es, wie wir alle wissen, längst nicht so, daß wir auf dem Gipfel des Berges (der vollkommenen Gleichberechtigung) angekommen sind und nun sozusagen den Blick um 360 Grad in die Weite schweifen lassen können. Aber die Perspektive hat sich doch schon so sehr erweitert, die schon begangene und die zukünftige Wegstrecke lassen sich bereits so viel genauer betrachten, daß ohne allzu große Sicherheitsbedenken ein kritischer Blick riskiert werden kann. Denn Frauen haben sich ja in der Tat mit ihrer umfassenderen Teilnahme am Arbeitsmarkt auf den von der Achtundsechziger-Generation vorgenommenen Marsch durch die Institutionen begeben. Und sind dabei ihren Zielen vielleicht eher treu geblieben als die Männer. Das Terrain war häufig unbekannt, Karten fehlten, also haben sie sich dabei auf die eigene Improvisationsgabe verlassen müssen.

Das Konkurrenzverbot gehört zur jahrhundertelangen Mädchenerziehung. Zu lernen, sich harmonisch anzupassen, eigene Wünsche hintanzustellen, Konflikte zu vermeiden, das war die erzieherische Ausrichtung, über die die Frau zur perfekten Gehilfin des Mannes wurde. Der Preis war ihre Entfremdung von sich selbst. Daß sich Frauen nicht ihrerseits mit Leistung gegenseitig überbieten wollten, verhinderte man(n), indem es als unweiblich deklariert wurde. Nur Männern war es erlaubt, ja es wurde und wird von ihnen gefordert, in dieser Form zu konkurrieren. Sich durchzusetzen und »andere zu Instrumenten des eigenen Willens zu machen«, gehört zu den als »männlich« apostrophierten Qualitäten.[1]

Für uns Frauen hat das Verbot, solange es in der Vergangenheit beachtet wurde, in der Folge einiges bewirkt: beispielsweise keine eigenen fachlichen Kompetenzen (jenseits der zugestandenen) zu entwickeln und diese voll einzusetzen; in der Lebensplanung unklare berufliche Zielvorstellungen; mangelnde Durchsetzungsfähigkeit, Vereinzelung und mangelnde Streitfähigkeit. Eine jede, die sich auf eine noch unbegangene Karriereleiter traute, war zum einen Pionierin, zum anderen eine Einzelkämpferin – gegen die geballten Vorurteile von allen Seiten. Erst mit der Frauenbewegung hatten Frauen die Chance, aus diesem Einzelkämpferinnendasein herauszukommen und ihr Problem auch als ein gesellschaftlich-sexistisches zu verstehen, für das sie nicht allein geradezustehen haben. Nicht wenige Frauen allerdings tendieren auch heute noch zu ausschließlich individuellen Lösungen; sie leugnen das Problem.

Diese Aufgabe, neue Zielvorstellungen zu entwerfen, sich einen eigenständigen, ökonomisch unabhängigen Lebensplan auszudenken (eine Selbstverständlichkeit für Jungen), ist selbst bei der jüngeren Generation von Frauen oft noch ein halbherziges Unterfangen, zumindest im Westen der Republik. Geradlinig nur bis zu dem Punkt des Kinderwunsches. Da es, besonders in Westdeutschland, zu wenig Kinderbetreuungsplätze gibt – böse Zungen behaupten, das sei Absicht –, bedeutet ein Kind die Unterbrechung der beruflichen Laufbahn. Dann sind die meisten Frauen zugunsten ihres Partners zum Zurückstecken bereit, geben ihre Selbständigkeit noch immer oft langfristig auf. Das ist trotz der allgemein bekannten Scheidungsstatistiken noch ein so traditionell im Denken eingeübter Reflex, daß er sich schon von vornherein bei vielen auf eine reduzierte Lebensplanung auswirkt. Er dämpft den Ehrgeiz, schwächt die Zielstrebigkeit. Aus dem Gefühl heraus, das zweitrangige Geschlecht zu sein, aus der vermeintlichen oder echten Opferrolle heraus, moderieren die meisten Frauen ihre Fähigkeiten, leben unterhalb ihrer Möglichkeiten.

Noch ist es vielfach so, daß manche Frauen sich gegenseitig nicht trauen oder sich gegenseitig nichts zutrauen, daß sie andere Frauen in deren Vorhaben sabotieren. Aus zwei Gründen. Zum einen, weil Frauen mit herausragenden Leistungen die unter Frauen angestrebte Gleichheitsebene verlassen haben (was im ungeschriebenen Moralkodex als Regelverletzung angesehen wird). Zum anderen, weil sie sich auf Grund ihrer frühen Rivalitätsschulung durch Zielvorstellungen anderer, die weiter gesteckt sind als die eigenen, zugleich angesteckt und angegriffen fühlen. Sie nehmen übel, durch das schiere Verhalten der anderen sich der eigenen Begrenzung bewußt und zur Konkurrenz gezwungen zu werden. Mit diesem unter Frauen herrschenden Gleichheitsdruck weisen sie sich selbst in Schranken. Kompetenz und Brillanz einer anderen wird nur in Ausnahmefällen erlaubt.

Außerdem ist vielen Frauen, die sich mit dem traditionellen Blick von außen sehen, das eigene, so oft abqualifizierte Geschlecht nicht ganz geheuer, sie arrangieren und identifizieren sich lieber mit Männern, da scheinen ihnen die Gewinnchancen größer, die Methoden berechenbarer. (Wie viele der kleinen Mädchen hatten lieber ein Junge sein wollen.) Sie sind nicht gerne ausschließlich mit ihresgleichen (Zweitrangigen) zusammen, haben ein Unbehagen gegenüber Weibergeschwätz, grenzen sich eher gegenüber Frauen als gegenüber Männern ab. Brauchen sie einen Anwalt,

Arzt oder Klempner, dann suchen sie sich lieber einen kompetenten Mann, als sich irgendeiner Frau mit gleichlautender Berufsbezeichnung anzuvertrauen.

So müssen sich Frauen nicht nur Männern, sondern auch Frauen gegenüber doppelt unter Beweis stellen. Denn Frauen sind sich ja mittlerweile auch unter Umständen eine doppelte Konkurrenzgefahr, auf der Beziehungs- und auf der Berufsebene. Und so wie es schon keinen Rivalitätskodex gibt, der gewisse zwingende Regeln vorgibt, die eine jede einhalten sollte, sondern nur einen, der sich je nach individueller Verträglichkeit und öffentlicher Zulässigkeit orientiert, so können auch die im beruflichen Wettkampf angewandten Mittel recht unberechenbar ausfallen. Wie sagte Lotti Huber in einer Talkshow: »Die größten Feinde der Frauen sind Frauen.«

Worum geht es bei der Konkurrenz? Begehrenswerte Dinge wie Besitz und Schönheit, Fähigkeiten und Talente sind nun einmal ungleich verteilt. Und wer ist da schon so vollkommen einsichtig und möchte nicht selber mehr von dem, was das Herz begehrt. Eine Ursache für die rabiate Variante von Konkurrenz aber ist, daß manche bestimmte Mangelsituationen nicht einzusehen bereit sind und sie für sich beenden wollen, gleich wie. Das geht nicht nur Männern so. Wir leben in einer Welt, in der gewisse Ressourcen wie beispielsweise Arbeit, Kindergartenplätze, einflußreiche Positionen für Frauen, preiswerter Wohnraum etc. knapp sind.

In einer reichen Gesellschaft wie der unseren ist das vielleicht nur ein vermeintlicher Mangel. Speziell für uns Frauen ist es sinnvoll zu fragen, wer verursacht denn diese Knappheit, ist die wirklich so naturgegeben, oder können wir nicht vermehren, was da angeblich knapp ist? Warum ist die Knappheit für Frauen noch erheblich spürbarer als für Männer? Wohl weil die Prioritäten der Frauen nicht auf der politischen Prioritätenliste der Männer stehen und Frauen sich selbst darum bemühen müssen. Womit wir wieder bei der Machtfrage wären.

Miteinander konkurrieren können ja nur Menschen und Dinge, die viel Vergleichbares, viele ähnliche Qualitäten haben. Schon auf Grund dieser Tatsache perpetuierte die männliche Geschäftswelt ihre eigene Exklusivität. Wie es die Amerikanerin Natascha Josefowitz formuliert, klonen Männer sich selbst: Männer als Führungskräfte suchen immer wieder nur ihresgleichen, sehen nur sich selbst, ihren eigenen Typ als mögliche Führungskraft. So wird ein Mangel geschaffen.

Frauen haben in der sich ändernden Arbeitsmarktsituation meist nicht nur gegen die Männer anzutreten, um etwas werden zu können. Sie müssen sich vor allem auch an ihre eigene Präsenz in diesen Machtzirkeln und an ihre eigene vorhandene und nun anzuwendende Kompetenz gewöhnen, das auf sie angewandte Schablonendenken vergessen und sich über die neue Bandbreite von möglichen Zielvorstellungen klarwerden und sie miteinander auszuhandeln lernen.

Konkurrenz enthält schließlich nicht nur den negativen Aspekt der Ellenbogenmentalität, die wider bessere Einsicht den Gegner rücksichtslos aus dem Felde drängt, nur um zu siegen. Sondern auch die positive Möglichkeit der Professionalität: Von der eigenen Zielrichtung so eingenommen zu sein, daß frau streitbar alles an Überzeugungskunst daransetzt, um auch andere davon einzunehmen – eben weil sie ihre Idee für gut hält –, ohne im Hinterkopf das Ziel zu haben, damit einer Gegnerin eine Niederlage beibringen zu wollen.

Viel ist schon gewonnen, wenn frau sich in einem solchen Wettstreit nicht, wie meist die Männer, dogmatisch verhält, sondern offen; wenn sie nicht meint, die alleinseligmachende Wahrheit zu besitzen, sondern auch der anderen die gleiche Einsichtsfähigkeit wie sich selbst zubilligt (auch wenn ihr die andere gerade nicht sympathisch ist). Es ist doch denkbar, daß zwei gleichwertige, aber gegensätzliche Konzepte gegeneinander abgewogen werden müssen und nur der berühmte »konstruktive Streit« Klarheit darüber bringen wird, welches das bessere ist. Denkbar ist ebenso, daß unterschiedliche emanzipative Ausschnitte nebeneinander existieren können; daß sich verschiedene Strömungen gegeneinander abgrenzen, aber nicht ausgrenzen, wie es vielfach geschieht unter Lesben und Heteros, Müttern und Nichtmüttern, Berufstätigen und Nichtberufstätigen usw.

Sicher, die Rolle der Frauen, die Chance jeder Frau wird von den gesellschaftlichen Bedingungen definiert. Zu diesen zählen aber auch Einsicht und Wille jeder einzelnen Frau, die gesellschaftlichen Bedingungen – für sich, für andere – verändern zu wollen. Gloria Steinem, die seit zwei Jahrzehnten in den USA für eine frauengerechtere Gesellschaft streitet, hat dort 1992 mit einem vieldiskutierten Buch, REVOLUTION FROM WITHIN, Erstaunen erregt, in dem sie für eine Revolution von innen heraus plädiert, also doch mehr an das individuelle, denn an das gesellschaftliche Lösungspotential appelliert. Ihr Tenor: Frauen sollen sich nicht mehr mit diesem anerzogenen Blick von außen sehen und degradieren lassen oder selbst herabsetzen, sondern sich mit ihren vielfältigen, unterschiedlichen Identitäten, ihren Wünschen und Ängsten aus ihren verschiedenen Lebensphasen, vor allem der Kindheit, erst einmal bekannt machen, sie wichtig nehmen und sich mit ihren vielen facettenreichen Ichs versöhnen. Denn die Langsamkeit und auch die Mühseligkeit der vollen Integration von Frauen in Beruf und Gesellschaft führt Gloria Steinem mittlerweile vor allem auf die allmählich und ganz automatisch eingeflößte mangelnde Selbstachtung von Frauen zurück. Die läßt sie mehr auf Stimmen von außen hören als auf die eigene innere Stimme, läßt sie ihre Identität mehr im anderen suchen als in sich selbst, vor allem dann, »wenn Frauen ihr Leben heiraten, anstatt es zu führen«.[2]

Auch Siegen will gelernt sein. Das unausgesprochene Konkurrenzverbot produziert ein ambivalentes Verhältnis zum Sieg. Mitmachen, heißt es, sei alles; der Sieg aber entscheidet, im Sport und auch in der Konkurrenz. Im sportlichen Bereich, im Tennis, Fechten, in der Leichtathletik, Skifahren werden Frauen noch nicht sehr lange als Siegerinnen gefeiert. Wenn sich früher eine allzu Breitschultrige als Hochleistungssportlerin etwa in der Leichtathletik hervortat, stand sie schnell im Geruch, doch nun etwas zu stark, fast schon »männlich« zu sein. Aber seit etwa anderthalb Jahrzehnten wird die Zahl der akzeptierten »weiblichen« Siegerinnen immer größer. Auch die Anzahl der Zuschauer, die ihren Wettkampf mit Spaß und Spannung verfolgen, wächst. Dazu hat die Siegesserie von Steffi Graf viel beigetragen, vielleicht allerdings noch mehr die Tatsache, daß sie dann auch noch zu verlieren verstand.

Nach einer eigenen kleinen Umfrage betreiben Frauen Sport vorwiegend nicht, um zu gewinnen, sondern um fit zu sein, aus Spaß an der Bewegung, aus Kontaktgründen. Der Wille zum Siegen rangierte bei fast allen auf dem letzten Platz. Aber die Beispiele von Heike Henkel (die sagt, daß Leichtathletinnen untereinander sehr konkurrent seien), Anke Huber und wie sie alle heißen, läßt vielleicht ganz allgemein bei Frauen in Zukunft den Mut zum Siegen größer werden.

Die amerikanische Sportreporterin Grace Lichtenstein hat den doppelten Sieg, den Sportlerinnen zu erkämpfen haben, beschrieben: »Die perfekten Sportlerinnen kennen ein Geheimnis. Deine Gegnerin ist niemals die Spielerin auf der anderen Seite des Netzes, die Schwimmerin in der nächsten Bahn, das Team in der anderen Hälfte des Spielfelds, die Hürde, die du überspringen mußt. Deine Gegnerin bist du selbst, deine negativen inneren Stimmen, der Grad deiner Entschlossenheit.«[3]

VII

Die neue Konkurrenz

Die Mauer hat einst die DDR, wie wir wissen, in vieler Hinsicht abgeschottet. Sie hat in den beiden deutschen Staaten eine unterschiedliche Entwicklung der Menschen bewirkt. Sie hat die verbleibenden Bewohner, die durch die Massenflucht von 1949 bis 1961 immer rarer werdenden Arbeitskräfte, zwangsweise im Lande gehalten. Die Gleichberechtigung der Frauen war nicht nur als sozialistisches Recht auf dem Papier vorhanden, sie war zur volkswirtschaftlichen Notwendigkeit geworden. Frauen mußten nicht darum kämpfen, erwerbstätig zu sein. Sie hatten ein Recht auf Arbeit, und sie nahmen es wahr. Über 80 Prozent der Frauen waren berufstätig, im Gegensatz zu etwa 50 Prozent in der alten Bundesrepublik. Ihre Berufstätigkeit war eine von allen akzeptierte Selbstverständlichkeit, ein »unverzichtbares Element ihrer Lebensplanung«.[1]

Der Realsozialismus brauchte die Fähigkeiten gut ausgebildeter Frauen. Also schuf er zur von oben verordneten Gleichberechtigung die notwendigen Voraussetzungen. Die eingangs zitierte Umfrage des Instituts für angewandte Sozialwissenschaft in Bad Godesberg belegt in der Studie, daß von den angesprochenen Frauen 90 Prozent einen qualifizierten Berufs- oder Facharbeiterinnenabschluß besaßen.

Im übrigen benötigte die Volkswirtschaft aber auch den Nachwuchs, was Mitte der sechziger Jahre plötzlich als Problem bewußt wurde. »Im Mittelpunkt aller staatlichen Bemühungen stand so die Hilfe zur Vereinbarkeit von Familie und Beruf.«[2] Es wurden also auch die Kinder bzw. die Kinder-gebärenden Frauen gefördert. Die Verbindung von Familie und Berufstätigkeit war daher, anders als in der alten Bundesrepublik, ein zwar noch immer anstrengender, aber dennoch, dank der unterstützenden Einrichtungen, weniger strapaziöser Spagat.

Die Bundesrepublik dagegen hatte zwar im Grundgesetz auch die Gleichberechtigung festgeschrieben, brauchte Frauen aber weniger dringlich als Arbeitskräfte und sah, wie auch die meisten anderen westlichen Industrieländer, im vorhandenen Frauenreservoir zunächst eher eine Rekrutierungsbasis für jedwedes von den Männern gewünschte billige Hilfspersonal, in der freien Wirtschaft und zu Hause. Daran grundlegend etwas zu ändern, lag kaum im Interesse der Männergesellschaft, sondern mußte von den Frauen selbst in Angriff genommen werden – mit der Frauenbewegung.

Die emanzipativen Bewegungen in den beiden deutschen Staaten waren somit sehr unterschiedlich angestiftet und entsprechend unterschiedlich in der Zielrichtung. Im Westen wurde sie von den unzufriedenen Frauen selbst initiiert und gegen den zähen Widerstand von oben langsam mit wechselndem Erfolg in Gang gesetzt, von vielen Frauen noch nicht einmal selbst akzeptiert, geschweige denn unterstützt. So konnte und kann es passieren, daß sich, je nach Lebensumfeld, noch heute manche Frau vollkommen außerhalb emanzipativer Strukturen bewegt, selbst dann wenn sie von ihnen profitiert. Viele Bewußtseinsgrade und Formen der Existenzsicherung existieren nebeneinander.

Nicht so im Osten. Jede Frau war in das System einbezogen, hatte sich darin zu bewegen und wurde von ihm gefordert, auch wenn sie sich nicht einbinden lassen wollte. Das hatte langfristig seine Wirkung. Auf breiter Basis hat eine Bewußtseinsveränderung stattgefunden: Der Beruf ist für die Frauen der DDR aus ihrem Leben nicht mehr wegzudenken und aus unterschiedlicher Motivation wichtig, wie die Umfrage des Instituts für angewandte Sozialwissenschaft ergeben hat. Erstens, weil er in sich interessante Perspektiven bietet; zweitens, weil sich durch ihn Prestige und Aufstiegsmöglichkeiten erreichen lassen, oder drittens, weil er sich gut in die Lebensgestaltung (Familie, Freizeit) einfügen läßt.[3]

Die Arbeit hat für die Frauen einen »hohen Stellenwert« und ist »notwendiger Bestandteil der Lebenssituation«. Der Kommentar zu diesen Ergebnissen: »Dies legt den Schluß nahe, daß die so gut wie nicht vorhandene Orientierung auf die Hausfrauenrolle nicht ideologisch begründbar ist, sondern ihre Wurzeln in den positiv gelebten Momenten haben muß, welche die Berufstätigkeit den Frauen offenbar vermittelt hat. Dies gilt im übrigen für die Frauen aller Altersgruppen, denn statistisch signifikante Unterschiede sind nicht auffindbar.«[4]

Ganz allgemein kommt das Institut für angewandte Sozialwissenschaft in seiner Studie zu dem Schluß: »Die Alternativrolle ›Hausfrau‹ existiert generell nicht als Lebensperspektive und ist nur für eine deutliche Minderheit im eigenen Wertesystem verankert.«[5] Allerdings wird zwischen Familie und Beruf, anders als in der alten Bundesrepublik, kein Gegensatz gesehen.

In vieler Hinsicht, besonders in sozialer und ökonomischer, war die Ost-Frau also unabhängiger und ein großes Stück weiter auf dem Weg zur realen Gleichstellung der Geschlechter. »Die eindeutige Zuweisung der Bereiche – Familie für die Frau, Beruf für den Mann – wird nicht akzeptiert, und auch die Trennung in Männer- und Frauenberufe soll der Vergangenheit angehören.«[6] Auf die Eigeninitiative der Frau (und des Mannes) allerdings legte man(n), dem politischen System entsprechend, gleichermaßen wenig Wert. Daß aber trotz der weitgehenden Gleichberechtigung der Geschlechter deren hierarchische Aufteilung dennoch nicht aus dem allgemeinen Unterbewußtsein verschwunden ist, zeigt sich an vielen Details. Beispielsweise daran, daß an den zentralen Schaltstellen der politischen Macht, die in einer Diktatur ja noch viel omnipotenter agieren können als in einer Demokratie, Frauen absolut unterrepräsentiert sind. Es zeigt sich auch daran, daß sich die herrschenden Männer weigerten, sich gewohnte Privilegien wegnehmen zu lassen, daß sich von seiten der Frauen wenig politischer Wille formulierte.

Bislang ist es noch immer so, daß sich das Gros der Frauen aus Ost und West untereinander relativ mißtrauisch beäugt, unsicher, inwieweit man sich gegenseitig ernst nehmen kann, inwieweit man wechselseitig ernst genommen wird: Wer hat es wie weit gebracht? Der gegenseitige, manchmal etwas abschätzige Blick läßt nur vermuten, wie sich die Beziehung weiterentwickeln wird: Ob man sich verstehen lernt? Oder ob das Verhältnis in eine verdeckte bis offene Konkurrenz ausartet? Anlaß genug, einige Frauen aus der ehemaligen DDR zum Stand der Dinge zu befragen.

Die Fähigkeit, positiv miteinander in Konkurrenz zu treten, war freilich in der DDR noch weniger entwickelt als im Westen.

Da die Gesellschaft zentral gegängelt wurde, war der Spielraum für persönliche Alleingänge für Frauen wie für Männer äußerst beschränkt. Das Streben nach Erfolg, das letztendlich Dinge vorantreibt und zu konkurrentem Verhalten führt, gehörte auf Grund des Systems weniger ausdrücklich zum Berufsalltag. Allen ging es mehr darum, wie es in meinen Gesprächen immer wortwörtlich wiederauftauchte, »so gut wie andere zu sein«, nicht unbedingt besser.

Durch die Mauer konnten die Ideen der Frauenbewegung und ihrer einzelnen Phasen von den in der DDR lebenden Frauen allenfalls als bruchstückhafte Nachrichtensplitter aufgenommen werden. Die Ideen, warum frau historisch in diese abhängige Situation gekommen war und was es deshalb zu verändern galt, konnten überdies dort als relativ uninteressant beiseite geschoben werden, weil sich die Situation ja schon verändert hatte und in ihren Voraussetzungen nicht mehr vergleichbar war. Vielleicht gleicht deshalb die Reaktion vieler Frauen aus der ehemaligen DDR auf das Emanzipations-Problem so oft derjenigen von Konservativen hierzulande. Weil auch sie sich zu Abhängigkeiten verhalten, freilich ganz anders definierten.

Viele Ost-Frauen ziehen bei dem Thema »Frauenbewegung« spöttisch die Mundwinkel herab, nach dem Motto, solche Probleme müßte man haben. Zum einen finden sie den ganzen Komplex »Westfeminismus« zu ideologiebefrachtet, oft auch zu militant. Sie wollen sich nicht schon wieder eine neue »reine Lehre« überstülpen lassen. Überdies haben sie auch keine Lust, ihre Männer, von einzelnen (Scheidungs)-Fällen abgesehen, in die Ecke zu stellen, um dem Feindbild Mann in gleicher Weise (wie öfter im Westen) die Ehre zu erweisen. Zum anderen sehen sie West-Frauen als relativ verwöhnt und übermäßig auf ihr Äußeres bedacht. Wie Ost-Frauen West-Frauen sehen, gibt eine Formulierung aus einem meiner Interviews gut wieder: »Die Frauen haben sich so eine Fassade zugelegt, so eine In-Ordnung-Fassade, sowohl äußerlich, visuell, als auch vom Psychischen her. Das als schematischer Eindruck. Und wenn man dann dahinter guckt – oh mein Gott.« Tendenz: Von wirklicher Selbständigkeit könne bei den meisten West-Frauen keine Rede sein, die definierten sich doch überwiegend noch über den Mann.

Ein Unterschied, so betonen Ost-Frauen immer wieder, wenn sie sich mit West-Frauen vergleichen, sei, daß sie das Auftreten, das Repräsentieren, das Sich-darstellen noch nicht so beherrschen wie die West-Frauen, einfach weil bislang keine Notwendigkeit dazu bestand. Ihre Prioritäten bestimmten sich anders. Seit der Wende sei zu beobachten gewesen, daß sich Frauen, die sich über zwanzig Jahre nicht geschminkt haben, plötzlich damit begannen. Vielleicht aus einem Konkurrenzdruck heraus. Alles, was sie für den Arbeitsmarkt attraktiver macht, müssen sie jetzt auch in die Waagschale werfen, um nicht noch weiter von den Männern aus dem Felde geschlagen zu werden.

Umgekehrt hatten nach der Vereinigung die West-Frauen, weil ihre Argumente so wenig Anklang fanden, gerne den Eindruck, in der DDR ein frauenpolitisches Entwicklungsland vor sich zu haben: Die arbeitspolitischen Verhältnisse mochten dort zwar besser ausgesehen haben, aber in den Köpfen war, so urteilten viele, die Emanzipation noch längst nicht passiert. Die Frauen dort ließen den Männern doch immer noch die besseren Plätze und führten ihnen obendrein als ordentliche Muttchen den Haushalt. Und nun, nach der Wende, ließen sie sich widerstandslos alle östlichen Vorteile wieder aus der Hand nehmen. – Noch blühen also ähnlichlautende Vorurteile auf beiden Seiten. Vorurteile, die meine Gesprächspartnerinnen so nicht stehenlassen konnten.

Der Mangel an Arbeitsplätzen in den neuen Bundesländern, die Konkurrenz, die um die vorhandenen entstanden ist, berichten verschiedene Frauen, wirke sich auch dahingehend aus, daß eine früher selbstverständliche Hilfsbereitschaft, etwa wenn ein Kind erkrankt ist, jetzt nicht mehr so schnell da ist. Früher waren die familiären Bindungen und das Eingebundensein in den Kollegenkreis wichtiger, um all die anderen staatlich verordneten Defizite wettzumachen. Jetzt seien diese Binnenstrukturen längst nicht mehr so spürbar und weniger tragfähig.

Die geheime Hoffnung der West-Frauen, daß Ost-Frauen ihre Errungenschaften im Sozialismus (wie das Recht auf Arbeit, die Fristenlösung, die Kinderbetreuung) nun als ihre selbstverständlichen Rechte und Forderungen im Westen einbrächten und damit der Frauenbewegung West zu einem großen Sprung nach vorne verhülfen, haben sich als überfordernde Fehlkalkulation erwiesen, mit einem gewissen ungerechtfertigten Ressentiment als Ergebnis.

Aus verständlicher Ideologieverdrossenheit sind Frauen aus dem Osten ihrerseits über die ideologische Strenge der Westlerinnen verwundert bis verärgert, und hegen kein Bedürfnis, sich in ein neues Korsett zwängen zu lassen. Weshalb sollten sie? Haben sie doch gelebt, wofür im Westen offenbar nur mäßig erfolgreich gekämpft wird. Für Frauen in der DDR war es eine Selbstverständlichkeit, einen Beruf zu haben und damit finanziell auf eigenen Füßen zu stehen, wenn sie dies wollten (wenn Kinder da waren, mußten sie es nicht!). Gleichermaßen gehörte es ebenso zum Selbstverständnis, eine Familie bzw. einen Mann und Kinder zu haben. Und sie haben diese Mehrbelastung erfolgreich gemanagt. Teilweise unter größerer zeitlicher Belastung, weil die Versorgung mit alltäglichen Konsumgütern weit umständlicher und arbeitserleichternde technische Einrichtungen im Haushalt weniger vorhanden waren.

Weshalb sich also von irgendwem überheblich belehren lassen? Die Rückschritte, die sie jetzt zusammen mit all der Arbeitslosigkeit in Kauf zu nehmen haben, beruhen ja schließlich nur auf dem Faktum, daß die Frauenbewegung im Westen entweder Dinge falsch gemacht hat oder einfach noch nicht sehr weit vorangekommen ist. Ressentiment auch auf der Ostseite. Je länger allerdings die Ex-DDR-Frauen das westliche politische System miterleben, desto mehr verstehen sie viele der feministischen Argumente, und daß auch davon viele genauso systembedingt sind wie ihrerzeit in der einstigen DDR.

Und aus westlicher Sicht ergibt sich ein anderes seltsames Paradox: Auf der einen Seite wissen wir um die ehemaligen eingeschränkten Freiheiten der Menschen im Osten, auf der anderen Seite erkennen wir aber auch, daß die Eigenständigkeit der DDR-Frauen, obwohl von oben verordnet und sozusagen wirtschaftlichen Notwendigkeiten gehorchend, ausgeprägter war als die der meisten im Westen. Dazu stellt die Psychologin aus der Ex-DDR Bettina Schlüter[7] fest, daß der gesellschaftliche Zwang durchaus in neue Qualitäten umgeschlagen ist. »In bestimmten Punkten haben die Frauen durch die Realität ihres Berufs und ihrer Unabhängigkeit und dessen, was sie in gewisser Hinsicht alles geschafft haben, ein ganz gutes Selbstverständnis. Es ist eines, bei dem ihnen nicht so leicht die Butter vom Brot genommen werden kann.« (Wobei sie die 1000 Beispiele, in denen es unter Garantie nicht so ist, bei einer solchen Verallgemeinerung nicht unterschlagen möchte.) »Was sie haben an Selbstverständnis, das haben sie. Das kann man ihnen auch nicht so schnell wegnehmen. Darauf baue ich. Sie bestehen auf ihrem eigenen Weg, nicht mit dem Kopf, sondern innerlich.«

Wenn beide Ehepartner arbeiteten, sagt Bettina Schlüter, war die Aufteilung der Haus- und Kinderarbeit gezwungenermaßen eine Selbstverständlichkeit. Zumindest bei der jüngeren Generation werde die offensichtlich anfallende Arbeit aufgeteilt. Wenn sie abends nach Hause kommen, erledigen beide, was zu tun ist, damit beide einen Feierabend haben. Zu Beginn ihrer Berufspraxis als Kinderpsychologin seien in der Beratung beispielsweise nur Frauen aufgetaucht. Jetzt begleiten auch Männer die Kinder, und zwar Männer aller Schichten.

»Der Zwang durch den Alltag hat eine große Tragfähigkeit.« So war der Gegensatz zwischen den Geschlechtern, daß Männer gegenüber Frauen privilegiert sind, längst nicht so ausgeprägt wie in westlichen Gesellschaften. Vielleicht halten deshalb, von Scheidungsfällen einmal abgesehen, Frauen an ihren Männern »ziemlich fest«.

Die Scheidungsrate in der ehemaligen DDR lag allerdings noch höher als schon in der Bundesrepublik. Solange es noch zwei Staaten waren, endete in der DDR jede zweite, in der BRD jede dritte Ehe beim Scheidungsrichter. Sicher hat das auch etwas mit der ökonomischen Beweglichkeit und der psychischen Befindlichkeit der Frauen in den einstmals unterschiedlichen gesellschaftlichen Systemen zu tun. Gewiß lag es nicht daran, daß die Auseinandersetzung mit dem patriarchalen System in der DDR etwa härter geführt worden wäre.

Die Frauen »haben von der Pieke auf gelernt, daß es darauf ankommt, ihren eigenen Beruf zu haben«. Damit hat sich die »innere Vorstellung«, das »Bild von sich selbst« gewandelt: »Das ist etwas sehr Selbstverständliches, dieser eigene Weg.« Aus ihrer Praxis weiß Bettina Schlüter, wie sehr die neue Situation (über sechzig Prozent Arbeitslosigkeit bei Frauen) viele von ihnen verstört; eine Situation, mit der sie zuvor noch nicht einmal in der Vorstellung hatten umgehen müssen.

Normalität war bis zum Fall der Mauer, daß die Präsenz der Frauen in der DDR nicht nur in den unteren, sondern auch in den mittleren und höheren Rängen hoch war, vor allem in den sozialen Berufen, in denen sie vorwiegend vertreten waren. So gab es beispielsweise »viele Direktorinnen, Leiterinnen von Ambulanzen, von Stationen«. Im Westen dagegen fällt den Frauen aus dem Osten auf, daß selbst in Berufen, in denen Frauen in der Überzahl sind, die leitenden Positionen von Männern eingenommen werden. »Wenn ich sehe, daß die Männer immer in den Leitungsfunktionen sitzen, dann kriege ich eine Wut« – bemerkt Bettina Schlüter. Keine Konkurrenz untereinander in dieser Hinsicht: Das sehen Frauen aus dem Westen nicht anders.

Es weht ein anderer Wind

»Möglicherweise reizt andere Frauen mein Stil. Ich bin halt mehr so für mich allein und rede nicht allzuviel. Mach mein Ding allein, gebe auch wenig Informationen, vielleicht nur die, die nötig sind. Was ich so denke, das erzähle ich meist nicht. Da kann keiner über seinen Schatten springen. Das ist halt meine Art.«

Das klingt wie eine gute Selbsteinschätzung, aber nicht unbedingt nach einer günstigen Voraussetzung für ein offenes Gespräch. Doch soweit es die Umstände (und die Gäste) zulassen, ist Gerlinde Kroll[1] bereit, sich mit mir zu unterhalten. Sie hat eine leise Stimme, spricht etwas lakonisch bis müde im Ton, ist aber trotzdem unmißverständlich resolut. Zierlich, mit kurzem, bürstig geschnittenem Haarschopf, von drunter dunkler, bis ins Deckhaar blond changierender Tönung, jeden Tag anders und immer pfiffig gekleidet, gibt sie als Chefin eines Hotels in Ost-Berlin eine tadellose Figur ab (im Westen würden die Räumlichkeiten, mehrere Etagen in einem Alt-Berliner-Bau, wohl eher unter dem Begriff Hotelpension laufen). Sie hat ein Gespür für Mode, versteht aufzutreten.

Von Gerlinde Kroll geht etwas Freundlich-Verbindliches und zugleich sehr Verschlossenes aus. Stolz und unnahbar wirkt sie. Sie hat etwas Perfektionistisches an sich, ihr Erscheinungsbild und auch ihre Umgebung spiegeln das wider. Beziehungen zu anderen Frauen, deutet sie an, gar Freundschaften, hat sie auf das absolute Minimum heruntergeschraubt, mit Ausnahme der vertrauensvollen Beziehung zu ihrer neunzehnjährigen Tochter.

»Vielleicht bin ich zu wenig diplomatisch. Man kann mit Diplomatie ja eine Menge erreichen, das Umfeld um sich herum für sich gewinnen. Das ist sicherlich möglich. Aber ich habe mich gar nicht erst angestrengt.« Für eine Frau, noch dazu in einem auf Kommunikation angewiesenen Metier, ist sie erstaunlich unkommunikativ. Doch das fällt vermutlich nicht weiter auf, handelt es sich bei ihr beruflich doch meist um Kurzkontakte, die mit oberflächlicher Freundlichkeit zu bewältigen sind. Sie hat sich zurückgezogen, da sie sich im Beruf eingespannter sieht als die meisten Frauen ihres Bekanntenkreises und sie deren Probleme langweilen, weil die sich selbst langweilen, wie sie behauptet.

Die Konkurrenzerfahrungen mit anderen Frauen in ihrem Arbeitsalltag scheint sie dahingehend gelöst zu haben, daß sie der Ausgrenzung durch Gehässigkeiten von Kolleginnen zuvorkommt, indem sie sich selbst abgesondert, ausgegrenzt hat. Indem sie sich ein Arbeitsgebiet ausgesucht hat, wo sie weitgehend autonom ist, die volle Verantwortung übernehmen und sich von den Meinungen anderer weitgehend distanzieren kann. Entscheidend sei, den eigenen Ansprüchen zu genügen. In den jetzt angebrochenen »kapitalistischen Verhältnissen« finde sie es noch angemessener als schon zuvor, Distanz zu wahren und Probleme für sich zu behalten.

Chefin des Hotels ist Gerlinde Kroll nicht erst seit der Wende. Die Leitung des seit 1939 immer privat geführten Hauses hat sie schon 1986 übernommen. Daß sie ihr Geschäft versteht, ist allenthalben offensichtlich. Die Zimmerpreise sind vergleichsweise hoch, doch alle Zimmer sind bereits mit westlichem Komfort, vom Telefon bis zum Kühlschrank, von der Dusche bis zum Fernseher, ausgestattet. Fast mehr als im Raum Platz hat. Da sie wegen der ungeklärten Besitzverhältnisse mit der Renovierung noch nicht beginnen kann, hat sie zumindest die Anschaffung beweglicher Gegenstände in Angriff genommen. »Wenn wir schon nicht umbauen können, soll wenigstens das, wozu wir in der Lage sind, in Ordnung sein.«

Gerlinde Kroll hat gelernt, alles von sich selbst und viel von anderen zu erwarten, auch wenn das nicht ganz ins ehemals verordnete Weltbild paßte. Mit einem kleinen Lachen gesteht sie, für DDR-Verhältnisse recht »ungewöhnlich« gewesen zu sein. So hatte sie vor einigen Jahren eine Stelle bei der VEB-Gaststätten HO Berlin (und entdeckte zu jenem Zeitpunkt ihr Interesse und ihre Fähigkeiten für das, was sie heute macht). Dort war sie für ein Arbeiterwohnheim verantwortlich, in dem bulgarische Facharbeiter, Kellner und Köche, wohnten. Sie stellte fest, daß nach ihren Maßstäben dort vieles nicht in Ordnung war. Die Schlösser waren so einfach, daß man mit einem einzigen Schlüssel gleich in viele

Zimmer wandern konnte. Sie sorgte für neue Schlösser. Ein Schornstein ließ giftige Gase entströmen, also ließ sie vom Bezirksschornsteinfeger ein Gutachten erstellen.

Doch der für derartige Probleme zuständigen Abteilung brachte sie mit ihren Vorlagen zuviel Arbeit auf den Schreibtisch. »Da haben sie mich dann mehr oder weniger boykottiert. Ich war denen zu fleißig. Das sah man nicht so gerne. Das war da eben so ein Trott, da hatte man mitzumachen, sonst wurde man rausgeekelt.« Sie ist dann von sich aus gegangen.

Für eine Weile hat sie auch mal als Sachbearbeiterin in der Rechtsabteilung eines Außenhandelsbetriebes gearbeitet. Insgesamt waren sie zehn Frauen, mit einer Chefin an der Spitze. Einzeln kam sie mit allen ganz gut klar. »Aber kaum war ich mal nicht da, dann redete man hinter meinem Rücken und hetzte.« Mißgünstige Gerüchte wurden in Umlauf gesetzt. Vielleicht sei bei den anderen Neid im Spiel gewesen, möglicherweise war es Neid auf ihre schickere Kleidung, oder »daß man vielleicht ein bißchen besser aussah als die anderen«. Eine Bemerkung, die zeigt, daß sie schon wußte, wie und wo sie, wenn sie wollte, ihre Kolleginnen auszustechen vermochte. Da sie dort aber nicht hatte Fuß fassen wollen, nur für eine Übergangszeit da war, verstand Gerlinde Kroll die Häme hinter ihrem Rücken eigentlich nicht. »Man weiß ja nicht, was in den Köpfen vorgeht. Bei Männern hatte ich diese Probleme nicht, das war immer nur bei Frauen.«

Auch Gerlinde Kroll gehört zu der großen Gruppe von Frauen, die bei der Zusammenarbeit Männern den Vorzug gibt, weil es zum einen die von ihr erwähnten Probleme (Konkurrenz im Aussehen) mit ihnen nicht gibt und weil zum anderen grundsätzlich mit Männern Absprachen über zu erledigende Aufgaben klarer und eindeutiger seien.

Jetzt aber ist ihr Team weiblich. Denn, abgesehen von einer rühmlichen Ausnahme, sähen Männer den Schmutz einfach nicht. Zu DDR-Zeiten sei es schwieriger gewesen, Anweisungen zu geben. »Zu Ostzeiten konnte man nicht so durchgreifen. Da hat man das ganze Personal verloren. Und die haben auch nicht die Einstellung zur Arbeit gehabt, wie sie hätte sein sollen, zumindest nicht so, wie ich es gewünscht hätte.« Gerlinde Kroll ist sich dabei im klaren, daß ein Zimmermädchen »sehr harte körperliche Arbeit« leisten muß, auch daß sie mehr von ihren Angestellten verlangte, als das gemeinhin in der DDR üblich war: »Im VEB-Betrieb kriegten die mehr Geld für weniger Arbeit.« Da habe man erst die Zeitung gelesen, dann gefrühstückt, ein bißchen mit den Kollegen geredet, zu Mittag gegessen, Kaffee getrunken und sei einkaufen gegangen. »Das Fußvolk war en gros so. Im Privatbetrieb konnte ich mir das nicht leisten.«

Wenn sie früher neue Arbeitskräfte suchte, dann wurde sie oft unter den »Ausreisenden« fündig, die keine Arbeit kriegten. »Die habe ich dann genommen. Da waren mitunter gute Leute dabei. Bevor sie psychisch litten, weil sie keine Erfüllung fanden und zu Hause rumhingen und auf die Ausreise warteten, sind sie lieber arbeiten gegangen in einen Privatbetrieb.« Sie bekam von offizieller Seite deswegen keine Schwierigkeiten.

Daß Gerlinde Kroll die Chefin ist, war wohl auch zu Ostzeiten bei ihren Mitarbeiterinnen unbestritten. Seit der Wende findet sie das Leben in dieser Hinsicht allerdings etwas leichter. »Jetzt haben die Frauen begriffen, daß ein anderer Wind weht, und sind zufrieden, daß sie eine Arbeit haben, nicht arbeitslos sind.« Nach einem gewissen Personalwechsel hat sie die Zügel fester angezogen. Mit jenen Frauen, die »es begriffen haben«, klappt es hervorragend.

Wie sie in früheren Zeiten unter den »Ausreisenden« willige Arbeitskräfte fand, sucht sie jetzt unter den Alleinstehenden die richtigen aus. Denn »die können sich durchboxen, und die sind auch der harten Arbeit hier gewachsen. Ich kann nicht immer danebenstehen.«

Alleinstehende Frauen, so ihre Überzeugung, sind beispielsweise in der Lage, kleine Handwerksarbeiten selbst zu erledigen. Ihre Mitarbeiterinnen müssen nicht nur sehen, wenn etwas kaputt ist, sondern es auch gleich in Ordnung bringen. Lediglich für Klempnerarbeiten wird eine Fachkraft engagiert: »Frauen, die einen Mann zu Hause haben, sind verwöhnt und können das nicht.« Sie verlangt von ihren Mitarbeiterinnen vollen Einsatz. »Es muß alles pingelig sauber sein. Ich sage auch nicht alles ein paarmal, das geht über meine Kraft. Ich sag es einmal, und dann möchte ich, daß die Frauen das im Kopf haben. Ich muß mich durchsetzen, sonst läuft ja das Geschäft nicht richtig. Ich rede doch nicht umsonst hier. Es ist ja auch mein Geschäft und mein Name, und ich möchte, daß hier alles in Ordnung ist.«

Konkurrentes Verhalten hält Gerlinde Kroll weniger für etwas Anerzogenes und damit Erlernbares, sondern für eine Charaktereigenschaft. »Das steckt in mir, das ist meine Natur.«

Das Intime der Konkurrenz

Konkurrenz, ganz allgemein, beurteilt sie bislang fast ausschließlich positiv. »Wenn keine da ist, dann wird man nicht angespornt, sich anzustrengen und mehr zu geben, mehr zu leisten. Ich glaube, Sicherheit und Konkurrenzlosigkeit machen träge, was man an der einstigen DDR gesehen hat«, so die Ansicht der fünfundzwanzigjährigen Regine N., die im Süden Ost-Berlins aufgewachsen ist. Daß man für nichts kämpfen mußte bzw. konnte, nicht dazu erzogen wurde, eine eigene Meinung zu entwickeln und zu äußern, war »generell der Fehler in der DDR«. »Es war ja im Prinzip egal, wieviel man arbeitete, man hat jeden Monat den gleichen Lohn bekommen. Dann wird man doch irgendwann gleichgültig.« Und wenn obendrein der Lohn einer Sonderleistung der war, daß die Norm irgendwann erhöht wurde, dann strengte man sich doch besser gar nicht erst an.

Regine N.s Überlegungen sind allerdings mehr theoretischer Natur. Schließlich entgingen ihr die Realitäten des Staates, in dem sie lebte, nicht. Doch sie selbst hat sich in ihrem Elan nicht dämpfen lassen. Sie wußte, nie wollte sie eine »kleine graue Sekretärin in einem großen Büro« werden, wozu ihr ohnehin die natürlichen Voraussetzungen fehlen. Hat sie doch eher etwas vom Aussehen eines Schneewittchens an sich, alabasterne Haut, dunkle Augen, ein von schwarzbraunen Krusellocken umrahmtes Gesicht. Ihre Wünsche hat sie nie nur nach den von außen eröffneten Möglichkeiten ausgerichtet, sondern ihre Ziele schon immer etwas höher gesteckt.

Sie hatte Träume und gedachte sie zu verwirklichen. »Ich wollte immer irgendeinen Beruf, der besonders klingt. Das war zu DDR-Zeiten Dolmetscherin. Es war nicht leicht, einen Studienplatz zu bekommen.« Zielstrebig und unverdrossen machte sie sich daran, diesen Plan Schritt für Schritt zu realisieren. Selbst die Entmutigungen, die sie von offizieller Seite zu diesem Berufswunsch zu hören bekam, konnten sie in ihrem Eifer nicht bremsen. Daß es in der DDR für Frauen kaum eine Alternative zu Familie und/oder

Berufstätigkeit gegeben hat, hat Regine N. sicher in der Berufswahl sehr viel gründlicher vorgehen lassen, als dies Frauen im Westen – sofern sie diese Alternative im Kopf haben – tun. Mittlerweile, wie zu berichten sein wird, hat sie ihre beruflichen Ziele noch höher angesiedelt.

Der Direktor ihrer Schule meinte sie in einem Gespräch vor einer so ausgefallenen Laufbahn warnen zu müssen. Nur hundert von Tausenden würden es schaffen. »Ich habe mir immer gesagt: Ich probiere es, und wenn ich nicht genommen werde, dann habe ich es zumindest probiert und brauche mir diesbezüglich keine Vorwürfe zu machen. Dem Schuldirektor sagte ich: ›Vielleicht bin ich ja eine von den Hundert.‹ Und ich war dann auch eine. Das hat mich angespornt, weil ich dachte, na, es geht ja doch, man muß es nur probieren. – Ich habe mir immer gesagt, bei einer Bewerbung kann ich nichts verlieren. Ich kann nur etwas gewinnen. Und wenn man mich ablehnt, dann habe ich vielleicht wieder was gelernt. Und wenn ich bei einer Prüfung durchgefallen bin, dann kann ich nur sagen, beim nächsten Mal mache ich es besser. Jetzt weiß ich, worauf es ankommt. Im ersten Moment ist man vielleicht sehr traurig, wenn man eine Ablehnung bekommt. Aber mich hat das immer nur angespornt: Jetzt zeige ich es denen aber, daß ich das nächste Mal besser bin.«

Eine weitere Hürde zu ihrem Berufsziel bestand darin, daß sie nicht bereit war, in die Partei zu gehen. Immer war ihnen eingebleut worden, ohne Parteizugehörigkeit gäbe es keinen gescheiten Job. Aber diesen Schritt wollte sie weder sich noch ihren Eltern zumuten. Beide, die Mutter (Friseuse) und der Vater (Elektromeister), waren, wie sie ihren beiden Töchtern klar zu begründen verstanden, nicht in der SED. Schon ihnen gegenüber hätte sie ein schlechtes Gewissen gehabt. Daß sie nicht eintrat, hatte allerdings Konsequenzen: In Berlin durfte sie nicht studieren. Mit Absicht ließ man sie dort durch die Eignungsprüfung fallen. Deshalb versuchte sie es auch in Leipzig, und das klappte. Dort war die Parteizugehörigkeit offenbar nicht so entscheidend.

Doch es brauchte Mut und ein gewisses Feingespür, dem eigenen Weg zu folgen und sich trotzdem von der geforderten Stromlinienform nicht zu sehr zu entfernen, denn das konnte auch gefährlich werden: »Man mußte wirklich immer aufpassen, wie weit man geht mit seiner eigenen Meinung, weil man immer wußte, davon hängt der Studienplatz ab; bis zur Drohung, die auch wahrgemacht wurde, daß man nie eine anständige Arbeitsstelle erhalten werde, wenn man sich bestimmten Regeln nicht anpasse. Man mußte genau wissen, was man möchte: Will man das Studium zu Ende machen oder möchte man seine Meinung bis zum Ende vertreten. Meist hat man den leichteren Weg gewählt.« Denn jeder, der sich auffällig machte, war schon irgendwie verdächtig, erinnert sie sich; zu sehr mit eigenwilligen Ideen aus der Masse herauszuragen, sei teilweise gefährlich gewesen.

Regine N. bekommt für ihre Dolmetscherausbildung die Sprachen Englisch und Spanisch zugeteilt. Auch ein paar Semester im Ausland gehören eigentlich zum Studium. Doch ihre Familie hat Westkontakte. Deshalb schätzt sie ihre Chancen, wirklich ins Ausland zu kommen, nicht sehr hoch ein. Andererseits sind sie in Spanisch lediglich sechs KandidatInnen, das ist ein Vorteil. Fazit – schließlich darf nur eine von ihnen, ausgerechnet die regimetreueste, die Frau eines »großen Tiers in der Staatssicherheit«, nicht im Ausland studieren. Sie aber durfte. Das hieß – ein Jahr Kuba. Ein sehr entscheidendes Jahr. Ein Jahr, in dem sie, wie sie sagt, erwachsen geworden ist, der behüteten Kindheit endgültig, der einengenden Mädchen/Frauenrolle weitgehend entkam.

Wegen der Berufstätigkeit ihrer Eltern sind Regine N. und ihre jüngere Schwester in den frühen Kindheitsjahren »ausgesprochen glücklich« bei ihren Großeltern aufgewachsen, sozusagen vor den Toren Berlins. Die haben die beiden Mädchen freilich ganz nach dem traditionellen Rollenbild erzogen, nämlich »nett und brav« zu sein. Auch die Schule und ein noch sehr verschultes Studium taten ein übriges und ließen sie die Bahnen einer wohlreglementierten Ordnung kaum durchbrechen. Lediglich ihre Eltern unterstützten ihre Selbständigkeitsbestrebungen schon immer. Die, sagt Regine N., haben sie nie »in eine Richtung getrimmt«, sondern gesagt: »›Das mußt du selber entscheiden, das ist dein Leben.‹ Ich mußte Entscheidungen immer allein treffen. Und das war gut.« In Kuba zumindest half es ihr sehr. Nun, wo plötzlich die stete Gängelung von außen vollkommen fehlte und sie sich außerdem in einem Land des Machismo befand, wußte sie ihre bereits vorhandene Selbstsicherheit zu schätzen und lernte, auch im Alltäglichen nicht mehr nur »nett und brav« zu sein, sondern »daß man sich als Frau auch durchsetzen muß«.

Etwas länger über das Nette und Brave sinnierend, kommt Regine N. allerdings plötzlich zu dem Schluß, daß selbst zwischen ihr und ihrer »besten Freundin«, mit der sie zusammen in Kuba studiert hat, auch andere Momente spannend und für sie wichtig waren und sind. »Eine gewisse Konkurrenz ist immer da. Auch beim Studium war die Konkurrenz da. Jede will gut sein und letztendlich einen guten Job kriegen. Geredet haben wir darüber nicht. Jede bemüht sich so innerlich und denkt, jetzt gebe ich mein Bestes, aber austauschen würden wir uns nie darüber und uns ins Gesicht sagen: ›Du, ich versuche jetzt besser zu sein als du.‹« Ganz offenbar ist der Impetus, die Ebene des Gleichseins zu verlassen und in Konkurrenz zu treten, noch intimer als all die intimen Dinge, über die sie sich mit ihrer Freundin in aller Offenheit unterhalten kann, wie ihre Probleme oder die eigenen Fehler. Warum sonst sollten sie zu diesem Thema schweigen, bei all ihrer vorgeblichen Offenheit.

Der »besten Freundin« gegenüber Konkurrenzgefühle zugeben zu müssen, sie fachlich übertrumpfen zu wollen, verletzt offenkundig ein massives Tabu, es grenzt an Verrat. Die Rivalitäten auf dem Gebiet Aussehen und Beliebtheit sind ja weder leicht benennbar noch sind sie ohne weiteres offen auszutragen. Trotzdem weiß jede, daß diese Rivalitäten mehr oder weniger den ständigen Hintergrund einer Beziehung abgeben. Gerade deshalb besteht ja die Methode vieler kleiner Mädchen darin, ihre Gunst wie einen Preispokal an die ihnen im Augenblick oder auch langfristig vorteilhafteste Beziehung zu knüpfen.

Trotzdem – vermutlich sind in jeder Freundschaft sowohl Rivalität als auch Konkurrenz als sehr wichtige Momente vorhanden; vermutlich wird die Freundschaft erst dadurch anregend und spannend. Die Beziehung ist schon deswegen beflügelnd, weil jede auch die Stärke der anderen ertragen kann, damit leben und gönnen kann, wenn die Freundin einmal besser als frau selbst ist; ein andermal wird es umgekehrt sein. Wichtig ist vor allem, wenn jede von der anderen weiß, daß sie nicht mit Ausgrenzung bestraft werden wird, nur weil sie etwas besser hingekriegt hat. Meist allerdings bleibt eine Freundschaft nur solange bestehen, wie sich die befreundeten Frauen als Rivalinnen/Konkurrentinnen halbwegs im Gleichgewicht wähnen. Verschiebt sich das Kräfteverhältnis, hält auch die Freundschaft selten sehr viel länger, da keine gerne ständig übertrumpft werden noch immer unter ihr Niveau gehen möchte.

Die Freundin ist Regine N. auch deswegen so enorm wichtig, weil sie beide sich wirklich direkt austauschen können und meinen, anders als die Männer, keine Fassaden voreinander aufbauen zu müssen (wenngleich diese unsichtbare Wand »Konkurrenz« schon vorhanden ist). Männer »versuchen immer, sich möglichst gut darzustellen und würden nie über ihre Fehler sprechen [wie sie selbst]; Männer wollen immer protzen und zeigen, was sie für Supermänner sind«.

Offenheit, wenn auch nicht in dem Maße wie zwischen ihr und ihrer Freundin, bevorzugt Regine N. auch am Arbeitsplatz. Ihr liegt an einem persönlichen Bezug zu ihren KollegInnen. Dazu allerdings muß sie Vertrauen zu denen gefaßt haben und sicher sein, daß sie es nicht mißbrauchen. Und schon wieder kommen ihr plötzlich Bedenken. Sie hat zwar in ihrer Vorstellung und auch in der Wirklichkeit eindeutig mehr Vertrauen zu Frauen und hat auch bisher keine negativen Erfahrungen gemacht, aber: »Ich bin sehr für Offenheit. Die Leute sollen mir ins Gesicht sagen, was sie über mich denken. Was ich wirklich nicht leiden kann, ist, wenn jemand ein strahlendes Gesicht macht, einen anlächelt und sagt, du bist ja ganz toll, aber in Wirklichkeit denkt, ›die kann ich überhaupt nicht leiden‹.« Und nach so viel, den Frauen allgemein ausgesprochenem Vertrauen, klappt ein Nachsatz hinterher: »Ich glaube, das ist bei Frauen eher da, daß sie einem nicht offen sagen, was sie über einen denken.« Denn es paßt nicht zum anerzogenen Braven und Netten, das zu tun. Mit der wahren Meinung über eine Person erst hinterrücks herauszurücken, paßt zu Leuten, die nie richtig gelernt haben, ein Problem konfrontativ zu bereinigen.

Wie wichtig es für sie war, herausgekommen zu sein und wenigstens schon ein bißchen von der großen weiten Welt gesehen zu haben, entdeckt sie auch jetzt, nach der Wende, wenn sie sich mit ihrer jüngeren Schwester (verheiratet, zwei Kinder) vergleicht. Die ist inzwischen Hausfrau geworden, »ihr fehlt es an Selbstbewußtsein und an Kraft, sich durchzusetzen – nicht gegen den Mann, der hilft gleichberechtigt«. Aber im Unterschied zu ihr selbst, beurteilt sie deren so andere Situation, ist die Schwester noch nie richtig von zu Hause weggekommen. Sie blieb zeit ihres Lebens in einem behüteten Umfeld, mußte sozusagen nie ihre Fähigkeiten und Grenzen wirklich austesten und weiß somit gar nicht, was sie alles kann. »Ich möchte um nichts in der Welt mit ihr tauschen. Ich glaube, sie ist sehr glücklich, aber sie hat bisher auch noch nichts anderes kennengelernt. Für mich ist das eine Horrorvision, mit zwei Kindern zu Hause sitzen zu müssen. Ich fühlte mich eingesperrt.«

Regine N. hat immer nach Wegen gesucht, selber den Gang der Ereignisse mitzubestimmen. Dabei, sagt sie, hatte sie »immer viel Glück«. Obwohl sie selbstverständlich wußte, daß man sich in ihrem Staat einen Arbeitsplatz nicht aussuchen durfte, sondern von der zentralen Vermittlung angeboten bekam, ist sie selbst auf Stellensuche gegangen. »Ich bin so ungeduldig.« Ebenso hatte sie zwar auch einen Wohnungsantrag laufen, mochte aber nicht auf »die Zuteilung in zehn Jahren« warten, sondern sie begann selbst, nach leerstehenden Wohnungen zu forschen, und entdeckte durch einen glücklichen Zufall eine.

Auch die ausländischen Botschaften, jene für sie möglichen Arbeitsstellen nach dem Studium, bekamen ihr Personal durch die zentrale Arbeitsvermittlungsstelle zugewiesen. Da die aber in Devisen bezahlten, war die Vermittlung, nach Regine N.s Meinung, gut beraten, dorthin nur empfehlenswerte Arbeitskräfte zu schicken. Denn wenn eine entsandte Person nicht gefiel, hatte sie bald wieder zu gehen. Schon deswegen herrschte dort, anders als andernorts, das Leistungsprinzip. Regine N. erhielt ihre erste Anstellung als Dolmetscherin an einer lateinamerikanischen Botschaft. »Da stand ich schon unter Leistungsdruck. Aber wenn meine Übersetzung gelobt wurde, hat mich das gefreut. Und es hat mir mehr Spaß gemacht, als wenn ich nie ein Echo gehabt hätte und es im Prinzip egal gewesen wäre, wieviel ich mache und wie gut.«

Mit einer Ausnahme war diese Botschaft eine reine Frauenbotschaft, an der Spitze angefangen. Die Botschafterin, von ihren Untergebenen als »sehr launisch« empfunden, lebte als Single, von ihrem Mann getrennt, in der damaligen DDR. Viele hielten es für einträglich, »um ihre Gunst zu buhlen«, um damit einen besseren Stand in der Botschaft zu haben. Besonders die fachlich weniger qualifizierten Frauen hätten sich in dieser Hinsicht bemüht. Außerdem gab es auch in Aussehensfragen nicht wenig Rivalität. Vom Status her allerdings fühlten sich die Diplomaten dem Rest des Personals eindeutig überlegen.

Abgesehen von der Arbeit, die Regine N. Spaß machte, war die Atmosphäre insgesamt so, daß sie zurückblickend der Meinung ist, nicht mehr in einem Nur-Frauen-Büro arbeiten zu wollen, »weil ich glaube, daß Frauen untereinander manchmal sehr gemein und hart sein können«. Außerdem meint sie erstaunlicherweise, da Frauen ja manchmal launisch seien, könne ein Mann zwischen ihnen wie ein ruhender Pol wirken.

Als nach der Wende auch diese Botschaft schloß, hatte Regine N. den Mut zum Ausland West-Berlin. Das British Council suchte eine Fremdsprachensekretärin. Besser als nichts. Regine N. bewarb sich und bekam die Stelle. »Ich hatte Bedenken vor Arbeitsantritt. Es sind ja noch so Klischeevorstellungen vorhanden. Die Mauer ist im Prinzip in den Köpfen noch da. Ich habe aber großes Glück gehabt und habe gesehen, das sind auch alles nur Menschen. Und ich bin flexibel, kann mich anpassen.« Wieder hatte sie sich etwas zugetraut und sah, daß sie sich noch mehr zutrauen konnte und daß es ihr dadurch allerdings besser geht als vielen anderen ehemaligen DDR-Bürgern: »Ich habe gelernt, daß ich eigentlich keine Minderwertigkeitskomplexe haben muß. Aber bei vielen sind sie da. Viele haben es noch nicht gelernt, für ihre eigene Meinung einzutreten und zu kämpfen.«

Den Job im British Council sieht sie freilich nur als Übergangslösung. Er lastet sie nicht voll aus. Außerdem, sagt sie, hat sie nicht so lange studiert, um nun doch den von ihr nicht eben geliebten Beruf der Sekretärin auszuüben. Deshalb hat sie mutig weiter neue

Weichen gestellt: »Mein Traum war es schon immer, einmal im Ausland zu arbeiten, vielleicht an einer Botschaft und am liebsten als Kulturattaché oder so was in der Richtung. Darauf kann man in gewisser Weise hinarbeiten, indem man sich durch seine Interessen hervorhebt. Und ich darf nicht sagen, das ist ein Traum, das werde ich nie schaffen, sondern ich probiere einfach alles. Ich habe nicht damit gerechnet, als ich mich zur Prüfung beworben habe, daß ich sie überhaupt bestehe.«

Denn: Regine N. hat sich beim Auswärtigen Amt für den gehobenen Dienst, d. h. für die diplomatische Laufbahn beworben. Sie hat die erforderliche Eignungsprüfung »als Diplomat« abgelegt und sie bestanden. Als ich sie auf die fehlende feminine Endung aufmerksam mache, antwortet sie selbstbewußt: »Auf feminine Endungen hat man in der DDR keinen Wert gelegt. Das war ja bei uns staatlich verordnet – diese Gleichberechtigung. Man mußte sie sich nicht so erkämpfen wie die Frauen im Westen.« In dieser Hinsicht hat sie keine unterschiedliche Behandlung der Geschlechter erfahren; sowohl die Ausbildungschancen wie auch die Bezahlung waren gleich.

Regine N. ist also auf dem Wege, eine Diplomatin zu werden – im gehobenen, nicht im höheren Dienst, obwohl sie sich auch dafür hätte bewerben können, da sie ein abgeschlossenes Studium vorzuweisen hat. Für den gehobenen Dienst ist die Ausbildung zwar ein Jahr länger als für den höheren Dienst (das Abitur allein hat als Voraussetzung genügt), aber so hat sie auch mehr Zeit, etwaige Lücken zu füllen. Im gehobenen Dienst wird sie zwar allenfalls Kanzlerin der Auslandsvertretung werden können, nicht Botschafterin. Doch noch ist ihr das lieber, weil sie auch ihre Schwächen kennt. In leitenden Positionen muß man »eiskalt kalkulieren« können; und die Vorstellung, einmal in verantwortlicher Position nicht auf die persönlichen Belange von Mitarbeitern eingehen zu können, fällt ihr schwer.

Der Gestus allein, nicht von gleich zu gleich miteinander umgehen zu können, ist ihr unangenehm; und an dem Gedanken, Macht verdirbt den Charakter, ist ihrer Anschauung nach etwas dran. Ihre ehemalige, sehr ehrgeizige Chefin an der Botschaft hat ihr beispielsweise davon berichtet, wie schwer es für sie als Frau war, diesen Posten zu bekommen, daß sie doppelt und dreifach so gut sein mußte wie ein Mann, um endlich anerkannt zu werden. Nur, so Regine N., hat sich das in deren ganzem Wesen widergespiegelt: Sie war hart. »Ich habe mir das immer zum Vorbild genommen: So möchte ich nicht werden. Ich möchte zwar auch Karriere machen und möchte was erreichen in meinem Beruf. Aber wenn sich das so negativ in der Persönlichkeit äußert...? Ich wünsche mir, man soll als Frau genauso gut sein wie ein Mann und das auch beweisen; aber ich bin immer dafür, daß man seine fraulichen Züge ruhig bewahrt, daß man Wärme ausstrahlt, Güte und Gefühle.«

So zeigt sich, daß die traditionelle Rollenzuweisung noch immer ihre volle Wirksamkeit hat. Und auch der Glaube an den überlegenen, vorbildhaften Mann ist untergründig ganz intakt geblieben. Und wenn es hart auf hart kommt, das ist zumindest ihre jetzige Perspektive, dann soll dieses anerzogene Frauenbild möglichst nicht zu Bruch gehen. Die erlernte Sichtweise wirkt nach, auch wenn Regine N. konsequent ihren eigenen Weg verfolgt und dabei manch alte Regel zu verletzen bereit ist.

Die Entscheidung für den Diplomatischen Dienst ist getroffen. Sie fiel ihr jedoch so schwer wie noch keine zuvor, weil es eigentlich eine Entscheidung gegen ihren Freund war. Normalerweise ist oder war es ja umgekehrt – die Frau geht mit dem Mann, meint Regine N. seine Situation verständnisvoll erklären zu müssen. Obwohl sie mit dem alten Muster, den alten Unfreiheiten auch nichts anfangen kann: »Das könnte ich mir nie vorstellen, daß ich mal von einem Mann finanziell abhängig bin. Damit könnte ich mich nicht abfinden.«

Das Problem der Abhängigkeit oder Unabhängigkeit in ihrer Beziehung ist überhaupt zwischen beiden öfter ein Thema: »Ich will zwar eine Beziehung haben, einen Freund, aber ich möchte trotzdem eigene Entscheidungen fällen, entscheiden, mit wem ich weggehe, mit wem ich mich treffe. Er fand das ungewöhnlich. Jetzt toleriert er es.« Ihre Entscheidung für den Diplomatischen Dienst war aber besonders schwerwiegend. Damit stand er vor dem Risiko, daß eventuell sie den Lebensunterhalt für beide verdienen muß. Ihr Freund litt unter der Vorstellung, »nur ein Anhängsel von ihr zu sein«, konnte schon allein den Gedanken nicht ertragen. Als er sie deshalb allerdings vor die Entscheidung stellte, er oder der Beruf, wählte sie trotzdem den Beruf: »Weil ich glaube, daß man das irgendwann bereut, wenn man auf seine Möglichkeiten verzichtet hat.«

Mittlerweile hat sich der Freund dennoch entschlossen mitzukommen, er versuche es zumindest. Sie ist hoffnungsvoll: »Er hat einen handwerklichen Beruf. Gerade im Ausland sind an Botschaften handwerkliche Kräfte mehr gesucht als hochqualifizierte Physiker, die sicher im Ausland keine Anstellung bekommen. Ich habe ihm Mut gemacht. Aber ich habe ihm auch gesagt, es ist letztendlich seine Entscheidung, ob er mitkommt. Ich kann ihm keine Garantie geben. Ich habe mich im Prinzip für mich entschieden, das zu machen.« Ihrer Kompromißlosigkeit steht seine Kompromißbereitschaft gegenüber, und sie bewundert das. Allerdings, »ob es gutgeht, hängt sicher auch von mir ab«. So ist sie sich noch etwas unsicher, wie sie beide rein statusmäßig miteinander und mit ihrer Umgebung klarkommen werden. »Ich weiß nicht, wie das wird. In diesen Kreisen geht man ja nach Status. Und wenn ich dann mehr bin als mein Mann, weiß ich nicht, ob das nicht zu Konflikten führt.«

Regine N. ist übrigens eine der wenigen unter meinen Interviewpartnerinnen, die nie ein Junge sein wollte, die zufrieden war, ein Mädchen zu sein. Allmählich für sich selber die Verantwortung zu übernehmen, findet sie am Erwachsenwerden spannend. Für sie ist der Mauerfall *die* Chance.

Es war hinter ihrem Rücken

»Das Letzte ist mir vor einem Jahr passiert. Das war auch ein Ding. Aber zumindest hab ich gelernt, mich zu wehren... Das war so.«

Daß es ihr trotz aller fachlichen Beschlagenheit doch immer mal wieder passiert, in diese verquer laufenden beruflichen Konkurrenzbeziehungen zu geraten, verwundert Bettina Schlüter[1], siebenundvierzigjährige Psychologin aus Sachsen. Schließlich hat sie sich, als Frau vom Fach, stets bemüht, hinter die Mechanismen solcher Geschehnisse zu kommen, hat viele der Ursachen und Bedingungen auch durchschaut und geglaubt, gewisse Fortschritte notieren und die Konkurrenzfalle vermeiden zu können. Dennoch.

Was geschah? Neben ihrer regulären Berufstätigkeit engagiert sie sich seit der Wende gleich für mehrere Projekte: »Nach der Wende gab es zum ersten Mal diese Möglichkeit, und es war, als ob viele Energien plötzlich freigesetzt werden.« Da es aber weder zeitlich noch wegen des Umfangs der Projekte möglich war, alles im Alleingang durchzuziehen, sah sie sich nach fähigen MitarbeiterInnen um. Und nun die Geschichte: »Ich habe eine langjährige Bekannte. Wir haben zusammen studiert und immer mal – mit den Kindern – zusammen zu tun gehabt. Als ich hier das Projekt aufgebaut habe, habe ich nach Leuten gesucht und sie gefragt, ›willst du nicht mitmachen?‹ Sie fand das eine gute Idee, und ich habe mich wirklich gefreut. Sie ist eine sehr selbständige und intelligente Frau, engagiert auch. – Sie ist sehr verschieden von mir. Das war mir klar. Ich hatte auch das Gefühl, genügend Distanz zu haben, daß es nicht zu eng ist und daß ich dabei nicht irgendwas aufs Spiel setze.«

Bettina Schlüters Plan war es, dieses Projekt nicht so intensiv selber zu betreiben, ihm aber dennoch Richtung zu geben. Von der ehemaligen Studienkollegin hatte sie den Eindruck, daß sie mit ihr in dieser Hinsicht auf ähnlicher Wellenlänge liege. Die erste Überraschung gab es, als sie feststellen mußte, daß die andere sich formal als Leiterin des Projektes eingetragen hatte, ohne daß das abgesprochen war. Den von Bettina Schlüter angesprochenen Zeitmangel hatte sie offenbar so interpretiert, daß sie die Leitung übernehmen könne. »Sie hat sich innerlich, aus ein paar Bemerkungen von mir, das so zurechtgelegt, daß ich zu vernachlässigen bin.« Umgekehrt hatte sie selbst, meint Bettina Schlüter, durch die freundschaftliche Beziehung die Signale nicht richtig verstanden oder nicht richtig gesetzt oder einfach die Sache nicht bis zu Ende gedacht: »Wenn man so verquickt ist, sieht man gewisse Dinge nicht.«

Das Schlimme war, die Kollegin »hat es schlecht gemacht«. Mittlerweile aber waren sechs ABM-Leute für das Projekt engagiert und damit von ihm abhängig. Und, so Bettina Schlüter: »Hier kommt die Machtgeschichte rein. Das hat mir natürlich gleichzeitig auch Angst gemacht, die Verantwortung dafür zu übernehmen. Das hatten wir bis dahin nicht.« Bis dahin war sie noch nie in der Position gewesen, für andere finanziell und existentiell Verantwortung zu tragen. Sie mußte im Interesse des Projektes und aller Beteiligten eine Entscheidung treffen und insistierte also darauf, selbst Leiterin des Projektes zu sein.

»Aber, wie ich das gemacht habe. Es ist verrückt gewesen. Es war so schwer, klar zu sein in ihrer Nähe. Allein ihr gegenüber zu sitzen und zu sagen: So geht es nicht. – Ich will mal ganz ehrlich sein: Über eine lange Zeit kamen die anderen zu mir und haben sich beschwert. Und dann habe ich gemeinsam mit denen überlegt, daß es so nicht geht, daß wir meinten, sie kann in dem Projekt nicht arbeiten. Aber es war eben hinter ihrem Rücken. Das hat mich selber erschreckt, daß ich genau die gleichen Verhaltensweisen drauf habe. Daß es so wahnsinnig schwer ist, etwas klar und direkt zu sagen, obwohl es keine enge Beziehung ist.«

Eine engere Beziehung hätte, wie sie vermutet, das Problem noch mehr kompliziert. In der Beziehungsstärke von Frauen sieht Bettina Schlüter zugleich die Crux und den Vorteil für den Umgang miteinander. Das sich in der frühen Kindheit entwickelnde Beziehungsmuster, in dem Mütter ihre Töchter sehr viel enger an sich binden als Söhne, in dem sie ihnen weniger Verhaltensfreiräume lassen, bleibt ihres Erachtens lebenslang erhalten und wirkt auf alle Beziehungen von Frauen.

Das hat Vor- und Nachteile: »Durch die näheren Beziehungen sind Frauen ja empfänglicher für das, was mit dem anderen los ist. Sie spüren mehr. Wenn ich mich abschotte, [wie viele Männer das tun], dann nehme ich nur mich wahr und kaum das, was mit dem Gegenüber ist. – Was ich problematisch finde bei den Mädchen untereinander, ist, daß sie nicht lernen in der ersten Beziehung zur Mutter (und dann auch in bezug auf die Freundinnen), sich auf solche Weise die Meinung zu sagen, daß es eine Abgrenzung gibt und die Beziehung trotzdem erhalten bleibt. Die Beziehung zur Mutter kann ja auch schlecht sein. Die größere Nähe bedeutet nicht zwangsläufig, daß sie auch harmonisch und gut ist. Alle Konfliktmöglichkeiten stecken da drin. Zum Beispiel lernt man ja oftmals als Mädchen, eine so nahe Beziehung müsse es ausschließen, daß man was Böses sagt. Diese Art Abgrenzung, daß man auch schlechte Gefühle haben darf, ohne den anderen damit umzubringen, das ist etwas, das Mädchen kaum beigebracht bekommen.«

Zum Erziehungskodex bei Mädchen gehört es, ihnen angesichts von Schwierigkeiten und Konflikten, wie zum Beispiel im Konkurrenzfall, eher zu Umwegen als zur Konfrontation zu raten. Anstatt sie als überwindbare Hindernisse anzugehen und vielleicht zu bewältigen, wozu ein Junge ständig ermuntert wird, empfiehlt man dem kleinen Mädchen lieber die Vermeidungsstrategie und bringt es damit auch um ein sein Selbstbewußtsein aufbauendes Erfolgserlebnis.[2] Durch charmante Verbindlichkeit, freundliche Fassade, findet das Mädchen noch immer eher Anklang als durch durchsetzungsfähige Zielstrebigkeit, schon bei der Mutter und erst recht beim Vater. Konflikte, aufgebrachte und erbitterte Gefühle mögen vorhanden sein. Aber das kleine Mädchen wird sie zu mildern oder zu unterdrücken versuchen, wenn es die klassische Mädchenerziehung »genießen« sollte. Zu sehr fürchtet es, die Liebe der Eltern zu riskieren.

Über ein unmittelbares Ärgernis einen Streit vom Zaun zu brechen und durchzustehen, gehört daher meist nicht zum geübten Repertoire weiblicher Fähigkeiten. Auch für sich selbst muß Bettina Schlüter das bestätigen – »Ich denke schon, daß es mir nicht leichtfällt, Konflikte konfrontativ auszuhandeln und mich mit konkurrierenden Frauen direkt auseinanderzusetzen. Und ich denke, das ist das, was man immer wieder als Muster findet.«

Der berufliche Werdegang von Bettina Schlüter ist nicht ganz DDR-typisch. Zunächst studierte sie Kulturwissenschaft, mit Psychologie im Nebenfach; dann Psychologie im Hauptfach. Sie hat also zwei Abschlüsse. Während des zweiten Studiums brachte sie auch noch ihre beiden Töchter zur Welt. Wegen dieser zwei Studiengänge blieb sie außerhalb des üblichen Stellenverteilungssystems, mußte sich selber kümmern und hätte sich somit nach dem Abschluß in Ruhe nach etwas Geeignetem umschauen bzw., wie sie sagt, ihren beiden kleinen Kindern mehr Zeit widmen können. Aber der Druck, nun mit der Arbeit anzufangen, war zu groß. »Das hat mir kein Mensch gesagt, niemand hat mich unter Druck gesetzt, den hatte ich selbst.«

In einem Krankenhaus bekam Bettina Schlüter ihre erste Stelle. Nur war die Arbeit auf einer Psychotherapiestation, wie sie sich erinnert, für sie als Anfängerin überfordernd. Psychotherapie war in der damaligen DDR noch unterentwickelt, paßte auch eigentlich nicht ins Weltbild. Das Fach hatte sich zwar auf Grund der Anforderungen in der Praxis zwangsläufig entwickelt. Aber noch gab es kaum Fachleute, für Kinderpsychotherapie schon gar nicht. »Man mußte sich durchwursteln.« Noch wußte sie nicht, wie sie ihrem Therapieanspruch gerecht werden konnte. Das war die Ausgangsposition.

Die Strukturen, in denen Bettina Schlüter während ihres Berufslebens als Psychologin arbeitete, waren hierarchisch: zuerst im Krankenhaus und später in einer Ambulanz. Beide Wirkungsbereiche waren, wie sie sagt, organisatorisch ähnlich wie im Westen aufgebaut; nur mit dem Unterschied, daß sich diese Hierarchien aus mehr Frauen rekrutierten, daß sie fast immer Chefinnen hatte. Die hierarchischen Strukturen waren dennoch nie außer acht zu lassen. Trotzdem: »Ich habe mich immer wieder in der Arbeit in sehr engen Beziehungen wiedergefunden.« Das war ihr Vorteil, wie sie erzählt. Und das war ihr Problem.

Gleich die erste Arbeitsbeziehung dieser Art besaß eine bemerkenswerte Spannbreite. Wie erwähnt, gab es für Kinderpsychotherapie keine spezielle Ausbildung. Bettina Schlüter wollte aber therapieren, sich nicht nur auf Diagnostik und Beratung beschränken, wie viele Kollegen das taten. In der Klinik traf sie auf eine Stationsärztin, die meistens genau wußte, wie sie vorgehen wollte. Durch diese Chefin bekam auch Bettina Schlüter allmählich mehr Sicherheit. Es entwickelte sich eine enge Freundschaft. Beide suchten nach einem Weg für die Gestaltung der Station. Die Rollenverteilung ergab, daß die Stationsärztin eher die Macherin war und Bettina Schlüter mehr die Ideen lieferte; doch das Konzept war ein gemeinsames. »Als es dann darum ging, einen Artikel über das Konzept zu schreiben, hat sie nicht eine Minute daran gedacht, mich zu beteiligen.« In dem Bericht tauchte der Name von Bettina Schlüter noch nicht einmal auf.

»Eine lange Zeit habe ich es einfach nicht gewagt, über mein Gekränktsein was zu sagen. Die Kränkung bestand darin, daß sie mich zum einen als sehr nahe Freundin behandelte, in einer anderen Situation aber völlig rausging aus der Beziehung und plötzlich die Chefin war. Das hat mich fast umgebracht. Das war furchtbar. Sie konnte das.«

»Das Typische für Frauen in solchen Beziehungen ist – daß ich zwar wahnsinnig verletzt war, aber mich nicht getraute, was zu sagen. Aus Angst, sie zu verlieren. Der Vorteil war, daß wir beide Psychotherapeuten waren und uns ganz allmählich vorgetastet haben, immer unter der Maßgabe, wir versuchen, uns das zu sagen. Aber wir versichern uns, daß wir uns deshalb nicht hängen lassen. Unter dieser Prämisse war es dann möglich. Aber nur so. Das war nur erfolgreich, weil wir diesen Beruf hatten. Wir haben uns das richtig mit dem Verstand vorgenommen, damit wir für die emotionalen Sachen wenigstens einen Rahmen hatten. Das war völlig verrückt – und äußerst kompliziert. Die Hierarchie war ja klar. Sie war die Stationsärztin, ich war die Psychologin. Ich war die Untergebene. Diese Spannung war furchtbar, einerseits sehr eng vertraut – und ich meine, das ist was sehr frauenspezifisches, diese Bereitschaft, sich sehr nahe zu kommen –, aber wie kommt man aus dieser Nähe wieder in die Hierarchie?«

Die Hierarchie einfach auszuklammern, was Frauen aus ihrem postulierten Gleichheitsanspruch heraus gerne zu tun geneigt sind, hält Bettina Schlüter für ein Unding: »Wenn die Struktur so ist, kann man nicht so tun, als ob es sie nicht gibt. Das ist ganz gefährlich. Das ist eine Quelle furchtbarer Konflikte. Der Leiter muß sich ab und zu lösen aus dieser Bindung, damit er für alle da ist und Maßnahmen für alle bestimmt.«

Wie schwierig es ist, gleichzeitig die befreundete Kollegin und, wenn auch informell, die Chefin zu sein, ist ihr nach dem Weggang dieser Ärztin erst richtig klargeworden. Bei einer Wiederholung des Ereignisses mit sozusagen umgekehrten Vorzeichen. »Als sie dann weg war, war ich die Dienstälteste und hatte die meiste Erfahrung. Es kam eine neue Stationsärztin. Sie hat sich am Anfang fachlich ganz an mich angeschlossen, hat sich sehr beraten lassen. Irgend etwas passierte... Dann wurde sie vor den Chef zitiert, und dann mußte sie geradestehen vorm Chef. Das war für sie der Knackpunkt, daß sie in mir in dem Sinne keine Stütze hatte. Vielleicht fachlich – aber ausbaden mußte sie den Fehler selbst. In dem Moment, als sie das begriffen hatte, ging sie raus aus der Beziehung und hat, glaube ich, später darauf bestanden, daß ich weggehe von der Station, nach dem Motto: Entweder bleibt sie oder ich. Sie konnte fachlich diese Konkurrenz gegen mich nicht gewinnen, aber in der Hierarchie war sie oben. Das hat sie selber nicht ausgehalten und hat mich dann von der Station runterexpediert, ganz heimlich.«

Auch in diesem Fall konnte der Konflikt nur über ein Entweder-Oder umgangen, aber nicht eigentlich bewältigt werden. Für viele Frauen liegt die Lösung des Problems, daß persönliche Beziehungen die Arbeitsatmosphäre nicht nur verbessern, sondern auch vergiften können, darin, daß sie meinen, private Beziehungen sollten am Arbeitsplatz gar nicht erst entwickelt werden; dann können sie auch niemanden irritieren oder von irgendeiner instrumentalisiert werden. Dazu befragt, antwortet die Psychologin: »Die Definition ist schon nicht ganz richtig. Das ist nicht Privatkram, sondern das ist eine Form von Beziehung, die Frauen eingehen, wo immer sie sind. Man muß ja nicht über seine Privatdinge reden, das ist gar nicht das Problem. Das Problem ist, daß Frauen Beziehungen eingehen, während Männer versuchen, sich aus Beziehungen rauszuhalten und das auch irgendwie schaffen. Das würde ich also nicht mit privat und nichtprivat, sondern mit Beziehung und

Nichtbeziehung oder vielleicht mit distanzierte Beziehung und nähere Beziehung definieren.« Und im übrigen gehe es ja auch meist in der Männerwelt keineswegs um die schiere Sachfrage, sondern darum, wer sich durchsetzt.

Die gegenseitige Wahrnehmung, das Interesse an der anderen Person, der kritische Blick auf Aussehen und Gebaren der/des anderen funktioniert bei Frauen höchst automatisch. Für Männer ist das nicht so selbstverständlich. Bei einer Podiumsdiskussion vor großem Forum machte Bettina Schlüter eine sie verblüffende Kommunikationserfahrung, zunächst mit einem und später mit mehreren Männern. Einleitend erklärt sie den Vorgang: »Ich bin jemand, der sehr geübt und darauf eingestellt ist zu reagieren, aber das muß gegenseitig sein. Ich brauche die Resonanz vom anderen. – Also, ein Mann hat angefangen etwas zu erzählen, und dann habe ich darauf Bezug genommen. Aber der hat überhaupt nicht auf mich Bezug genommen, überhaupt nicht. Ich hatte das Gefühl, ich bin Luft. Und das ist mir nicht nur einmal passiert. Die Art Konkurrenz, die Männer untereinander haben, die ist so geartet. Hier bin ich, und wie schaffe ich es, die anderen aus dem Wege zu räumen.«

Frauen, meint Bettina Schlüter, gehen im Gestus erst einmal von einem Miteinander aus. »Ich merkte, wie sehr ich darauf angewiesen bin, daß ich wahrgenommen werde. Er war nicht darauf angewiesen.« Überdies irritierte es sie sehr, daß sie sich von so einem Typen hatte aus dem Konzept bringen lassen. Denn um dem eigenen Thema Gehör zu verschaffen, »muß ich notfalls in der Lage sein, meins auch so zu bringen. Ich muß damit umgehen, wenn jemand so ist. Aber es ist etwas völlig Unproduktives, Unangenehmes, überhaupt nicht Nachahmenswertes. Dennoch – ich möchte nicht ausgeliefert sein. Das ist auch eine der positiven Seiten von Frauen-Beziehungen, daß es immer etwas Wechselseitiges ist, was da so schwingt; was es auch so angenehm macht mit Frauen.«

»Die stärkeren Beziehungen von Frauen untereinander sind erst einmal da. Distanz ist ein Kraftakt für Frauen. Alles andere ergibt sich daraus. Aber wenn da einfach mehr Beziehung ist, dann reagiert man natürlich empfindlicher aufeinander. Wenn ich distanzierter bin, dann kann ich mich auch stärker abgrenzen, dann kommt das nicht alles so nah ran. Wenn ich stärker verknüpft bin mit anderen, gibt es schneller stärkere Reibungsflächen.«

Das Problem besteht darin, diese Reibungsflächen in der richtigen Form zur Sprache zu bringen; eine strittige Angelegenheit gar nicht erst eskalieren zu lassen, sondern sie von vornherein konfrontativ, d. h. um die Lösung der Sache bemüht anzugehen. Werden Meinungsverschiedenheiten übergangen, dann kann das zwar eine Weile trotzdem gutgehen, aber irgendwann wird sich die Explosion eventuell desto heftiger entladen oder es bleibt das quälende Gefühl von permanenter Unzufriedenheit.

Wie schwierig eine offene Aussprache ist, zeigt sich darin, daß selbst Psychologinnen damit scheitern können. Wenn sozusagen die bestmöglichen Voraussetzungen gegeben sind – wie in diesem Fall eine enge Freundschaft und intensive fachliche Zusammenarbeit –, kann sie gelingen. Wahrscheinlicher aber ist, daß sie gar nicht erst ernsthaft versucht wird, aus der Angst, verletzt zu werden. Es ist eine sehr tiefsitzende Angst, die Frauen befürchten läßt, von einer anderen direkt oder, schlimmer noch, aus dem Hinterhalt sozusagen ins Mark getroffen zu werden. So gesteht auch Bettina Schlüter, daß ihre Konkurrentin aus dem Projekt »gut zurückhauen« konnte und darin vielleicht die Ursache für ihre eigene Zögerlichkeit lag, die Kontroverse direkt anzusprechen.

Recht oft habe ich von Frauen so allgemeine Vermutungen gehört wie »bei Frauen weiß man ja nie« oder »Frauen können ganz schön gemein sein«, verbunden mit dem Wunsch, lieber nicht ausschließlich mit Frauen zusammenarbeiten zu wollen. Einen Angriff aus dem Hinterhalt, der mit dem eigentlichen Streit überhaupt nichts zu tun haben muß, einen Angriff auf einen Schwachpunkt, den die andere genau kennt und zu treffen weiß, ist das, was die meisten fürchten. Sie haben Angst, emotional fertiggemacht, verstoßen zu werden.

Ob im Konfliktfall die eigentlich notwendige Aussprache zustande kommt und ob sie gelingt, hängt von vielen Unwägbarkeiten ab, zuallererst von der persönlichen Befindlichkeit. Im Falle eines Falles, so Bettina Schlüter, ist vielleicht eine etwas herbe Bemerkung gar nicht als so totaler Angriff gemeint, wie er von der anderen verstanden wird. Die andere aber wertet die kritische

Äußerung aus einer momentanen Überempfindlichkeit heraus als einen Totalangriff auf ihre Person: »Selbst wenn ich etwas gar nicht so meine, wird es oftmals so aufgefaßt. Das hängt sehr mit dem Selbstwertgefühl zusammen. Wenn ich mich sicher fühle, mit mir im reinen bin und mich gut finde, dann kann ich so eine Kritik auch als solche annehmen, als eine Kritik an der Sache. Wenn ich aber schon sowieso unsicher bin, und dann kommt noch so eine Kritik, dann überwältigt mich das.« Da Frauen aber meist ein gutes Gespür für die Verfassung ihres Gegenübers haben, können sie – absichtlich oder unabsichtlich – sehr gezielt verletzen, falls sich das Ressentiment nur hoch genug gependelt hat.

Bettina Schlüter glaubt trotz wiederholter Tief- und Fehlschläge, das Problem für sich lösen zu können. »Ich denke, es hat auch etwas mit Üben zu tun. Wenn etwas als Verhaltensmuster von klein auf nicht existiert hat, neu ist für mich als Erwachsene, erschreckt mich das sehr.« Schon ihren Töchtern fällt es leichter. Sie können besser streiten als die Mutter. Bettina Schlüter hält sich in dieser Hinsicht nicht für vorbildlich. In der jüngeren Generation können die Mädchen präziser ihre Absichten und Ziele äußern, meint Bettina Schlüter. Und auch viele Jungen sind eher bereit, eine stärkere Beziehung einzugehen, schotten sich weniger rigoros ab.

Die Rollenzuweisung an die Geschlechter verändert sich nur sehr langsam und in Nuancen. Daß manche Verhaltensmuster für Bettina Schlüter nicht von klein auf verfügbar waren, sie sie sozusagen erst in einer Art Erwachsenenfortbildung nachholen muß, wird ihr stets aufs neue bewußt: »Auf allen Ebenen erlebe ich das immer wieder.«

Literatur

Arendt, Hannah: Macht und Gewalt, München 1990
Barber, Jill/Watson, Rita: Frau gegen Frau, Reinbek 1991
Cramon-Daiber, Birgit/Jaeckel, Monika/Köster, Barbara/Menge, Hildegard/Wolf-Graaf, Anke: Schwesternstreit, Reinbek 1984
Enders-Dragässer, Uta/Fuchs, Claudia: Interaktionen der Geschlechter, Weinheim und München 1989
Frauen in den neuen Bundesländern im Prozeß der deutschen Einigung, in: Materialien zur Frauenpolitik 11/1991, Dokumentation BMFJ
Grabrucker, Marianne: »Typisch Mädchen...«, Frankfurt/M. 1985
Harragan, Betty Lehan: Games Mother Never Taught You, New York 1977
Hennig, Margaret/Jardin, Ann: Frau und Karriere, Reinbek 1987
Ibelgaufts, Renate: Karrierefrauen – Frauenkarriere, Niedernhausen 1991
Miner, Valerie/Longino, Helen E. (Hg.): Konkurrenz, München 1990
Spender, Dale/Sarah, Elizabeth: Learning to Lose, London 1980
Steinem, Gloria: Revolution From Within, Boston/Toronto/London 1992
Strate, Ulrike: Abgrenzen oder Ausgrenzen, in: Macht, Ohnmacht, Frauenmacht, Dokumentation einer vom Autonomen Frauenreferat im ASTA der TU Berlin im SS 1985 veranstalteten Ringvorlesung
Tannen, Deborah: Du kannst mich einfach nicht verstehen, Hamburg 1991
Trömel-Plötz, Senta: Sprache, Geschlecht und Macht, in: Linguistische Berichte 69/1981, S. 1–14
Wolf, Naomi: Mythos Schönheit, Reinbek 1991

Anmerkungen

Der Preis

1 Robert von Ranke-Graves: Griechische Mythologie, Reinbek 1974, Bd. II, S. 258–263

Wer ist die Schönste im ganzen Land?

1 Gloria Steinem: Revolution from Within, Boston/Toronto/London 1992, S. 229
2 Ebd.
3 Naomi Wolf: Mythos Schönheit, Reinbek 1991, S. 111
4 Bild, Dezember 1991, 6. Liebesregel der Joan Collins

Das weibliche Rollenfach

1 Deborah Tannen: Du kannst mich einfach nicht verstehen, Hamburg 1991, S. 314
2 Uta Enders-Dragässer/Claudia Fuchs: Interaktionen der Geschlechter, Weinheim und München 1989, S. 42
3 Enders-Dragässer/Fuchs, ebd., S. 46
4 Marianne Grabrucker: »Typisch Mädchen...«, Frankfurt/M. 1985, S. 13
5 Grabrucker, ebd., S. 14
6 Grabrucker, ebd., S. 55
7 Grabrucker, ebd., S. 104
8 Grabrucker, ebd., S. 83
9 Grabrucker, ebd., S. 105
10 Grabrucker, ebd., S. 102
11 Ulrike Strate: Abgrenzen oder Ausgrenzen, in: Macht, Ohnmacht, Frauenmacht, Dokumentation einer vom Autonomen Frauenreferat im ASTA der TU Berlin im SS 1985 veranstalteten Ringvorlesung, S. 77
12 Grabrucker, a. a. O., S. 103
13 Enders-Dragässer/Fuchs, a. a. O., S. 45
14 Betty Lehan Harragan: Games Mother Never Taught You, New York 1978
15 Enders-Dragässer/Fuchs, a. a. O., S. 35
16 Enders-Dragässer/Fuchs, ebd., S. 37
17 Enders-Dragässer/Fuchs, ebd., S. 111

18 Enders-Dragässer/Fuchs, ebd., S. 36
19 Enders-Dragässer/Fuchs, ebd., S. 111
20 Enders-Dragässer/Fuchs, ebd., S. 25
21 Enders-Dragässer/Fuchs, ebd., S. 20
22 Enders-Dragässer/Fuchs, ebd., S. 25
23 Enders-Dragässer/Fuchs, ebd., S. 27
24 Enders-Dragässer/Fuchs, ebd., S. 69
25 Enders-Dragässer/Fuchs, ebd., S. 26
26 Enders-Dragässer/Fuchs, ebd., S. 46
27 Ebd.
28 Enders-Dragässer/Fuchs, ebd., S. 34
29 Tannen, a.a.O., S. 239
30 Tannen, ebd., S. 118
31 Tannen, ebd., S. 125
32 Tannen, ebd., S. 164
33 Tannen, ebd., S. 149
34 Tannen, ebd., S. 223
35 Tannen, ebd., S. 130
36 Zitiert nach Enders-Dragässer/Fuchs, a.a.O., S. 43
37 Steinem, a.a.O., S. 257

Ich war Winnetou, nie 'ne Squaw

1 Namen geändert

Showdown vor dem Dom

1 Zitiert und referiert nach dem von Uwe Johnson eingerichteten Text: Das Nibelungenlied, mit einem Nachwort von Manfred Bierwisch, Leipzig 1944, S. 44–106

Selbstbestimmt, nicht fremdbestimmt

1 Anke Martiny: Gemunkel um das »Hexenfrühstück«, in: Frankfurter Rundschau, 1. Februar 1992

Und erstens kommt es anders

1 Name geändert

Chiffre 3166

1 Roswitha Königswieser: Über die falsche Bescheidenheit von Frauen im Umgang mit Geld, in: Frankfurter Rundschau, 9. Mai 1987
2 Zitiert nach: Frauen und Finanzen, Artikel von Günesch Kale, in: taz, 6. April 1991

Nicht offen, sondern menschlich

1 Pseudonym
2 Harragan, a.a.O.

Zwischenprüfung

1 Zitiert nach Hannah Arendt: Macht und Gewalt, München 1990, S. 37
2 Steinem: a.a.O., S. 275
3 Grace Lichtenstein: Konkurrenz im Frauensport, in: Valerie Miner/Helen E. Longino (Hg.): Konkurrenz, München 1990, S. 53

Die neue Konkurrenz

1 Frauen in den neuen Bundesländern im Prozeß der deutschen Einigung, in: Materialien zur Frauenpolitik 11/1991, Dokumentation BMFJ, S. 19
2 Frauen in den neuen Bundesländern, ebd., S. 2
3 Frauen in den neuen Bundesländern, ebd., S. 23 f.
4 Frauen in den neuen Bundesländern, ebd., S. 24 f.
5 Frauen in den neuen Bundesländern, ebd., S. 19
6 Frauen in den neuen Bundesländern, ebd., S. 43
7 Name geändert

Es weht ein anderer Wind

1 Name geändert

Es war hinter ihrem Rücken

1 Name geändert
2 Renate Ibelgaufts: Karrierefrauen – Frauenkarriere, Niedernhausen 1991, S. 30